# 中国经济政策与运行研究（1977—1984年）

刘强　著

WUHAN UNIVERSITY PRESS
武汉大学出版社

**图书在版编目(CIP)数据**

中国经济政策与运行研究:1977-1984年/刘强著.—武汉：武汉大学出版社,2020.11

ISBN 978-7-307-21636-5

Ⅰ.中…　Ⅱ.刘…　Ⅲ.中国经济—经济政策—研究—1977-1984　Ⅳ.F120

中国版本图书馆CIP数据核字(2020)第121084号

责任编辑:韩秋婷　　责任校对:汪欣怡　　版式设计:马　佳

出版发行：**武汉大学出版社**　(430072　武昌　珞珈山)

(电子邮箱：cbs22@whu.edu.cn　网址：www.wdp.com.cn)

印刷:武汉中科兴业印务有限公司

开本:720×1000　1/16　印张:17.5　字数:252千字　插页:1

版次:2020年11月第1版　　2020年11月第1次印刷

ISBN 978-7-307-21636-5　　定价:56.00元

# 序

2013年6月25日，习近平同志在中共中央政治局就中国特色社会主义理论和实践进行第七次集体学习讲话时指出："历史是最好的教科书。学习党史、国史，是坚持和发展中国特色社会主义、把党和国家各项事业继续推向前进的必修课。这门功课不仅必修，而且必须修好。要继续加强对党史、国史的学习，在对历史的深入思考中做好现实工作、更好走向未来，不断交出坚持和发展中国特色社会主义的合格答卷。"①2018年是纪念我国改革开放40年，在这40年中有很多的经验值得总结，也有一些教训值得反思。比如，这一时期是改革开放的酝酿与起步阶段，"文化大革命"结束后中外技术的差距、传统计划经济体制弊端的进一步暴露与激化等因素推动了中国在经济理论、经济体制、发展战略等方面的思考与改革，也正是通过对这一时期的对外开放的经验教训的总结，从而对中国今天如何进一步深化改革和扩大对外开放提供了经验的总结和理论思考。

本书立足于1977—1984年中国宏观和微观经济政策与运行、农村和城市经济政策与运行这个主题，运用经济学和经济史学的分析方法，通过分析这一时期经济政策调整、改革的原因及其对国民经济发展和社会的影响，揭示中国进行经济体制改革和对外开放有其内在的历史必然

---

① 习近平. 在对历史的深入思考中更好走向未来 交出发展中国特色社会主义合格答卷[N]. 人民日报，2013-06-27.

性。同时，中共十四大提出的建立社会主义市场经济体制这个改革目标与这个阶段有密切的关联。因为正是这个阶段经济政策调整与改革的实践探索，为后来社会主义改革方向的确立、共同富裕社会主义原则的形成和从农村到城市渐进式改革路径的探析提供了丰富的素材。

1977 年到 1984 年这个阶段之所以重要，因为它不仅是中国改革开放的酝酿与起步阶段，而且它还解决了有关改革开放的重大理论问题。可以从以下几个方面来看：

第一，它为改革开放的顺利进行扫清了思想障碍和理论障碍。

对于经济改革来说，有两点极为重要。一是确定把党和国家的工作重点转移到以经济建设为中心上来，摆脱过去的以阶级斗争为纲的历史轨迹。可以说，中国改革开放及此后几十年的变化都根源于这一“历史性转折”。二是将“解放思想、实事求是”确定为党的思想路线，为改革探索打开了意识形态的空间。

人们一般称 1978 年为改革开放的元年。然而，对于中国的大转向来说，1977 年也是一个重要的年份。从 1977 年开始，中国政治和社会出现了一连串的变化。制定现代化规划、扩大技术引进、出国考察、酝酿经济改革等重要举措也从这一年开始。经济政策的调整具体表现在十年规划的制定与实践，而这一规划制定的目的是为了解决当时制约国民经济发展的三大瓶颈问题的：一是农业和轻工业滞后，远不能满足发展国民经济和改善人民生活的需要；二是能源、交通和原材料工业严重制约工业化进程；三是基本建设战线过长，必须集中财力、物力，重点突破。这个规划的制订折射出当时已认识到通过改革解决体制弊端的方法。

思想解放推动了经济领域的拨乱反正。1977 年和 1978 年经济领域拨乱反正涉及的重大问题有四个：一是纠正否定商品生产和商品交换的错误观点，重新肯定社会主义必须大力发展商品生产和商品交换，重视价值规律的作用；二是批判对所谓“资产阶级法权”和按劳分配原则的错误批判，重新强调按劳分配和物质利益原则；三是批判对“唯生产力论”的错误批判，强调生产力发展在社会主义发展中的重要地位，事实上提出了体制评价的生产力标准；四是提出按经济规律办事，提高经济管理水平。有些经济学家的思考，已涉及整个计划体制。例如，薛暮桥1978年4月给邓小平、李先念写信，提出研究计划管理体制问题。6月，他还通过对江苏和北京的调查，得出一个基本的看法：现在管理体制的根本缺点是，不管是条条管，还是块块管，都是按行政系统管，既割断了各行业之间的经济联系，也割断了地方与地方之间的经济联系。这种条块分割体制的典型弊端是：两个企业能商量解决的问题必须层层上报，由上级领导机关协商解决；一天能办成的事，往往要拖上几个月。因此，他认为：经济管理体制的根本问题，不仅是解决条条与块块之间的矛盾，而且要解决行政管理与经济发展的客观规律之间的矛盾。拨乱反正使当时不少人已经具备了改革意识。由拨乱反正走向改革是很自然的，是思想的自然深化。正如于光远所说：“从‘拨乱反正’到改革的一个重要环节是明确体制评价的生产力标准。”①许多人认为中国的改革是先经济后政治，或者说是只搞经济改革不搞政治改革。但邓小平说：“我们提出改革时，就包括政治体制改革。”②中国改革的真正起点，恰恰发生在思想政治领域。一是人的政治解放，全面平反历史错案，解决各领域的历史遗留问题；二是人的思想解放，对历史的全面反思和总结。如果没有政治、思想领域的变革为前导，经济改革是不可能推动的。

给改革开放决策带来巨大推力的，是1978年兴起的出国考察潮。其实，出国考察从1977年就开始了。1977年年初，第一机械工业部副部长项南对美国的农业机械化进行了考察。1977年9月，冶金工业部副部长叶志强带一批专家到日本考察，催生了引进成套设备建设宝钢的重大项目。这一项目于1978年1月由国务院正式批准。1977年12月

① 陈敬. 经济理论20年——著名经济学家访谈录[M]. 武汉：湖北人民出版社，1999：12.

② 邓小平文选(第三卷)[M]. 北京：人民出版社，1993：176.

底，由国家经委主任袁宝华、对外贸易部部长李强率领的代表团赴英、法，重点考察欧洲的企业管理。1978 年，出现了第一次出国考察高潮。究竟派出了多少个代表团出国？目前还没有具体数字。由中共中央直接派出的考察团至少有四个：一是 1978 年 3 月 31 日至 4 月 10 日，以李一氓为团长，于光远、乔石为副团长的赴南斯拉夫和罗马尼亚代表团；二是 3 月 28 日至 4 月 22 日，以上海市委书记林乎加为团长的赴日经济代表团；三是 4 月 10 日至 5 月 6 日，以国家计委副主任段云为团长的港澳经济贸易代表团；四是 5 月 2 日至 6 月 6 日，以国务院副总理谷牧为团长的赴西欧五国(法国、瑞士、比利时、丹麦、联邦德国)代表团。这四个代表团都是由中央直接派遣，每个代表团回国后都写出报告。这些报告除了提供引进技术和利用外资的可行性论证，还提供关于被考察国家经济发展和管理经济经验的说明。考察代表团给中央的总结报告中提出了三个强烈印象。一是没有想到当代世界现代化会发展到如此程度，中国与发达国家之间的发展差距会如此之大。像日本、联邦德国这样的国家，国民经济已经高度现代化了，工业生产广泛采用电子计算机，高度自动化；农业机械化程度很高；整个西欧高速公路形成一个网络，劳动生产率高出中国相同性质企业十几倍甚至几十倍，更是超出中国人的想象。二是西方发达国家有许多好的东西。这些国家经济之所以迅速发展，有一些共同的经验，包括：强调竞争，强调优胜劣汰，十分重视企业管理；大胆引进新技术，把世界上的先进东西拿到自己手上；从政府到公司都投入大量资金进行科学研究，开发新技术、新产品，推动科学技术迅猛发展；重视发展教育事业，培养科技人才；同时充分利用国外资金，等等。三是让出访者没有想到的事，包括发达国家普通人的生活水平。考察代表团考察发现西欧五国(法国、瑞士、比利时、丹麦、联邦德国)工人的工资都相当高，城市人均住房达 20～30 平方米，农民的生活水平同工人相差无几，公害也得到了很好的治理，社会保持稳定。

在 1978 年最初酝酿改革开放问题时，并没有太大的分歧发生。当然，如果没有经济理论的拨乱反正，启动改革不可能获得这么大的推力。而如果没有大批人员出国考察感受到的挑战和机遇，中国领导人也不会有这么强烈的紧迫感，要达成改革共识会困难得多。

第二，它探索了从农村到城市的正确改革路径。

中国在改革传统的经济体制时，同样也走农村包围城市的道路。党的十一届三中全会以后，经济体制改革的重心在农村，其主要内容是建立和完善家庭联产承包责任制，这一时期有关城市经济体制、国有企业等方面的改革还处于局部的、小范围的试验阶段。以城市为中心推进全面经济体制改革是在中共十二届三中全会之后开始的。到 1984 年，农村第一步改革取得了巨大的成功，冲破了人民公社的旧体制，使中国农村生产力获得了解放，农村经济也得到了空前发展，农民生活大幅度提高，绝大部分农民的温饱问题已初步解决。这就又一次在全国形成了农村包围城市的局面，形势迫切要求加快城市改革步伐。同时，农村改革的成功，为城市全面改革提供了一定的物质基础和社会条件，也积累了经验。城市经济的发展趋势对全面经济体制改革也提出了内在要求。这几年对城市经济体制的改革还是试点，是局部的和探索性的，长期以来形成的政企不分、权力高度集中、企业缺乏活力的经济体制的弊端还没有从根本上解决；城市企业经济效益低、生产和流通领域的种种浪费和损失还很严重，城市经济的潜力也尚未挖掘出来。这种情况，与城市在国民经济和现代化建设中应担负的历史责任极不相称。只有坚决地对城市经济体制经行全面改革，繁荣和发展城市经济，才能适应对外实行开放、对内搞活经济的需要，推动整个国民经济的发展，完成“十二大”提出的战略任务。所以“十二大”提出要抓紧制定改革的总体方案和实施步骤，逐步展开经济管理体制的改革。在机遇与挑战并存的形势下，1984 年 10 月 20 日，中共中央召开了十二届三中全会，会议分析了中国现代化建设面临的新形势，重点总结了中共十一届三中全会以来城乡经济体制改革的经验，一致认为必须按照建设中国特色社会主义的总要求，进一步贯彻执行邓小平提出的对外实行开放、对内搞活经济的方针，加快以城市改革为重点的整个经济体制的步伐，通过了《中共中央关于经济体制改革的决定》。该决定根据解放思想、事实求是的原则，在理论上突破了将计划经济与商品经济对立起来的传统观点，规定了中国经济体改革的目标是建立以公有制为基础的有计划的商品经济。这样就把计划经济与商品经济统一起来，解决了马克思主义发展史上一直未能解决的问题，为全面改革计划经济体制、大力发展商品经济提供了依据。该决定根据社会主义商品经济的理论，规定了改革的方向、性质、基本任务和各项方针政策。十二届三中全会的召开和《中共中央关于经济体制改革的决定》的通过，预示着中国经济体制改革的重点开始转入城市，探索了从农村到城市的正确的改革路径，为社会主义市场经济这个改革目标的确立作出了探索性贡献。在多年酝酿和农村改革成功的基础上，中国经济体制的全面改革开始启动。

第三，它探索了改革开放要把握的基本规范与原则。

“文化大革命”结束后，中国经济政策改革与调整出现了明显的变化：一是明确了“四个现代化”的发展目标，尽管这个目标还有许多需要完善的地方，但在经济政策上很明显是对过去“阶级斗争为纲”的纠正；二是注重先进技术与设备的引进，从封闭状态搞建设到注重对国外资源的利用。尽管在当时的技术与设备引进中存在种种问题，但不可否认，通过引进大大缩短中西技术差距，为形成比较完善的工业体系起到了重要作用。经济政策如何改革与调整？其基本规范及要求是什么？1978 年 9 月 5 日国务院召开的全国计划会议确定了经济政策调整必须把握的三个转变：一是从上到下都要把主要注意力转到生产发展和技术革命上来；二是从那种不计经济效果、不讲经济效率和官僚主义的管理制度和管理方法，转到按照经济规律办事、把民主和集中很好地结合起来的科学管理的轨道上来；三是从那种不同资本主义国家进行经济技术交流的闭关自守或半闭关自守状态，转到积极地引进国外先进技术、利用国外资金，大胆地进入国际市场上来。这为经济政策的改革与调整提出基本规范和要求。这也折射出与“文化大革命”时期经济政策内涵的根本区别。三个转变明显包含要改什么和怎样改的基本规范和要求，有利于指导改革开放实践的顺利进行。

坚持改革开放的社会主义原则主要是在这一时期形成的。1978 年 9 月，邓小平在“北方谈话”中突出强调要大力发展生产力，摆脱贫穷落后的面貌，以此来更好地建设社会主义，体现社会主义的优越性。邓小平多次强调：“社会主义是什么，马克思主义是什么，过去我们并没有完全搞清楚”①。但是实行改革开放不是要改掉社会主义道路，恰恰是为了探索正确的社会主义道路，为了发挥和体现社会主义的优越性。可以说，“我国新时期的改革开放，正是在要搞清楚‘什么是马克思主义，什么是社会主义’的背景下开始的。”②改革开放伊始，1979 年 3 月 30 日，邓小平在党的理论工作务虚会上提出：实现“四个现代化”必须坚持的“四项基本原则”中就强调“必须坚持社会主义道路”。1980 年 1 月，邓小平在《目前的形势和任务》中，深刻分析了改革开放以后“资产阶级思想是不可避免的”，他强调，我们决不能因为学习西方的某些科技和管理经验而丧失社会主义中国的民族自豪感和民族自信心。1980 年 5 月 5 日，邓小平在会见几内亚总统杜尔时指出：“我们现在进行一系列改革，仍然坚持四项基本原则，其中有一条就是坚持社会主义道路。”③同年 12 月 25 日，邓小平在中央工作会议上谈到干部问题时指出，要在坚持社会主义道路的前提下实现干部队伍的革命化、年轻化、知识化、专业化。在后来的改革实践中，邓小平多次谈到必须坚持改革开放的社会主义方向。1987 年，邓小平在会见南斯拉夫友人时强调“我们的改革不能离开社会主义道路，不能没有共产党的领导”④。可见，在改革开放事业的过程中应始终坚持改革开放的社会主义方向。如果没

---

① 邓小平文选(第三卷)[M]. 北京：人民出版社，1993：137.

② 包心鉴. 中国道路内在逻辑论纲[J]. 东岳论丛，2016(1)：26.

③ 秦淑贞，盛继红. 中国共产党大事记[M]. 北京：中国人民大学出版社，1991：125.

④ 邓小平文选(第三卷)[M]. 北京：人民出版社，1993：242.

有对这个原则的坚持和把握，改革之路迈向何方就很难说了。

第四，它为探索正确改革目标提供了丰富的实践素材。

党的十一届三中全会解决了中国要不要改革的问题。但是，朝着什么方向改？怎样进行改革？从一开始就有不同意见。主要分歧在于：是在既有计划经济体制的基础上进行改良，还是引入市场运行机制，建立一种新的经济体制。从总体上看，从改革开放之初到“南方谈话”以后确立“社会主义市场经济体制”为止，中国对经济体制改革目标模式的探索在摸着石头过河的同时，不断总结实践经验，不断创新理论，先后经历了多个改革目标的渐进选择。

第一个是“计划经济为主，市场调节为辅”的经济体制模式。1979年3月3日，陈云在《计划与市场问题》一文中着重强调了市场调节的作用。1979年4月5日，李先念在中央工作会议上论述改革经济管理体制问题时指出：“在我们的整个国民经济中，以计划经济为主，同时充分重视市场调节的辅助作用。”①这种观点逐渐为中央所接受，这样一来，“计划经济为主，市场调节为辅”就开始成为官方提法和理论界的主流观点。这个提法虽然仍然有意识形态方面的局限，但却从理论上突破了单一公有制经济的理论。

第二个是“社会主义有计划的商品经济”的经济体制模式。1979年以后，经济改革实践的迅猛发展，要求改革的理论上要有新的突破。1984年10月20日，中共十二届三中全会指出：“社会主义计划经济必须自觉依据和运用价值规律，是在公有制基础上的有计划的商品经济。”②会议充分肯定了商品经济的大发展对我国社会经济社会发展的重要作用以及在社会主义现代化实现过程中的重要地位。邓小平对这次会议给予了高度评价。由此明确了“有计划的商品经济”的经济体制模式，在实践中使计划与市场平起平坐，拥有了平等的地位。

---

① 李先念文选[M]. 北京：人民出版社，1989：372.

② 十二大以来重要文献选编(中)[M]. 北京：人民出版社，1986：568.

第三个是“国家引导市场，市场调节企业”的经济体制模式。在党的十三大筹备过程中，1987 年 2 月 6 日，邓小平在一次谈话中批评了将计划和市场对立起来的错误思想。他说：“计划和市场都是方法嘛。只要对发展生产力有好处，就可以利用。”①邓小平的这次讲话为党的十三大奠定了基调。1987 年 10 月，党的十三大提出了“计划与市场内在统一”的经济体制和“国家调节市场，市场引导企业”的经济运行机制。这个提法已经非常接近市场经济的总体轮廓，这也为理论界积极探索社会主义经济的本质和改革的目标模式提供了更为广阔的空间。在这三个依次渐进的目标中，前两个目标的提出都是基于这一时期经济政策的调整、经济体制改革和对外开放的实践探索，没有这些阶段的基础性探索，中国不可能确立社会主义市场经济这个改革的目标。

经济特区大胆探索新的经济体制和运行机制，为中国的经济体制改革积累了经验，提供了借鉴，成为改革的试验区。在建立经济特区之初，对其实行优惠政策，具有鲜明的中国特色和强烈的时代特征。建立经济特区时，国家允许在经济特区实行与内地有区别的经济管理体制，使经济特区摆脱旧体制的束缚，实行以市场取向为特征的体制创新和“特事特办”的改革先行的原则。对于办特区，一开始就有不同意见，担心是搞资本主义。有人认为，我们在新中国成立后没收了官僚资本，赶走了外国资本主义，实行了“三大”改造，好不容易才建立了社会主义的全民所有制和集体所有制，现在为什么又专门划出一块地来办特区，把外国、华侨和港澳的私人资本引进来？这符合马列主义基本原则吗？办特区会不会变成新的“租界”“殖民地”？甚至有的人将经济特区与过去帝国主义在中国的租界相提并论。为了统一认识，党中央、国务院曾多次主持召开会议，从理论上探讨和论证设置经济特区的必要性和可行性。1981 年 5 月 27 日至 6 月 14 日，党中央、国务院在北京召开广东、福建两省经济特区工作会议，会议认为，试办特区是有充分理论根

① 邓小平文选(第三卷)[M]. 北京：人民出版社，1993：203.

据的，是列宁关于利用外国的资金、技术和管理经验为社会主义建设服务的理论和实践，和历史上的“租界”“殖民地”有本质的区别。这样就初步统一了对经济特区的认识。正是由于有了特区实践探索取得的惊人发展成绩，在出现计划和市场之争时才会有“计划和市场都是经济调节的手段”“社会主义也可以搞市场经济”的正确论断，这对经济体制改革目标模式的选择具有重要意义。

# 目　　录

# 第一章　“文化大革命”结束后中国经济政策的调整

1976年“文化大革命”结束后，中国经济政策开始出现明显的变化：一是明确了“四个现代化”的发展目标，尽管这个目标还有许多需要完善的地方，但在经济政策上很明显是对过去“以阶级斗争为纲”的纠正；二是注重先进技术与设备的引进，从封闭进行建设转到注重对国外资源的利用。尽管在当时的技术与设备引进中存在种种问题，但不可否认，通过引进大大缩短了中西技术差距，为形成比较完善的工业体系起到了重要作用。经济政策如何调整？其基本规范及要求是什么？1978年9月5日国务院召开的全国计划会议确定了必须把握的三个转变：一是从上到下都要把主要注意力转到生产发展和技术革命上来；二是从那种不计经济效果、不讲经济效率和官僚主义的管理制度和管理方法，转到按照经济规律办事、把民主和集中很好地结合起来的科学管理的轨道上来；三是从那种不同资本主义国家进行经济技术交流的闭关自守或半闭关自守状态，转向积极地引进国外先进技术、利用国外资金，大胆地进入国际市场。这为经济政策的调整提出了基本规范和要求。这也折射出与“文化大革命”时期经济政策内涵的根本区别。

经济政策的调整具体表现在十年规划的制定与实践，而这一规划制定的目的是为了解决当时制约国民经济发展的三大瓶颈问题的：一是农业和轻工业滞后，远不能满足发展国民经济和改善人民生活的需要；二是能源、交通和原材料工业严重制约工业化进程；三是基本建设战线过长，必须集中财力、物力，重点突破。

## 第一节　中国经济政策调整的历史背景

“文化大革命”的结束为国民经济的发展消除了一大障碍。各工业部门的生产秩序开始恢复。教育科学文化事业也有所恢复，走上正轨。1977年5月邓小平提出“尊重知识，尊重人才”。从1977年起恢复高考制度，这对于鼓励青年努力学习、提高教育水平是一个有力的措施。1978年3月，全国科学大会召开，邓小平在会上的讲话阐明了科学技术也是生产力、知识分子是工人阶级的一部分的观点，有力地批判了过去打击知识分子、毁灭科学文化的谬论。这促使全国出现了“尊重知识、尊重人才”的社会风气和学习科学文化的热潮。在舆论方面，报刊发表了一些澄清是非、促进生产、要求推进现代化的文章，有利于经济战线上的拨乱反正。持续十年的“文化大革命”的结束，在客观上给中国政治经济走向提供了一次新的选择机遇。当时的中央领导层，在分析国内和国际两个方面的形势后，迅速做出了恢复和发展国民经济的决策，并把实现“四个现代化”的目标重新提到了全党和全国人民的面前。同时，思想解放的曙光以及与外部世界联系的加强，也为国民经济发展提供了有利条件。中国经济政策相对于“文化大革命”时期来说有了明显的调整。

### 一、“文化大革命”结束后的历史危机感和发展紧迫感

“文化大革命”的后期，由于“左”的错误对经济工作的干扰破坏，导致我国经济的主要比例严重失调，经济管理体制日趋僵化，整个国民经济问题丛生。例如，工农业比例由1965年的62.7∶37.3变为1976年的69.9∶30.1；轻重工业比例由1965年的51.6∶48.4变为1976年的44.2∶55.8；采掘工业、原材料工业与加工工业的比例由1965年的11.1∶39.7∶49.2变为1976年的12.3∶34.9∶52.8。据估算，仅1974—1976年三年间，全国工业产值损失就达1000亿元，财政收入损

失 400 亿元，少生产钢 2800 万吨。按照正常年份百元投资的应增效益推算，“文化大革命”十年期间国民收入损失达 5000 亿元。① 人民生活水平长期得不到提高，有些方面甚至有所下降。不仅粮食、棉花、食油、猪、禽、蛋、水产品、蔬菜等主要农副产品长期供应紧张，而且棉布、纺品、毛线、笔、自行车、缝纫机、搪瓷制品、铝制品、肥皂、火柴、铁锅、饭碗等日用工业品及民用煤的供应也全面紧张。

下面从农村和城镇两个方面进行具体分析：

第一，农村情况。农村人均消费水平大大降低。据国家统计局提供的数字，1976 年，全国农民人均消费水平为 161 元，根据可比价格计算，10 年增长 15.7%，年均增长 1.5%，低于 1953—1966 年年均增长 1.9%的速度，农民温饱问题没有解决的贫困地区还有很多。② 在生活消费品方面，农民的主副食品消费量基本没有增加，有的还呈下降趋势。例如，1976 年，乡村居民平均每人每年消费粮食 186 公斤，比 1966 年减少 0.5 公斤；消费食用植物油 1 公斤，比 1966 年减少 0.1 公斤；消费猪肉 5.8 公斤，略低于 1966 年的水平。此外，还有另一种说法，粮食消费量在 1976 年为 383 斤，比消费量最高的 1956 年的 409 斤低 26 斤；食用植物油消费量在 1976 年为 3.2 斤，比消费量最高的 1956 年的 5.1 斤低近 2 斤。但不管哪一种说法，都显示出农民的消费量有着不同程度的降低。在穿着方面，人均消费量也有下降。1976 年，农村居民人均每年布匹生活消费量为 6.39 米，比 1966 年增加 0.94 米(其中化纤及混纺布 0.42 米)，但与中华人民共和国成立后的最高年份相比，减少 2.38 米。③

---

① 汪海波. 中华人民共和国工业经济史[M]. 太原：山西经济出版社，1998：912、913、484.

② 赵德馨. 中华人民共和国经济史(1967—1984)[M]. 郑州：河南人民出版社，1989：278.

③ 于景森. 振荡中发展——新中国经济 30 年[M]. 北京：中央文献出版社，2006：282.

第二，城市居民生活情况。据国家统计局公布的数字，1976年全国非农业居民平均消费水平为340元，比1966年的24元增加38.5%，年平均增长3.3%。这低于1953—1957年的年平均增长4.8%，也低于1963—1966年的年平均增长10%。① 1967—1976年，城市职工平均工资水平呈下降趋势。全民所有制单位职工工资总额增长66.4%，全民所有制职工的平均货币工资下降4.9%，平均实际工资下降6.6%。② 在生活消费品方面，农副产品的供应很紧张。由于当时错误思潮鼓吹“菜农不吃商品粮”，使得许多城市郊区改种粮食，造成城市蔬菜供应长期紧缺。有的城市一年缺菜时间长达100多天。1966—1976年，全国蔬菜市价上升26.7%。副食品供应水平也出现下降。据统计，1976年的制糖能力有267万吨，但因为制糖原料不足，实际生产食用糖仅为164.8万吨。为了维持市场的最低供应水平，当年就进口了57.7万吨。作为当时全国重点供应的大城市上海，10年间人均年消费家禽0.64只，鲜蛋2公斤，比1966年分别下降20%和22%，即使到了1978年，全国渔业产值才达到20.3亿元，仅占农业总产值的1.6%。除少数渔区外，水产品的紧缺程度远远超过猪肉，“吃鱼难”成为全国城乡普遍存在的问题，平时民众在市场上很难买到鱼。③

在基础建设方面，积累和消费的比例关系严重失调。由于片面强调“先生产、后生活”的原则，降低非生产性积累的比例，压缩住宅建设的投资，使“骨头”和“肉”的比例关系严重失调。据统计，非生产性积累在积累总额中的比例，由1965年的29.3%降到1976年的20.7%。由此造成城市和工矿区的自来水、民用电、公共交通、医疗保健、文化教育、生活服务等公用设施的供给都十分紧张。例如，非生产性的投资

① 国家统计局. 中国统计年鉴(1984)[M]. 北京：中国统计出版社，1984：454.

② 赵德馨. 中华人民共和国经济史(1967—1984)[M]. 郑州：河南人民出版社，1989：281.

③ 《当代中国》丛书编辑部. 当代中国的农业[M]. 北京：当代中国出版社，1992：348.

中，住宅建设投资在“三五”时期仅占4%，“四五”时期进一步下降到1.7%，和“一五”时期9.1%相差很远。由于这十年中的人口剧增，住宅投资和竣工面积的下降，就造成了居民住房的严重拥挤。到1976年，全国城镇居民人均居住面积仅为3.6平方米，甚至低于1952年人均4.5平方米的水平。①

正是由于国民经济结构的失衡和民生改善步伐的缓慢，在“文化大革命”结束后，全国上下，上至中央领导人，下至黎民百姓，都产生了一种历史危机感和发展紧迫感，于是，大家在痛惜“文化大革命”导致丧失宝贵时间和造成经济损失的同时，也都急于把失去的时间和损失夺回来，希望加快推进我国社会主义现代化建设的步伐。这就为调整“文化大革命”时期的经济政策提供了经济社会环境。

## 二、第三次科技革命方兴未艾

科学技术革命包括科学革命、技术革命和产业革命三个既有联系又相互区别的过程。每一次科技革命都使社会生产力发生质的飞跃。第二次世界大战结束以后，一些发达资本主义国家充分利用已有的科技成果，在西方世界率先掀起了以高新科技为标志的第三次科技革命，随后扩展到欧洲和日本，并在20世纪50年代中期至70年代初达到高潮。20多年间，科学技术的发展突飞猛进，并迅速转化为现实的生产力。原子能的利用、电子计算机的诞生和发展、新型合成材料的不断涌现、空间技术的发展、生物工程技术的应用，使西方发达资本主义国家的生产力获得了巨大的发展和提高，综合国力显著增强。从年均GDP增长率来看，1950—1973年间，美国为3.9%，奥地利为5.3%，法国为5.0%，德国为6.0%，意大利为5.6%，希腊为7.0%，葡萄牙为5.7%，西班牙为6.8%，土耳其为6.1%，加拿大为5.1%。② 从工业生

① 汪海波. 中华人民共和国工业经济史[M]. 太原：山西经济出版社，1998：488.

② 麦迪森. 世界经济两百年回顾[M]. 北京：改革出版社，1996：53.

产年平均增长速度来看，1951—1977 年间，日本为 12%，联邦德国为 6.2%，法国为 4.3%，美国为 4.3%，英国为 2.3%。同期，这些主要资本主义国家的农业也逐步实现了机械化(美国在 20 世纪 40 年代已实现了农业机械化)。①这些以高新技术为中心的新科技革命使得整个世界日新月异的同时，也使世界各国经济往来更加密切，世界经济朝着一体化的方向发展。这给中国经济政策的调整提供了历史机遇。

### 三、国际环境的好转

20 世纪 70 年代末国际形势的变化，促进了我国与国外的贸易和经济交往，为我国进行现代化建设提供了一个良好的外部条件。70 年代前期，国际上出现了有利于我国形势的变化。具体有：1971 年 10 月，第 26 届联合国大会通过了恢复中国在联合国合法席位的决议；1972 年 2 月，中美关系开始解冻并逐步朝正常化发展；1972 年 9 月，中日实现邦交正常化。特别是美国总统尼克松的访华和《上海公报》的发表，标志着以美国为首的西方世界对中国持续 20 多年的经济封锁政策走向解体。与此同时，我国又陆续与西欧大多数国家建立了外交关系，并签订了各种经济贸易协定、海运协定、航运协定、商标注册互惠协定等。在 1975 年 5 月，中国还与欧洲经济共同体建立了正式关系。这一系列的重大事件表明我国对外关系明显好转，开始进入一个全面发展的新时期。从“文化大革命”结束到十一届三中全会前的一段时间里，中国进一步加强了与世界上许多国家的联系。到 1978 年年底，中国已经同世界上的 116 个国家建立了外交关系。这些都为我国进行经济政策调整从而加快经济建设创造了良好的外部环境。正如李先念所说：“我们这两年多来在外交工作中也取得了一系列的重大胜利，为实现四个现代化争取到了一个良好的、历史上空前未有的国际环境。”②随着外交局面的逐

① 宋则行，樊亢. 世界经济史(下)[M]. 北京：经济科学出版社，1998：20-22.

② 李先念文选(1935—1988)[M]. 北京：人民出版社，1989：344.

步打开，这一时期中国同西方资本主义大国的经贸往来迅速发展起来。1966年到1972年，我国年平均进出口贸易总额为100多亿元人民币，占工农业总产值(18591亿元)的0.54%。而从1973年到1976年，年平均进出口则提高到254亿元人民币，占工农业总产值(17074亿元)的1.49%。其中，西方资本主义工业发达国家占到中国内地进出口总额的55.9%，发展中国家占16.5%，港澳地区占13.3%，而苏联东欧等社会主义国家只占14.1%。① 这为中国后来扩大对外贸易提供了广阔的发展空间。除了我国对外关系的好转外，20世纪70年代末西方资本主义世界爆发的经济危机客观上给我国带来了对外经济合作机遇，从而为制定新的经济政策规划提供了外部条件。在经过20世纪60年代的高速增长黄金时期之后，70年代西方发达国家经济增长开始走下坡路。特别是1973年10月中东战争爆发，引发石油输出国组织大幅提高油价，从而触发世界经济危机，使资本主义各国陷入“滞涨”的泥潭，经济进入低速增长和停滞不前。国内市场萎缩，工业生产普遍持续大幅度下降，传统对外贸易的发展面临着重重困难。1974年和1975两年中，美国、日本、联邦德国、英国、法国、意大利的国内生产总值都出现了负增长。为摆脱经济危机，西方国家纷纷利用各种条件寻求新的市场以扩大对外投资。恰在此时，人口众多、充满发展潜力的中国正好成了他们追逐的目标。现有资料表明，当时西方发达国家非常乐于、急于和中国进行合作，以摆脱国内面临的经济危机。例如，日本经济界人士就对中国的十年规划和在20世纪末实现“四个现代化”的目标很感兴趣，迫切要求加强同中国的经济联系和技术合作，以扩大贸易往来。许多厂商主动提出技术合作的建议，表示要为中国实现“四个现代化”作贡献。有的企业负责人甚至说：“我们的技术在世界上是第一流的，我们愿意出售产品而不愿意出售技术。但是现在经济不景气，我们不得已

① 根据郭德宏《历史的跨越——中华人民共和国国民经济和社会发展“一五”计划至“十一五”规划要览》(中共党史出版社2006年版)一书资料进行计算。

只好出售技术。”①1978 年 4 月，联邦德国经济部部长狄特马就向进行访问的我国对外贸易部部长李强表示，只要中方肯接受，联邦德国经济界可以向中国提供不仅是 4 亿马克，而且是 40 亿马克的贷款。施特劳斯州一个企业主在宴会上讲，只要中国接受，他们一个州就可以借给中国 200 亿马克。到了另外一个州，在宴会上也有人表示，可以借给中国 50 亿马克，如果需要 150 亿马克，谈判几分钟也就可以解决。法国总理对进行访问的我国国务院副总理讲，你这次来很好，我不想跟你谈政治问题，就是想跟你谈经济问题。此外，美国工商企业界人士也普遍要求同中国做买卖，扩大贸易。美国福特、瓦尔蒙特等几家大农机公司，都口头或书面向中国表示：愿意向中国出售成套设备或帮助中国建厂。加州美国银行主动表示要向中国银行存款。②

与此同时，经过长期的实践积累，我国政府也已具备了同外国做生意的基本本领。从 1950 年到 1976 年，我国进口生产资料占我国对外贸易进口总额的 80%以上，其中，技术和设备占生产资料进口的 1/3，生产原料占 2/3。③ 20 世纪 50 年代，进口国家主要是苏联与东欧，进口对象主要是新技术和设备；60 年代，贸易对象国转向日本与西欧，主要进口石油、化工、冶金、矿山、电子精密仪器等设备；70 年代，随着对外关系的好转，我国进入了引进技术和设备的高潮期。1972 年前后，我国决定从日本、美国、联邦德国等国家进口一批化纤、化肥等生产成套设备。1973 年年初，又增加了 43 套综合采煤机组和一些单机项目，合同金额为 43 亿美元。这次大规模引进计划后来被称为“四三方案”(指 1973 年从国外引进先进设备和新技术的方案，因需动用外汇 43 亿美元，故称“四三方案”)。在 20 多年对外贸易的实践后，我国政府

① 李妍. 十一届三中全会前夕对外开放的酝酿与起步[J]. 当代中国史研究，2006(2)：23.

② 李妍. 对外开放的酝酿与起步[D]. 中共中央党校博士论文，2003：49.

③ 袁木，季龙，马蓥伯，刘日新. 五十年来[M]. 北京：中央文献出版社，2006：302.

积累了对外引进比较丰富的经验。“文化大革命”结束后，中央政府通过派代表团出去考察，进一步了解到大规模利用外资的可能性。加上当时中央领导人采取了支持和鼓励对外引进的政策，从而保证了外贸政策的延续性和创新性，这就使我国通过引进外资来加快经济建设的思路有了外部环境的支持。综上所述，当时进行经济政策调整是有着很复杂的历史背景的。国内方面，当时国内经济的困难局面造成党内产生了一种急于把失去的时间与损失弥补回来的群体心理；实现“四个现代化”的宏伟战略目标的时间表带来了一种紧迫感；十年“文化大革命”的结束为国内经济发展提供了良好的安定政治环境。国际方面，当时中国面临的国际环境的好转也为引进外资、加快发展提供了良好空间。

### 四、经济体制改革成为时代潮流

在和平与发展的时代主题和蓬勃兴起的第三次科技革命的推动下，各个国家和民族的交往日益密切。20 世纪 70 年代末，世界性的经济危机使西方资本主义经济出现了“滞涨”，西方资本主义世界的国家干预体制陷入了危机，随后以美国为首的西方国家开始了以减少干预和放松管制为特征的新自由主义改革。① 在社会主义国家，原先仿效苏联模式建立的高度集中的经济管理体制逐渐暴露出诸多矛盾，因而包括苏联在内，各国都先后对这种传统的经济体制进行了不同程度的改革。在这方面，南斯拉夫起步最早，1950 年 6 月，南斯拉夫联邦会议通过了《关于劳动集体管理国家经济企业和高级经济联合组织的基本法令》，由此开始了以实行工人自治为核心的经济体制改革；1964 年 1 月 1 日，联邦德国开始“实行国民经济计划与管理的新体制”；1964 年 4 月，保加利亚开始实行“国民经济领导的新体制”；1965 年 1 月 1 日，捷克中央通过了“关于改进国民经济计划管理的主要方针”，准备实行新体制；1968 年 1 月 1 日，匈牙利经过两年的准备后正式开始实行新体制；苏

① 高德步. 世界经济通史(下)[M]. 北京：高等教育出版社，2005：191.

联在20世纪60年代末至70年代初实行了以“新经济体制”为核心的改革，70年代初开始实行以建立“联合公司”为核心的改革，70年代末又开始了以贯彻苏共中央和苏联部长会议“新决议”为核心的改革。① 于是乎，在世界大势和各国自身发展需要的双重作用下，“改革形成一股席卷东西方的世界潮流……科技和经济实力成为国际竞争的关键”②。

1977—1978年的经济情况有所恢复和发展。当然，国民经济的基础还是相当脆弱的。为了改变“文化大革命”给经济建设造成的混乱局面，中央重新制定了一系列方针、政策和法规，对企业进行整顿，使国民经济迅速摆脱了停滞、倒退的局面，开始得以恢复，交通状况逐步好转，铁路运输周转加快。1977年，工农业生产总值达到4978亿元，比上年增长14.3%；农业生产虽然受到了严重的自然灾害，粮食产量有所减少，但农业总产值比上年增长了1.7%，达1339亿元。全国财政收入收支相抵，结余31亿元，扭转了过去连续三年完不成计划、支大于收的情况。社会零售商品总额增长7.1%，库存总额增长12%，市场供应开始好转。③ 大部分职工的工资收入有所提高，全国居民人均消费水平比1976年增加了14元，人民生活水平有了不同程度的改善。正是在国内、国际双重作用的影响下，对“文化大革命”前的经济政策进行调整也是比较正常的事情了。

## 第二节 调整的标志：新的经济发展规划的出台及实践

在经历了“文化大革命”十年动乱之后，从中央决策层到理论界，普遍有一种要把耽误的时间抢回来的急切心情。“文化大革命”结束以

① 宋则行，樊亢. 世界经济史(修订版)(下卷)[M]. 北京：经济科学出版社，1998：115-122.

② 吕书正. “北方谈话”——邓小平理论的开篇之作[J]. 探索，2000(1)：20.

③ 李妍. 对外开放的酝酿与起步[D]. 中共中央党校博士论文，2003：53.

后，中国经济得到了较快的恢复。为了持续推动经济的迅速发展，当时的主要领导人提出要编制 1976—1985 年经济发展的十年规划，在此背景下，各大部委纷纷提出了自己的经济发展规划。

## 一、主要部委的经济发展规划

1977 年 7 月，国务院将《关于 1977 年上半年工业生产情况的报告》转发给各地区、各部门。根据这个报告，各部委制定了各部门的经济发展规划。

煤炭工业部于 1977 年 10 月 29 日提出了煤炭工业发展的长远规划：要拿下前所未有的高速度。争取 1980 年总产量达到 6.3 亿吨，“六五”期间，平均每年增长 5000 万吨；即 1985 年，总产量达到 8.8 亿吨；用 8 年时间建设 10 个年产 5000 万吨和 10 个年产 3000 万吨的大型煤炭基地。1987 年总产量突破 10 亿，赶上美国；到本世纪末(20 世纪末)达到年产 20 亿吨。同时，争取到 1980 年使国营煤矿基本上实现一般机械化。

在冶金工业方面，冶金工业部于 1977 年 11 月 9 日向中央提出了钢铁工业长远规划。这个规划分为四个阶段。第一阶段，到 1980 年钢产量达到 3500 万吨，力争达到 3800 万吨。为了达到这个目标，要求三年内在上海抢建一个现代化的、年产 500 万吨生铁的大型炼铁基地，全套设备都从国外引进。第二阶段，到 1985 年钢产量达到 6000 万吨，力争达到 7000 万吨，平均每年增加 500 万~600 万吨。第三阶段，到 1990 年钢产量达到 1 亿吨。第四阶段，到 20 世纪末，使全国钢产量达到 1.6 亿吨，超过美国。①

农业部门于 1977 年年底也提出了发展计划：到 1980 年，全国粮食产量要达到 7000 亿斤，棉花要达到 6000 万~6750 万担。并提出要确保

① 《当代中国》丛书编辑部. 当代中国经济[M]. 北京：中国社会科学出版社，1987：392.

1980年基本实现农业机械化。

围绕着长远规划，国家计委在当时向国务院提出了一份庞大的引进计划：在“五五”计划后三年和“六五”计划期间，除抓紧1973年批准的“四三方案”在建项目尽快投产以外，再进口一批成套设备、单机和技术专利。其中包括：2套大型化肥装置；3套化肥关键设备；4套中间苯原料装置；3套大型石油化肥成套设备；1套30万吨乙烯综合利用工程；4套化纤成套和关键设备；2套年产200万~300万平方米的合成革装置；3套合成洗涤用品原料生产装置；1套年产1000万吨露天煤矿成套设备；1套60万千瓦或90万千瓦原子能电站；1套年产1200万吨采矿设备……以上项目，共需外汇65亿美元，国内配套工程基建投资需要400亿元。① 各部委的经济发展规划为十年规划的形成提供了基本框架。

## 二、十年规划形成的历史过程

十年规划的形成经历了两个阶段：第一个阶段，酝酿时期，主要在“文化大革命”后期；第二个阶段，形成时期，主要在1977年。

### （一）酝酿阶段

实现我国“四个现代化”的目标和步骤，最早是经毛泽东批准、周恩来在第三届人大会上提出的。1975年1月，四届人大一次会议召开，国务院总理周恩来在《政府工作报告》中，重申三届人大提出的发展我国国民经济的两步设想，提出着手制定国民经济的长远规划、五年计划和年度计划。会议要求由国家计委牵头负责落实。

四届人大会议后，邓小平接替因病住院的周恩来，开始全面主持国务院的日常工作。1975年1月26日，国务院召开全国计划会议，重点

① 李艳. 再生中国——中共十一届三中全会的前前后后（上）[M]. 北京：中共党史出版社，1998：156.

讨论研究编制《1976 至 1985 年发展国民经济十年规划纲要(草案)》和 1976 年计划，这其中就包括第五、第六两个五年计划的设想。邓小平责成各部委抓紧进行准备，由李先念具体总抓，要求计委尽快拿出十年规划方案。①

为此，国家计委于 1975 年 3 月 6 日召开了长远规划工作会议。会议对制定长远规划进行了具体的工作部署：第一步是下去搞调查研究，听取地方意见。拟于 5 月中旬，按 6 个经济协作区分片开会，会期两三天，要求各地计委学习开滦煤矿、大同煤矿、兰州炼油厂、兰州化学公司发动群众、挖掘潜力、制定规划的经验，在此基础上拟定本地区的十年规划。6 月底再同各省市自治区一起研究十年规划的意见。7 月中旬，提出十年规划初稿，向国务院汇报。在国家计委统一组织下，国务院 22 个部委约有 500 多人，去各地调查研究长远规划，其中有副部长 13 人。②

1975 年 5 月 10 日，国家计委向国务院提出《关于长远规划工作进行情况的报告》。该报告提出了关于 1975—1985 年国民经济发展十年规划的初步设想。关于经济发展指标，该报告提出，1980 年工农业生产指标为：10 年间工农业总产值平均每年增长 7.5%~8.1%，农业总产值平均年增长 4.19%~5.3%，工业总产值年增长 8.8%~9.2%；粮食 6500 亿斤；棉花 5700 万~6200 万担；钢 4000 万吨；煤炭 5.5 亿~5.8 亿吨；石油 1.5 亿吨；电 3000 亿度；乙烯 120 万吨。1976 年到 1980 年第五个五年计划期间，基建投资 2400 亿元，财政收入 5000 亿元。

1975 年夏，国务院务虚会议召开，集中讨论了十年规划发展纲要草案。在这次会议上，国家计委以 5 月向国务院提出的《关于长远规划

① 刘国光. 中国十个五年计划研究报告[M]. 北京：人民出版社，2006：379.

② 中华人民共和国国民经济和社会发展计划大事辑要(1949—1985)[M]. 北京：红旗出版社，1986：362.

工作进行情况的报告》中的具体指标为基点，在此基础上形成了《1976至1985年发展国民经济十年规划纲要(草案)》。10月25日，该草案经中央政治局讨论后决定略加修改后试行一年，再作进一步修订。12月19日，国家计委将《1976至1985年发展国民经济十年规划纲要(草案)》修改稿报告给李先念。这次提出的修改主要在一些具体指标上有所提高，如粮食指标由原来的6500亿斤提高到7500亿至8000亿斤；棉花指标由原来的5700万~6200万担提高到6700万~7200万担；钢产量指标由原来的4000万吨提高到5500万吨；煤炭指标由原来的5.5亿~5.8亿吨提高到7亿~7.5亿吨；石油指标由原来的1.5亿吨提高到2.5亿吨。在此基础上形成了《1976至1985年发展国民经济十年规划纲要(草案)》。在对各项工作开展整顿的基础上，1975年10月26日至1976年1月23日，国务院召开全国计划会议，重点讨论发展国民经济的十年规划和1976年计划。会议期间，中央政治局审议了国家计委草拟的《1976至1985年发展国民经济十年规划纲要(草案)》，决定略加修订后试行一年，再作进一步修订。① 该草案提出到1980年建立独立的、比较完整的工业体系和国民经济体系。但这时，由于“批邓”“反击右倾翻案风”的运动开展，打乱了原定工作部署，这个纲要便被束之高阁，无人问津。

### (二)形成阶段

“文化大革命”结束后，从中央到地方，都迫切希望加紧经济建设，尽快把“文化大革命”耽误的时间和造成的损失夺回来，早日实现“四个现代化”。而且当时经济形势相当严峻。工业生产方面，突出的问题是燃料、动力和原材料紧张。为解决这方面的困难，1977年7月，国家计委提出，今后8年，除抓紧“四三方案”在建项目的投产外，再进口

① 刘国光. 中国十个五年计划研究报告[M]. 北京：人民出版社，2006：380.

一批成套设备、单机和技术专利，总额为65亿美元。1977年7月26日，中央政治局听取国家计委汇报。会后，国家计委修订引进方案，提出在65亿美元的基础上，再增加一些引进项目，规模扩大到150亿美元。18日、23日、25日，政治局三次听取国家计委的汇报，肯定了计委修订后的方案。

对此，根据当时对形势的分析，1977年8月，党的十一大决定，继续坚持在20世纪内实现“四个现代化”的目标。为此，中共中央决定，由李先念、余秋里负责，重新修订十年规划纲要，制定八年引进新技术和进口设备的规划及二十三年的设想。同年11月24日到12月11日召开的全国计划会议上，国家计委对1975年编制的《1976至1985年发展国民经济十年纲要(草案)》进行修订，提出十年规划纲要的修订草案。修订草案规定：在今后10年里，要建立稳定的农业基础，农业主要作业机械化水平达到85%以上，按农业人口达到一人平均一亩旱涝保收、高产稳产的农田，农林牧副渔业达到较高水平。建立产品丰富多彩、物美价廉的轻工业，按人口平均的轻工业品产量有较大增长。建立发达的重工业，冶金、燃料、动力、机械等原有工业在新的技术基础上有进一步发展，钢铁、原煤、原油、发电量等产品产量进入世界前列，石油化工、电子等新兴工业发展成为比较发达的工业。建立适应工农业发展需要的交通运输网和邮电通信网，基本实现机车的电气化、内燃化，公路和内河运输、远洋和航空运输都有较大发展。在建成全国独立的、比较完整的工业体系和国民经济体系的基础上，基本上建成西南、西北、中南、华东、华北、东北六个大区的经济体系，并把内地建设成强大的战略后方基地。① 工农业生产十年平均增长速度为8.7%，其中工业速度为10%，财政收入十年合计为12800亿元，基本建设投资十年合计为4580亿元，1985年工业生产指标：钢6000万吨，煤9亿吨，化

① 王均伟，李建军. 争锋——从大跃进、洋跃进到软着陆[M]. 北京：金城出版社，1998：159.

学纤维150万吨。① 12月1日，中共中央、国务院批准并下达了国家计委关于《1976至1985年发展国民经济十年规划纲要(草案)》。

新的十年规划纲要，是在1975年规划纲要基础上修订形成的，与原纲要并无很大差别。例如，原纲要要求10年间工农业总产值平均每年增长7.5%~8.1%，农业总产值平均每年增长4.19%~5.3%，工业总产值平均每年增长8.8%~9.2%；新纲要则要求工农业总产值平均每年增长9.5%，农业总产值平均每年增长4.7%，工业总产值平均每年增长11%(不包括1976年)。原纲要粮食指标要求10年达到7500亿~8000亿斤，新纲要要求达到8000亿斤；原纲要棉花指标要求为6700万~7200万担，新纲要指标要求为7200万担；原纲要钢产量指标要求为5500万吨，新纲要指标要求为6000万吨；原纲要煤炭指标要求为7亿~7.5亿吨，新纲要指标要求为9亿吨；原纲要石油指标要求为2.5亿吨，新纲要指标相同，等等。新纲要与原纲要一脉相承，只是新纲要有的指标修订得略高些。

1978年2月初，国家计委综合各部门的计划指标和1978年国民经济主要指标，专门向政治局提出了一个“汇报重点”，这构成了《1976至1985年发展国民经济十年规划纲要(草案)》的主要内容：在今后23年，在经济建设战线要组织若干大规模“战役”，分阶段进行：

第一阶段：在“五五”计划后三年，重点战役有两个，分别是农业和燃料、动力、原材料工业，作为铺垫。

第二阶段：在“六五”期间，各项建设达到新的水平，到1985年，钢产量达到6000万吨，原油产量达到2.5亿吨。为此，必须开展一场宏大的基本建设战役，在工业方面，新建和续建120个大型油田、10个大型钢铁基地、9个有色金属基地、10个大型化纤厂、10个大型石油化工厂、10个大型化肥厂、6条铁路干线、若干个大型港口。

① 中华人民共和国国民经济和社会发展计划大事辑要(1949—1985)[M]. 北京：红旗出版社，1986：386.

第三阶段：在20世纪末，中国要全面实现工业、农业科学技术和国防“四个现代化”，使国民经济走在世界的前列。届时，粮食总产量达到13000亿~15000亿斤，钢产量达到1.3亿~1.5亿吨，赶上和超过某些工业发达国家。

1978年2月9日，中央政治局讨论《政府工作报告》，一个重要的话题是加速和扩大引进。叶剑英说：我们要在二十三年内完成“四个现代化”，这是全世界都关心的问题。干劲要鼓足，气势不可怕。把积极性调动起来搞社会主义建设。①

1978年2月18日，中国共产党十一届二中全会在北京举行。全会为第五届全国人民代表大会和中国人民政治协商会议第五届全国委员会的召开，作了政治上、思想上的准备。全会对中央政治局提出的各项文件进行了认真的讨论。会议通过了《政府工作报告》《1976至1985年发展国民经济十年规划纲要(草案)》。1978年2月26日，五届人大一次会议通过了《团结起来，为建设社会主义的现代化强国而奋斗》的政府工作报告。报告中指出：到20世纪末，我国农业主要产品的单位面积产量要达到或者超过世界先进水平，工业主要产品产量要分别接近、赶上和超过最发达的资本主义国家。农业生产要最大限度地实现机械化、电气化、水利化，工业生产的主要部分自动化，交通运输大量高速化，大幅度提高劳动生产率。我们要广泛应用现代科技成果，大量采用新型材料和新能源，实现主要产品和生产工艺的现代化，各项经济技术指标分别接近、赶上和超过世界先进水平。② 在这次会议上，原来的计划被修订为：到1980年，粮食产量要达到6700亿斤，棉花产量达到6000万~6750万担。为此，农业要大搞农田基本建设，确保按时实现机械化。对农村人民公社制度，强调要将基本核算单位从生产队到生产大队

---

① 房维中. 在风浪中前进——中国发展与改革编年纪事(第一分册)[A]. 2004：34-36.

② 团结起来，为建设社会主义的现代化强国而奋斗[N]. 人民日报，1978-02-27.

过渡。到1985年，钢产量要达到6000万吨，原煤产量要达到9亿吨，原油产量要达到2.5亿吨。从1978年到1985年，基本建设投资要相当于过去28年的总和，即在1978年到1985年间，国家需要每年投资700亿元。为了实现十年规划，还提出了一系列大计划：国家计划新建和续建120个大型项目，其中有10个大钢铁基地，8个煤炭基地，10个大油气田，30个大电站，6条铁路新干线和5个重点港口等。

国家计委《1976至1985年发展国民经济十年规划纲要(草案)》，先是在1978年1月经中央政治局批准，后是在1978年3月经五届全国人大一次会议通过，这标志着新规划得到了国家权力机关的正式批准，从而具有了法律效力。至此，这一纲要正式成为全党和全国人民的奋斗目标。

新的十年规划纲要(为了与前文的十年规划区别，后文中新的十年规划纲要都简称为“十年规划”)的通过和随后的实践，标志着经济政策相对于“文化大革命”时期的明显调整，即由过去通过阶级斗争和群众运动推动经济建设转向注重完善工业体系和改革及技术引进来促进经济发展。

## 第三节　中国经济政策调整的内在动力

“十年规划”的出台标志着中国经济政策出现了明显的变化：一是明确了“四个现代化”的发展目标，尽管这个目标还有许多需要完善的地方，但在经济政策上很明显是对过去“以阶级斗争为纲”的纠正；二是注重先进技术与设备的引进。尽管在当时的技术与设备的引进中存在种种问题，但不可否认，通过引进大大缩短了中西技术差距，为形成比较完善的工业体系起到了重要作用。这一时期影响中国经济政策调整的内在动力主要基于以下几个方面。

### 一、对国外考察后的压力

“文化大革命”结束后，越来越多的中国人感觉到各种政治运动和思想禁锢对中国造成的危害，感觉到中国与先进国家的差距，迫切希望能突破禁锢、放下包袱，迅速实现“四个现代化”，而迅速实现“四个现代化”的方式就是向一切先进的国家包括政治制度不同的西方资本主义国家学习一切先进的东西。于是，中国领导人不约而同地把目光投向国外，主要是日本和欧洲等发达国家，寻找利用外部资源(包括资金、技术、设备、管理经验)来提升自己的发展水平的可能性，决心“拿现在世界最新的科研成果作为我们的起点”①。在中央决策层，对外开放的决心已下。他们思考的问题不是要不要开放，而是怎么搞好对外开放。②

为了借鉴学习其他国家和地区经济建设和经济管理的先进经验，迅速实现“四个现代化”，1978 年上半年中国内地派出代表团先后考察了日本和欧洲一些主要国家。3 月 28 日至 4 月 22 日，上海市革命委员会副主任林乎加率领中国经济代表团对日本进行了考察访问。4 月，国家计委和外贸部组成港澳经济贸易考察团对香港、澳门地区进行了实地调查研究；5 月至 6 月，谷牧带领中国经济代表团访问法国、瑞士、比利时、丹麦、联邦德国西欧五国。

代表团走出国门，通过与被访问国家和地区的接触，加深了对资本主义国家和地区的了解，也看到了中国与其的差距，他们深深地感觉到：发展经济，振兴中华，已时不我待，应该立即采取切实可行的措施，改变中国的落后状况。

1978 年 6 月 1 日，访日代表团向政治局汇报，总结日本“二战”后经济快速发展的三条主要经验是：大胆地引进新技术，充分利用国外资金，大力发展教育事业和科学研究。汇报建议：利用国外资金建设年生产能力 1 亿吨的煤炭矿井、年生产能力 1000 万吨的冀东钢铁厂，多建几个有色金属矿，并保证 1985 年化纤和塑料产量各达到 200 万吨。当

① 中共中央文献研究室. 邓小平思想年谱(1975—1997)[M]. 北京：中央文献出版社，1998：44.

② 中共中央文献研究室. 回忆邓小平(上)[M]. 北京：中央文献出版社，1998：156.

时有领导人听了汇报后说：下大决心，不要怕欠账，只要有产品就没有危险。凡是中央原则定了的，你们就放开干。

6月下旬，中共中央政治局专门听取了谷牧等访问欧洲的情况汇报。谷牧着重讲了三点：一是第二次世界大战后西欧发达国家的经济确有很大发展，尤其是科技日新月异，我们已经落后很多，它们在社会化大生产的组织管理方面也有许多值得借鉴的经验；二是它们的资金、商品、技术要找市场，都看好与中国发展关系；三是国际经济运作中有许多通行的办法，包括补偿贸易、生产合作，吸收国外投资等，我们可以研究采用。① 谷牧在提交的《访问欧洲五国的情况报告》中说：西欧资本主义国家经济萧条，资本过剩，急于找出路，建议立即与西欧几个国家进行正式谈判，争取签订长期贸易协定，把口头协定的东西尽快落实下来。

各个代表团回国后，都向中共中央政治局作了汇报，并向中共中央、国务院交出了考察报告。这些报告不仅提供了对外开放、引进外资的可能性，而且这些考察强化了中国领导人的紧迫意识。② 这些举措成为推动这一时期中国经济政策调整的重要动力。

## 二、国务院务虚会的推动

国务院于1978年7月6日—9月9日召开务虚会，集中研究了如何落实中国“四个现代化”建设的问题。这次国务院务虚会议既是1975年邓小平主持国务院工作期间召开的务虚会议的继续和发展，又与在结束“文化大革命”后全面恢复和发展经济、制定《1976至1985年发展国民经济十年规划纲要(草案)》，并陆续派人出国参加访问、“取经寻宝”的背景密切相关。在这之前，谷牧主持召开了外出考察人员座谈会，拟定

① 谷牧. 小平同志领导我们抓对外开放[M]//中共中央文献研究室. 回忆邓小平(上). 北京：中共文献出版社，1998：155-156.

② 中共中央文献研究室. 回忆邓小平(上)[M]. 北京：中央文献出版社，1998：156；李同文. 从封闭到开放[M]. 北京：金城出版社，1998：52-53.

了七个文件，准备提交国务院务虚会讨论。其中林乎加在 1978 年 7 月 4 日的座谈会上讲了九个问题：要抓技术、资金和人才；关键是钢铁搞上去；加快石化工业；积极发展加工贸易；机械工业要进行改造；进口项目要专人负责；扩大出口；加强还债能力；引进决心要大，行动要快。这个讲话后来以国务院务虚会简报的形式印发。可以说，国务院务虚会召开前，中央决策层对通过引进国外先进的技术与经验实现“四个现代化”这一问题，已达成了共识。

这次国务院务虚会有如下几个特点：

一是时间长。前后延续了 2 个月零 5 天，实际进行了 23 天，其中 9 月份 3 天，8 月份 2 天，7 月份 18 天。专门召开如此长时间的会议研究经济工作，这是第一次。

二是会议目的明确、重点突出。这次会议的目的是通过总结 30 年经济建设的经验教训、研究国外经济上的成功经验，讨论如何加快现代化建设的速度。会议重点讨论了引进问题，特别是如何加强技术引进、扩大外贸出口、采取灵活方式利用国外资金等问题。会议开幕时，李先念讲话的中心就是如何加快实现“四个现代化”的速度问题，讲了修改十年计划，特别讲了引进规模问题，点明了会议的目的和重点。外贸部、国家计委、国家建委、国家经委、第一机械工业部、建材总局、第三机械工业部、冶金工业部、财政部、地质总局、轻工业部的负责人，就引进及其相关问题先后介绍了情况，发表了意见。

三是会议被高度重视。会议由中共中央副主席、国务院副总理李先念主持，国务院副总理谷牧具体负责会议的日常工作，几个副总理也经常参加。如会议正式开始时，李先念、余秋里、康世恩、耿飚、谷牧、王震、陈慕华等副总理和国务院各经济部门负责人出席了会议，李先念主持会议并讲话，谷牧传达了中央对开放的原则意见。

四是会议尽管没有做出决议，但形成了两个对后来经济政策影响较大的有文件，一个是 1978 年 7 月 28 日胡乔木在会上的长篇发言，另一个是 9 月 9 日李先念的总结报告。

李先念的报告对会议作了全面的概括和总结。报告强调，在我国的现代化建设当中，必须同外国进行经济文化交流。自力更生绝不是闭关自守，绝不能不学习外国的先进事物。总结报告要求：“要比原来设想更快的速度实现四个现代化，要在本世纪末实现更高程度的现代化。”①总结中还提出，八年的基本建设投资从原设想的4000亿元增加到5000亿元，十年引进800亿美元，最近三四年先安排三四百亿美元。

五是会议虽未做出决议，但思想基本一致。会议的整个基调是要在不放弃自力更生的前提下，扩大开放，要以更大的规模、更高的速度来进行现代化建设，组织国民经济新的发展。

会议提出要组织国民经济的新的大发展，要把9亿人民动员起来，在全国摆开战场，在不长的时间内，大大地提高农业、工业、交通运输业和各行各业的生产水平和技术水平，要比过去设想的更快的速度实现中国的“四个现代化”，要在20世纪末实现更高程度的现代化。这次会议还提出了当时的基本任务：要建设起一批大型和超大型的水利工程，建设起一批钢铁基地、煤炭基地、石油基地、大型电站，在全国形成14个比较强大的技术先进的综合性工业基地。到1985年，要生产粮食8000亿斤，棉花7200万担，钢6000万吨，原油2.5亿吨，煤炭9亿吨。为了完成上述任务，加快实现“四个现代化”的速度，会议提出了一系列措施，其中一个主要措施就是扩大出口，引进先进技术。会议提出，为了加快实现“四个现代化”，就必须抢时间，尽快引进一些关键设备和成套设备，并且还要同时引进必要的工艺技术和设备制造技术。并提出今后十年的引进规模要增加到800亿美元。②

这次会议尽管只是务虚，但在这次会议上当时主要领导人的发言为后来的中央工作会议的召开确定了基调，对经济政策的调整起了推动作

① 肖冬连. 1979年国民经济调整方针的提出与争论[J]. 党史博览，2004(10)：23.

② 马洪，等. 现代中国经济大事典[M]. 北京：中国财政经济出版社，1993：64.

用。据邓力群 1978 年 10 月 12 日在北京大学说：国务院务虚会的文件，主要的就是李先念副主席的总结发言。这个文件也将是 11 月要召开的中央工作会议的基础文件。① 会后，国务院就批准了国家计委修改后的“十年规划”。国务院经过多次讨论，加快了引进协议的谈判和签订进程。可见，改革开放能够成为基本国策也与这次会议有密切的关系。

## 三、计划会议、中央工作会议的推动

1977 年 3 月，在“文化大革命”结束后召开的第一次中央工作会议上，李先念就指出，为了加快社会主义建设，必须破除过去对所谓“洋奴哲学”的批判，大胆引进一些新技术和新设备，进口一些我们短缺的原材料。这次会议讨论并通过了国家计委向中央政治局呈交的《关于1977 年国民经济计划的几个问题的汇报提纲》。这份汇报提纲强调了加强同国际社会的联系，加快引进先进技术的必要性和紧迫性，指出：国外的先进技术，要把它拿来，引进一些为发展我国基础工业、国防工业、轻工业和农业机械化以及科学事业所迫切需要的成套设备和新技术，是为了增强我国自力更生的能力，加快社会主义建设的步伐。拒绝学习外国的好东西，什么都要从头摸起，就会放慢我们一些工业技术的发展，那才是真正的“爬行主义”。② 在这次中央工作会议的推动下，国家计委拟订了一个为期 8 年的新技术和成套设备引进项目计划。1977 年 7 月 17 日，向国务院提交了这一规划。其中指出，在第五个五年计划的后三年和第六个五年计划期间，除抓紧把“四三方案”中在建项目尽快建成投产外，拟围绕长远规划的目标和任务，再进口一批成套设备、单机和技术专利。中共中央政治局很快原则批准了这个规划。

为了进一步推动技术与设备的引进，在 1978 年 9 月 5 日国务院召

① 苏绍智. 关于社会主义政治经济学研究中的几个问题[J]. 经济研究参考资料，1979(1)：3.

② 中共中央党史研究室第三研究部. 邓小平与改革开放的起步[M]. 北京：中共党史出版社，2005：215.

开的全国计划会议上，印发了多份材料，这些材料揭示了一个共同的规律，即当今世界任何国家地区的经济要获得迅速发展，都不可能封闭自己，都离不开利用外国的资金和技术。为此，这次全国计划会议确定了经济建设必须实行三个转变：一是从上到下都要把主要注意力转到生产发展和技术革命上来；二是从那种不计经济效果、不讲经济效益和官僚主义的管理制度和管理方法，转到按照经济规律办事、把民主和集中很好地结合起来的科学管理的轨道上来；三是从那种不同资本主义国家进行经济技术交流的闭关自守或半闭关自守状态，转到积极地引进国外先进技术、利用国外资金，大胆地进入国际市场。①

在 1978 年 11 月 10 日召开的中央工作会议上形成了一个共识：当前的国际形势对中国十分有利。资本主义国家生产过剩，开工不足，市场萧条。我们应该充分利用这个时机，根据“两利”的原则，在充分调查研究的基础上，尽可能多地吸收外国资金，大量引进先进技术和设备，加快“四个现代化”建设速度。王震在西北组发言时提出：我们应利用西欧、日本等国的新技术、成套设备和资金急于找出路的条件，在平等互惠、互通有无的原则下多搞些补偿贸易、合资企业，也可以设想利用国外资金和先进技术设备对我国的大江、大河流域进行疏浚，建设梯级水电站，并开采有色金属、贵重稀有金属等矿业。打开了这个大门，经济、科技等都会上得快一些。他还向中央建议：人大常委会应尽快制定有关接受外国货款、借款、投资等方面的法律，对外商投资提供优惠，鼓励外商与我们合办企业，保证外国投资不受侵犯；要扩大各省市自治区的自主权，充分发挥地方的积极性，允许他们向外借款或与外资合办企业，以加速发展中国社会主义的“四个现代化”建设。

在此背景下，国家计委提出了 1979 年国家直接安排的基本建设投资为 457 亿元，比 1978 年增长 15.7%。国务院于 1978 年 9 月 10 日同

① 马齐彬，等. 中国共产党执政四十年[M]. 北京：中共党史资料出版社，1989：431.

意国家计委的报告，决定再追加48亿元的基本建设投资，连同一至八月已经追加的35亿元基本建设投资，二者合计达83亿元。这样基本建设投资的总规模就由年初计划的332亿元增加为415亿元，比1977年增加100多亿元，成为20世纪50年代“大跃进”之后增长最高的年份。实际上完成的投资额比预计得还要多。

## 四、邓小平的“北方谈话”的推动

这一时期注重通过改变旧的管理体制和借鉴国外先进技术推动经济发展的认识在当时的众多领导人之间形成惊人的一致。

1977年7月23日，在正式恢复工作后不久，邓小平与有关部门负责同志谈话时指出，“要学习外国的先进技术。你们可以花钱把外国技术资料买下来，只有这样才能赶超世界先进水平。”①1977年9月14日，邓小平在会见日本客人时强调，“一切先进成果都是全人类共同努力的结果，就是资产阶级也懂得这个起码的常识，世界上先进的东西它都引进。你们日本就是这样。自力更生，要先靠自己的努力，靠自己的资源，但决不能排除世界上一切先进的成果。”②

1978年6月下旬，叶剑英、聂荣臻、李先念等在听取了谷牧访问欧洲五国的汇报后表示，是下决心采取措施的时候了。邓小平没有参加这次汇报会，他把余秋里、谷牧、康世恩等找去谈话，阐述引进国外先进技术和装备的紧迫性及重要性。

1978年是邓小平出访最多的一年。年初访问缅甸和尼泊尔，9月访问朝鲜，10月下旬访问日本，11月访问泰国、马来西亚和新加坡，次年年初出访美国。邓小平如此频繁出访，除了外交需要外，很重要的意图，就是要亲眼看一看世界现代化究竟发展到什么程度，寻找中国可以

① 中共中央党史研究室第三研究部．邓小平与改革开放的起步[M]．北京：中共党史出版社，2005：217.

② 中共中央文献研究室．邓小平年谱(1975—1997)(上)[M]．北京：中央文献出版社，2004：200.

借鉴的经验。他自己的亲见，加上其他考察团提供的信息，强化了他的紧迫意识。他在1978年9月访问朝鲜时同金日成说：“最近我们的同志出去看了一下，越看越感到我们落后。什么叫现代化？五十年代一个样，六十年代不一样了，七十年代就更不一样了。”“我们一定要以国际上先进的技术作为我们搞现代化的出发点。”①在结束对朝鲜的访问后他又视察了东北三省以及唐山和天津等地，发表了一系列重要谈话。学界把它称为“北方谈话”。谈话内容十分丰富，仅在东北的谈话，就涉及社会主义建设的方方面面。其中一个最重要的内容就是着眼于发展生产，实现“四个现代化”。邓小平提出，要把党和国家的工作重点转到“四个现代化”建设上。他在东北视察时强调：“从现在的实际出发，充分利用各种有利条件，实现毛泽东同志提出、周恩来同志宣布的四个现代化的目标”②。“我们一定要根据现在的有利条件加速发展生产力，使人民的物质生活好一些，使人民的文化生活、精神面貌好一些。”③ 1978年9月16日，邓小平在长春指出，实现“四个现代化”，“关起门来不行”，要“吸收国际先进技术和经营管理经验，吸收他们的资金”。④ 两天后，他在鞍山再次重申，我们要以世界先进的科学技术成果作为我们发展的起点。

在当时如何尽快恢复“面临崩溃的边缘”的经济，加快“四个现代化”建设，改善人民的生活状况，这不纯粹是一个经济问题，同时是一个政治问题。1978年9月16日，邓小平在听取吉林、辽宁省委常委汇报时的一段谈话说得很透彻：“我们太穷了，太落后了，老实说对不起人民。”“外国人议论中国人究竟能够忍耐多久，我们要注意这个话。我

---

① 中共中央文献研究室. 邓小平年谱(1975—1997)(上)[M]. 北京：中央文献出版社，2004：372~373.

② 王均伟，李建军. 争锋——从大跃进、洋跃进到软着陆[M]. 北京：金城出版社，1998：165.

③ 王均伟，李建军. 争锋——从大跃进、洋跃进到软着陆[M]. 北京：金城出版社，1998：165.

④ 邓小平文选(第二卷)[M]. 北京：人民出版社，1994：127.

们要想一想，我们给人民究竟做了多少事情呢?”所以，一定要加速发展生产力。“生产力发展的速度比资本主义慢，那就没有优越性，这是最大的政治，这是社会主义和资本主义谁战胜谁的问题”。①

马克思主义认为生产力是推动社会进步的决定性因素。但在“文化大革命”时期，随着“左”倾错误的发展，却大批“唯生产力论”，弱化经济基础，大谈上层建筑，这使得一段时期以内我国的生产力没有得到应有的发展。面对理论上的错误和现实中落后的这种状况，他强调发展生产力的必要性。1978 年 9 月 17 日，邓小平在视察辽宁时指出：“马克思主义认为，归根到底要发展生产力。”②作为马克思主义政党，进行社会主义建设而不注重生产力的发展，在理论上是错误的，在实践中也是不可能实现“四个现代化”的。

在分配制度方面，邓小平强调要打破平均主义，实行按劳分配政策，建立考核制度，调动人民的积极性和创造性，从而带动科技和管理的进步。“文化大革命”时期曲解了马克思在《哥达纲领批判》中提出的“资产阶级权利”，制定了按劳分配是产生资产阶级的经济基础的“理论”。由此，长期以来分配领域中的平均主义现象严重。针对长期以来我国实行平均主义的弊端，1978 年 9 月 16 日邓小平在视察吉林时指出：“我们要坚持按劳分配的原则，不能再搞平均主义，平均主义害死人。”③9 月 20 日，邓小平在视察天津时同样谈到这个问题，他强调要发挥物质刺激的调剂作用，调动人民的积极性和创造性，从而改善人浮于事和官僚主义发展的局面。

此外，在管理体制方面，邓小平强调要打破既有的僵化的管理方式，学习西方先进的管理体制，实行考核制。在教育体制、科研体制等

① 中共中央文献研究室. 邓小平思想年谱(1975—1997)[M]. 北京：中央文献出版社，1998：80~81.

② 中共中央文献研究室. 邓小平年谱(1975—1997)(上)[M]. 北京：中央文献出版社，2004：381.

③ 刘金田. 邓小平视察中国[M]. 北京：中国文史出版社，2011：65.

方面也初步提出了一些理论思考。邓小平的以上思想不仅推动了经济政策的调整，也在一定程度上促进了国际交流和对外开放。

## 第四节 《1976至1985年发展国民经济十年规划纲要》的具体内容

在1977年11月召开的全国计划会议上，对1975年提出的《1976至1985年发展国民经济十年规划纲要(草案)》进行了修订，修订后的“十年规划”于1978年3月由全国五届人大一次会议通过。“十年规划”忽视了经过十年“文化大革命”后国民经济中存在的严重问题，提出了一些不切实际的过高的奋斗目标：到1980年，建成独立的比较完整的工业体系和国民经济体系；到1985年，进一步完善全国的经济体系，各个部门的主要生产环节基本掌握现代先进技术，基本建成西南、西北、中南、华东、东北、华北6个大区，形成农、轻、重协调发展的国民经济体系。从1977年到1985年，工农业总产值计划平均每年增长9.5%，其中农业总产值增长4.7%，工业总产值增长11%。具体计划如下。第一，建立起稳固的农业基础。1980年，基本实现农业机械化，全国粮食、棉花平均亩产要达到纲要规定的产量，缺粮省区实现粮食自给。1985年全国人均粮食产量达到800斤，农业主要作业机械化程度达到85%以上，按农业人口达到1人1亩旱涝保收、高产稳产农田，农林牧副渔业达到较高水平。粮食产量，由1975年的5690亿斤，增长到1980年的6700亿斤，1985年8000亿斤。棉花产量，由1975年的4760万担，增加到1980年的6000万担，1985年的7200万担。① 第二，建立起丰富多彩的轻工业。广泛采用现代的先进技术。化纤、塑料、合成脂肪酸等化工原料和金属原料在轻工业中所占的比重接近一半，改变目

① 马洪，等. 现代中国经济大事典[M]. 北京：中国财政经济出版社，1993：62.

前轻工原料主要来自农业的状况，按人口平均的轻工业品产量有较大增长，一般日用工业品实现省、区自给。棉纱产量，由1975年的1160万件，增加到1980年的1400万~1450万件，1985年的1650万~1800万；化纤产量，由1975年的155000吨提高到1980年55万吨，1985年的155万吨；塑料产量，由1975年的33万吨提高到1980年的80万吨，1985年的200万吨；合成洗涤剂产量，由1975年的22万吨提高到1980年的40万吨，1985年的80万吨。① 第三，建立起强大的基础工业体系。燃料动力、冶金、机械等原有工业部门在新的技术基础上进一步发展，钢铁、原煤、原油、发电量等主要产品产量进入世界前列。石油化工、电力等新兴工业部门，发展成为比较发达的工业部门。钢铁、燃料、一般机械产品大区全部或大部分自给。建立起适应经济发展和战备需要的交通运输网和邮电通信网。铁路、公路、水运互相衔接，远洋运输和民航相应发展，基本建成全国长途自动电话和数据通信、传真通信等通信网。1978—1985年，在基础工业和设施方面，共新建和续建120个左右大型项目，其中，有30个大电站、10个大钢铁基地、8个煤炭基地、10个大油气田、10个大石油化工厂、9个大有色金属基地、10个大化纤厂、6条铁路新干线、改造9条老干线和5个重点港口等。这些项目建成后，加上原有的工业基础，全国可以形成14个实力比较雄厚、布局比较合理的工业基地。到1985年，6个大协作区各具特点、不同水平的工业体系可以基本形成。东北地区将成为一个燃料、动力、原材料和加工工业门类比较齐全、协调配套的大型重工业区。华北地区将形成一个新的门类比较齐全的大型重工业区，燃料、动力不仅可以自给，而且可以调出。华东地区拥有比较稳固的燃料、动力和原材料基础，机电、轻化工等加工工业的长处得以进一步发挥，成为一个技术水

① 马洪，等. 现代中国经济大事典[M]. 北京：中国财政经济出版社，1993：62.

平较高的综合性工业区。中南地区由于两湖、两广水电资源的大力开发，将弥补本区燃料的不足，初步建成一个有色金属和钢板品种比较齐全的工业区。西北地区将基本上形成一个以国防工业、机械工业为中心的工业体系。西南地区将建成一个比较强大的战略后方基地。主要产品产量得到提升：钢产量，由1975年的2390万吨增加到1980年的3600万吨，1985年的6000万吨；原煤产量，由1975年的4亿8000万吨，增加到1980年的6亿5000万吨，1985年的9亿吨；原油产量，由1975年的7700万吨，增加到1980年的1亿3000万至1亿5000万吨，1985年的2亿5000万吨；发电量，由1975年的1958亿度，增加到1980年的3000亿度，1985年的4800亿~5000亿度；乙烯产量，由1975年的6万多吨提高到1985年的200万吨；合成橡胶产量，由1975年的5.6万吨提高到1985年的60万吨；化肥，1985年的产量将达到8000万吨。第四，增加国家预算内直接安排的基本建设投资，“五五计划”时期为1780亿元，“六五计划”时期为2800亿元，10年共4580亿元，超过过去26年的投资总额。10年内，投资的重点是农业、燃料动力、原材料工业和交通运输业。第五，建立起完善的商业网。显著改善城镇、工矿区的副食品供应和农村的工业品供应。对外经济交流进一步扩大，工矿产品在出口中的比重大大提高。第六，建立起发达的科学技术和文化、教育、卫生、体育事业。大力提高整个中华民族的科学文化水平，壮大科学技术力量，努力突破经济和国防建设中的重大科学技术问题，在若干重要的科学技术领域接近、赶上或超过世界先进水平。城市基本普及“10年教育”，农村基本普及“8年教育”。发展各种形式的高等教育和技术培训，10年内培养和造就几百万具有大专水平的专门人才。

1978年3月5日五届全国人大一次会议认为“这个规划纲要是积极的、有可靠依据的，经过努力，是一定能够完成和超额完成的”①。

---

① 中华人民共和国第五届全国人民代表大会第一次会议关于政府工作报告的决议[N]. 人民日报，1978-03-07.

## 一、“一百二十个项目”的具体内容

“十年规划”中关于“一百二十个项目”，具体如下：

### （一）30个大电站（包括20个大型水电站、8个大型坑口火电站和2个核电站）

1. 20个大型水电站

重点进行湖北的葛洲坝和清江，湖南的东江和王强溪，广西的大化、龙滩和大藤峡，贵州的乌江渡和天生桥，四川的铜街子，云南的黄泥河，青海的龙羊峡，甘肃的黑山峡，宁夏的大柳树，陕西的安康，吉林的白山，江西的万安，福建的水口等20个大型水电站的建设，总规模1800万千瓦。①

2. 8个大型坑口火电站

重点进行吉林霍林河、山西大同、河北开滦、河南平顶山、贵州六盘水、安徽两淮、江苏徐州和山东兖州8个大型坑口火电站的建设，总规模2000千瓦。

3. 2个核电站

拟建发电量为30万千瓦的秦山核电厂和发电量为90万千瓦的广东核电站。

### （二）8个大型煤炭基地

煤炭工业，这一时期重点进行两淮、平顶山、六盘水、霍林河、开滦、大同、兖州、徐州八大煤炭基地的建设。

### （三）10个大型钢铁基地

“十年规划”仍然把“以钢为纲”列为规划的中心课题。当时武钢的

---

① 马洪，等. 现代中国经济大事典［M］. 北京：中国财政经济出版社，1993：62.

轧制能力是现代化的，而炼铁能力不足；在鞍钢和本钢，炼铁能力有余，轧制能力不足；在石景山等钢铁厂，则是炼铁能力不足，炼钢能力有余。为此，“十年规划”提出，要新建宝钢(年产能力为600万吨)、冀东钢铁厂(年产粗钢1000万吨)，同时改造鞍山本溪、武汉、包头、太原、攀枝花、石景山、马鞍山和邗郸等地钢铁厂，以扭转炼钢能力与炼铁能力不平衡的局面，并使炼钢能力达到6000万吨。①

(四)10个大油气田

这一时期重点进行建设的大油气田包括华北油田、辽河油气田、四川天然气田、胜利油田、大港油田、新疆油田、中原油田、吉林油田、玉门油田、河南油田。

(五)9个有色金属基地

这一时期重点进行9个有色金属基地的建设。其中包括云南的锡基地建设，以江西的德兴为中心的铜基地建设，以贵州铝厂、青海铝厂、包头铝厂为中心进行的三个铝基地的建设，以厂坝、锡铁山、甘肃的白银为中心的铅锌基地的建设和以甘肃金川为中心进行的镍基地的建设。

(六)10个大化纤厂

在化纤方面，重点进行以下10个化纤厂的建设：天津石油化纤厂、四川长寿维尼纶厂、甘肃维尼纶厂、云南维尼纶厂、辽宁辽阳石油化纤厂、上海石油化工总厂二期工程、北京化纤二期、江苏南京仪征大型化纤厂、平顶山锦纶帘子布厂。

(七)新建、续建和改造的铁路干线

在铁路方面，重点进行9条重要铁路干线的技术改造，10年内使

① [日]长谷川庆太郎. 中国现代化的幻想——从新的角度看日中关系[M]. 王宗林，王辅基，张慧春，译. 北京：生活·读书·新知三联书店，1981：14-15.

这些干线的通过能力提高一倍左右。并逐步实现机车电气化、内燃化，使1985年电力、内燃机车运量的比重，由当时的17%提高到60%~70%。新建铁路1.3万公里，其中包括北京至九江、昆明至西藏、青海至新疆、泰安至京绥、龙岩至广州、南京到襄樊干线，连通大同经焦作到柳州、青岛经济南到侯马两条大干线。新建黄河水下隧道以及修建第二线5500公里、电气化铁路1.6万公里。①

(八)10个大石油化工厂

重点进行10个大石油化工厂的建设，其中北京燕山石油化工公司引进的乙烯、丁二烯、高压聚乙烯等装置和吉林化学工业公司年产11.5万吨的乙烯联合装置在1979年年底建成投产；而北京东方红化工厂丙烯酸酯工程，以及山东齐鲁石油化工公司、扬子石油化工公司(南京)、大庆石化、上海石化总厂为中心的四套乙烯工程等的建设则因1980年调整而暂停，后于1982年恢复建设。

(九)十几个大化肥厂

当时新建和续建的大化肥厂有：计划在浙江镇海、新疆乌鲁木齐、宁夏银川、山西潞成进行4套30万吨合成氨等化肥厂的建设，并进行青海钾肥厂、湖北王集磷矿、天津碱厂、东方红化工厂和以云浮硫铁矿为原料的广东化肥厂的建设。

(十)新建和扩建5个港口

新建和扩建秦皇岛、连云港、上海、天津、黄埔5个重要港口。

---

① 《当代中国》丛书编辑部. 当代中国的铁路事业(上)[M]. 北京：中国社会科学出版社，1990：89.

## 二、对“一百二十个项目”的分析

### （一）“一百二十个项目”的行业、区域分布

1. 能源工业的分布

这一时期，煤炭开采、油气开采和电力等能源生产行业进一步在全国全面展开。从“一百二十个项目”来看，煤炭开发的重点主要集中在华北、西南、东北等煤炭富集区。就具体省份来看，煤炭工程规划主要在安徽、山西、河北、河南、江苏、山东等省份，为了配合8个大型煤炭基地的建设，因而在这些地区进行了相应的8个大型火电站的建设规划。“十年规划”由于受到“三线”建设的影响，在能源工业特别是二次能源的布局上发生了较大的变化，把水电站建设的重点放在内地，其中，20个水电站中就有11个在“三线”地区。而关于油气开发的规划主要集中在四川、河南、河北、山东等省份。

2. 冶金工业的分布

冶金工业可以说是我国最重要的原材料工业部门之一。这一时期为了实现钢铁工业的“赶超”和农业机械化，钢铁基地的建设规划包括了内地与沿海地区的同时发展，其中内地钢铁基地规划有包钢、武钢、攀钢，沿海钢铁基地规划有鞍钢、宝钢、太钢、马钢、唐钢，它们一起构成了我国重要的钢铁基地。在有色金属工业布局方面，规划中包括大型的氧化铝、电解铝厂，主要分布在云南、江西、贵州、青海、甘肃等地。其他还有白银铜基地、金昌镍基地、大厂锡矿基地等项目的规划，其中主要集中在西北、中南地区。

3. 化学工业

化工行业品种多、服务面广，既是重工业又是轻工业，产品有生产资料，也有消费资料。这一时期化工生产力布局主要集中在沿海地区。就10个大型化工厂的规划来看，主要集中在上海、江苏、山东、北京。从轻工业来看，10个大化纤厂的规划主要集中在天津、北京、上海、

江苏等沿海地区，而化肥生产基地的规划建设在地区分布上则更趋平衡，兼顾到内地、沿海地区的同时发展。从总的方面来看，规划中的主要化工基地是上海、北京、天津、吉林、兰州、太原、南京、四川和大庆化工基地。

(二)地区结构的变化

中华人民共和国成立以来，在处理沿海和内地的关系方面，对于如何搞好工业布局，刚开始缺乏一个长期稳定的战略。对沿海地区工业投资重视不够，没有充分利用沿海地区工业基础好的优势，通过加快沿海地区的发展带动内地发展。第一个五年计划期间，在沿海地区，重点进行了以钢铁、机械、煤炭、电力、化工为核心的东北工业基地的建设；在内地，重点进行了华中、华北工业基地的建设。这五年动工的694个大型工业项目中，472个建在内地，占总数的66%，222个建在沿海地区，占总数的34%。第二个五年计划和经济调整时期，由于“大跃进”的影响，追求建立行行俱全的地方工业体系，使得全国施工的大、中、小型建设项目总数高达20多万个。第三个五年计划和第四个五年计划时期，由于“文化大革命”的冲击，国民经济遭到巨大损失。在此期间，开展了以西南为重点的内地新工业基地的建设；内地建设投资的比重，激增到66.8%。在沿海地区，主要进行了一批大型石油化工基地的建设。“文化大革命”结束后，投资的重点从内地地区向沿海地区倾斜，从投资总额来看，国家预算内直接安排的基本建设投资，“五五计划”时期为1780亿元，其中，沿海地区为920亿元，占总投资的52%。这一时期地区结构上的变化在于继续进行内地建设的同时，注重使沿海地区工业基础得到加强和发展。

这“一百二十个项目”，无论是从它的行业分布还是从它的区域分布来看，反映了当时的主要领导者在工业化发展布局中的区域均衡发展的理念及战略。

## 三、“二十二个重要引进项目”

### (一)对“二十二个重要引进项目”的历史描述

为了尽快实现“四个现代化”的发展战略、落实“一百二十项”工程的基本建设，这一时期重点进行了“二十二个重要项目”的引进。

1978年，化工部先后同国外签订了8个以石油为原料的化工成套设备引进项目。其中有大庆石油化工厂、山东石油化工厂、北京东方红化工厂各一套30万吨乙烯生产装置，南京石油化工总厂两套30万吨乙烯生产装置，吉林化学工业公司一套11万吨乙烯关键生产设备；有浙江化肥厂、新疆化肥厂、宁夏化肥厂各一套30万吨合成氨生产装置。此外，还有以煤炭为原料的山西化肥厂30万吨合成氨生产装置。这9个项目的投资，包括国内工程投资，共需160多亿元。除了这9个化工项目，1978年还同国外签订了包括煤炭、钢铁在内的13个成套引进项目：100套综合采煤机组，德兴铜基地、贵州铝厂、上海化纤二期工程、仪征化纤厂、平顶山帘子线厂、山东合成革厂、兰州合成革厂、云南五钠厂、霍林河煤矿、开滦煤矿、彩色电视项目，以及上海宝山钢铁厂。以上共22个引进项目，需要外汇130亿美元(1978年已签约部分为58亿美元)，约折合人民币390亿元，加上国内工程投资200多亿元，共需600多亿元。①

按照原计划，这些项目到1981年、1982年将进入建设高峰年，每年需要投资130亿元。这样大的投资规模，这么多的大项目同时进入建设高峰，对于基本建设、外汇收支平衡以至整个国民经济来说，都是一个巨大的冲击。有些项目由于原料、燃料不落实，即使建成，也难以正常开展生产。1979年4月，根据“调整、改革、整顿、提高”的方针，

---

① 马洪，等. 现代中国经济大事典[M]. 北京：中国财政经济出版社，1993：65.

为了进一步压缩基本建设规模，解决盲目引进项目的问题，国家计委、外贸部和中国人民银行联合向国务院提出的《关于解决从日本引进项目贷款问题的请示报告》中提出：退掉南京化工基地五套塑料部分的装置，山东化工基地的一套乙烯生产装置，宁夏化肥厂的一套重油制化肥装置，北京石化总厂的一套30万吨乙烯生产装置，南京炼油厂的一套石油加氢裂化装置。这9套装置，总计约5亿美元。① 由于担心此项措施可能在国际上造成不好的影响，上述意见未被采纳。同年10月，中央财经委员会组织了一个专门小组，由国家计委和有关部门参加，专门对22个项目重新进行研究。当时，曾设想停缓其中的一些项目，但由于对原油生产缺乏切实的估计，又担心造成经济损失和国际不良影响，因而仍然没有下决心进行调整。22个引进项目投资额到年底累计完成56亿美元，按照计划全部建成还需517亿元。22个引进项目未能压下来，是1979年基本建设总规模基本没有缩小的重要原因，给国民经济的发展带来了不利的结果。

1981年继续执行“八字方针”，22个引进项目中，年初停缓建了9个，下半年形势好转后，经国务院批准后，宝钢等4个项目陆续恢复建设。②

（二）对“二十二个重要引进项目”的分析

1978年中国签订的引进合同有1230个，50多个引进技术设备的项目，成交额达到78亿美元。引进的主要项目有22项，金额达58亿美元，主要是综合机械化采煤工作面设备、洗煤厂设备、电站设备、水泥厂设备、炼油厂科研设备、炼油装置和技术、化工装置、化肥装置、化纤装置、彩色显像管和集成电路生产装置，以及上海宝山钢铁厂的生产设备。

具体情况如表1-1所示。

① 马洪，等. 现代中国经济大事典[M]. 北京：中国财政经济出版社，1993：65.

② 《当代中国》丛书编辑部. 当代中国的基本建设[M]. 北京：中国社会科学出版社，1989：256.

**表 1-1 1978 年成套引进的 22 个项目的建设情况①**

| 项目名称 | 建设地址 | 引进国别 | 开始建设年月 | 全部投产年月 | 截至 1985 年累计投资(万元) | 名称 |
|---|---|---|---|---|---|---|
| 煤炭工业: | | | | | | |
| 河北开滦矿区钱家营矿井 | 唐山 | 联邦德国 | 1977 年 9 月 | | 20373 | 采煤 |
| 开滦区范各庄洗煤厂 | 唐山 | 联邦德国 | 1977 年 4 月 | 1984 年 12 月 | 18856 | 洗煤 |
| 内蒙古霍林河煤矿 | 哲里木盟 | 联邦德国 | 1981 年 9 月 | | 41903 | 采煤 |
| 石油工业: | | | | | | |
| 大庆 30 万吨乙烯工程 | 大庆 | 日本 | 1978 年 9 月 | | 235905 | 乙烯 |
| 山东齐鲁乙烯工程 | 淄博 | 日本、英国、联邦德国 | 1984 年 4 月 | | 129404 | 乙烯 |
| 冶金工业: | | | | | | |
| 上海宝山钢铁总厂 | 宝山 | 日本、联邦德国、意大利、瑞士 | 1978 年 12 月 | | 1347768 | 炼钢<br>钢材<br>炼铁 |
| 江西贵溪冶炼厂 | 贵溪 | 日本、美国、芬兰 | 1979 年 6 月 | | 63256 | 铜采选<br>冶炼 |
| 贵州电解铝厂 | 贵阳 | 日本 | 1979 年 10 月 | 1983 年 | | 电解铝<br>电解铝 |

① 国家统计局固定资产投资统计司. 中国固定资产投资统计资料(1950—1985)[M]. 北京: 中国统计出版社, 1987.

续表

| 项目名称 | 建设地址 | 引进国别 | 开始建设年月 | 全部投产年月 | 截至 1985 年累计投资(万元) | 名称 |
|---|---|---|---|---|---|---|
| 化学工业: | | | | | | |
| 北京东方化工厂 | 通县 | 日本 | 1980 年 4 月 | | 25164 | 丙烯酸酯 |
| 山西化肥厂 | 潞安 | 日本、联邦德国 | 1981 年 7 月 | | 95651 | 合成氨<br>硝酸磷肥 |
| 吉林化学公司乙烯工程 | 吉林 | 联邦德国 | 1977 年 9 月 | 1983 年 12 月 | 14269 | 硝酸<br>乙烯 |
| 江苏南京乙烯工程 | 南京 | 日本、联邦德国 | 1984 年 4 月 | | 128109 | 乙烯<br>合成氨 |
| 浙江化肥厂 | 镇海 | 日本、荷兰 | 1980 年 9 月 | 1985 年 12 月 | 49088 | 尿素<br>合成氨 |
| 宁夏化肥厂 | 银川 | 日本 | 1980 年 3 月 | | 13542 | 氯化氨<br>纯碱 |
| 新疆化肥厂 | 乌鲁木齐 | 日本、联邦德国 | 1979 年 10 月 | | 54369 | 合成氨<br>尿素 |

续表

| 项目名称 | 建设地址 | 引进国别 | 开始建设年月 | 全部投产年月 | 截至1985年累计投资(万元) | 名称 |
|---|---|---|---|---|---|---|
| 纺织工业： | | | | | | |
| 上海石油化工总厂二期工程 | 金山 | 联邦德国、英国、日本 | 1979年10月 | | 215227 | 聚酯<br>涤纶纤维、长丝 |
| 江苏仪征化纤总厂一分厂 | 仪征 | 日本、联邦德国 | 1981年10月 | | 98620 | 聚酯<br>涤纶纤维、切片 |
| 平顶山帘子布厂 | 平顶山 | 日本 | 1979年11月 | 1982年3月 | 32756 | 锦纶布 |
| 轻工业： | | | | | | |
| 烟台合成革厂 | 烟台 | 日本 | 1980年4月 | 1984年12月 | 41068 | 合成革 |
| 昆明三聚磷酸钠厂 | 昆明 | 联邦德国 | 1980年11月 | 1985年12月 | 51451 | 五钠<br>洗衣粉 |
| 电子工业： | | | | | | |
| 咸阳彩色显像管厂 | 咸阳 | 日本、瑞士、意大利 | 1978年3月 | 1982年12月 | 71103 | 显像管 |

协议总金额中，冶金、化工项目占62%，能源占18%，轻纺工业占11%。引进的项目主要是重工业，其中：炼铁650万吨，炼钢670万吨，轧钢650万吨，铜矿采选日处理能力13万吨，电解铝8万吨，乙烯120万吨，塑料88.5万吨，合成橡胶8万吨，甲醇、乙醇、丁辛醇等有机化工原料近50万吨，合成氨120万吨，烧碱40万吨，合成纤维71万吨，尼龙66万吨，帘子布1.3万吨，合成革600万平方米，三聚磷酸钠7万吨，彩色显像管96万只，人洗原煤1200万吨，以及100套综合采煤机组(采煤能力2000万吨)，等等。①

22个项目中，冶金项目占投资总额的45.4%。这些项目并不是当时发展国民经济所急需，而是为了追求钢铁高指标而确定的，再次突出了“以钢为纲”的方针，这只能加重已有的比例失调。22个项目中，有很多是耗油项目和耗煤项目。1970年以来的一个时期，中国燃油动力机具发展就比较快，这两年又有更快的发展，但遇到了石油制品的增长满足不了需要的问题，致使平均每马力占有油品的数量比20世纪70年代初期下降了几乎一半，这就迫使燃油动力机具不能充分利用，有些甚至停止运转。1978年中国用作化工原料的石油约占石油总产量的4%，1978年与外商签订的石油化工和化肥项目建成投产后，这个比例将会上升到10%。据计算，引进的22个大项目全面建成后，其原料、燃料供需石油煤炭都在千万吨以上。这显然与中国能源供应状况极不适应。这些引进的化工、化肥项目就不得不被停建或缓建。

下面，我们再来分析一下1978年引进的22项工程的最终实际结果。按照引进项目的种类和门类，我们可以分为以下几类：

第一类是轻工业方面的工程，共有6项。它们是上海石油化工总厂化纤二期工程、仪征化纤厂工程、平顶山帘子线厂工程、山东合成革厂工程、兰州合成革厂工程、云南昆明三聚磷酸钠工程等。

---

① 《当代中国》丛书编辑部. 当代中国的基本建设[M]. 北京：中国社会科学出版社，1989：242.

(1)上海石油化工总厂化纤二期工程(20万吨聚酯及合成纤维工程)，1978年12月底合同签约工作全部完成。翌年，因国民经济调整，工程建设一度暂停。1980年7月开工打桩。1981年3月正式列入国家基建项目。1983年7月划归中国石化总公司领导后，工程建设实行投资包干，建设费用由传统的国家拨款改为银行贷款。1985年全面建成。

(2)仪征化纤厂(年产53万吨聚酯与配套的合成纤维)工程，1978年筹建，1980年缓建，1981年6月列入国家建设计划，1982年采用借债建厂和一次规划、分步建设的方式恢复建设，1984年12月一期工程投产，1987—1990年二期工程投产。涤纶短纤维抽丝设备原计划成套引进，后改为引进制造技术和部分关键设备，其他由国内制造供应。

(3)河南平顶山帘子线厂(年产帘子布1.3万吨)工程，1980年4月动工，1981年10月全部完成建设施工和设备安装，11月投料试车，12月正式投产。

(4)山东合成革厂工程。1978年8月与日本几家公司签订三项合同：一是与可乐丽公司签订引进合成革生产技术和设备的合同；二是与日挥公司签订引进MDI(异氰酸酯)生产技术和设备的合同；三是与日本油墨公司签订引进聚酯多醇生产技术与设备的合同。引进三套装置大概花费2.298亿元人民币。该项目于1979年1月在烟台动工，1983年5月基本建成并开始生产。

(5)兰州合成革厂工程，该项目于1978年和外方草签了引进合同。1979年年初，由于资金困难，我国暂停同外方签订新的引进项目，并利用合同规定的有请政府批准的两个月期限的权利，决定已草签的合同暂不生效，以促使外方给我国提供优惠信贷。不久，大部分合同生效，但由于该项目不具备建设条件，经与外方协商，撤销了该项目的引进合同。

(6)云南昆明三聚磷酸钠工程，1980年1月开工，因厂址调整，1983年6月基本建成，9月投料试车，1984年正式投产。

第二类是石油工业方面的工程，共有5项。它们是大庆石油化工厂、齐鲁石油化工厂各1套30万吨乙烯生产装置工程，浙江镇海炼油厂工程、新疆乌鲁木齐炼油厂工程、南京的2套30万吨乙烯生产装置工程。

(1)大庆石油化工厂的30万吨乙烯生产装置，1979年4月破土动工，1980年10月决定缓建，后又决定停建，1981年9月决定恢复建设，并列为国家重点建设项目，1982年4月全面恢复建设。一期工程1986年6月投料试车，二期工程1988年8月建成投产。

(2)齐鲁石油化工厂的30万吨乙烯生产装置，1977年开始筹建，经过停缓建，1984年1月恢复建设。根据国家计委"统一规划，分期建设"的要求，一期工程1984年4月正式开工，1987年5月建成并投料试车。二期工程1986年4月开工建设，1991年6月通过国家验收。

(3)浙江镇海炼油厂，设计其具有年产20万吨聚丙烯的能力，于1979年4月开建，1983年7月建成并正式投产。

(4)乌鲁木齐炼油厂(以重油为原料的年产30万吨合成氨和52万吨尿素项目)工程(即大化肥工程)，1980年5月动工，1981年初停缓建，1981年7月恢复建设，1985年7月试车成功，10月建成投产。

(5)南京的2套30万吨乙烯生产装置，上海30万吨乙烯生产装置工程，系从南京调来，并对工程项目作了适当修改、补充、配套。1981年10月首批设备从南京运抵上海"就位保管"。1985年2月国家决定工程建设资金由上海石油化工总厂自行筹集。1987年5月第一阶段工程开工建设，1989年12月投料试车。1989年9月完善化工工程开工建设，1992年6月建成投产。

第三类是煤炭工业方面的工程，共有3项。它们是100套综合采煤机组工程、霍林河煤矿工程、开滦煤矿工程。

(1)100套综合采煤机组工程，1980年7月前设备全部到货，并陆续进入了有关煤矿采煤工作面进行安装，到1980年年底已有56套正式投入生产，并取得了较好的生产效率。

(2)霍林河煤矿工程原规划建设规模为2000万吨/年，并采取引进成套设备方式进行建设，估算需要 5.5 亿美元。1978 年只签订了由外方提供初步设计的技术服务合同和小型剥离设备。1979 年以后，建设方案有了较大调整，建设规模缩小为 700 万吨/年。在机械部门引进制造技术并形成制造能力以后，即取消了成套引进的方案，改为国内制造供应，并于 1984 年和 1992 年先后建成一、二期工程。

(3)开滦煤矿工程(3 座各年入洗原煤 400 万吨的洗煤厂)，原规划建设范各庄、钱家营等 3 座各年入洗原煤 400 万吨的洗煤厂，1978 年签订了部分合同。其中范各庄洗煤厂因引进工作进程较快，建设工作基本上未受经济调整的影响，于 20 世纪 80 年代中期建成投产。其他洗煤厂则推迟了引进与基建进度，如钱家营洗煤厂于 1989 年才建成投产。

第四类是化学工业方面的工程，共有 4 项。它们分别是宁夏银川化工厂工程、山西化肥厂工程、吉林化学工业公司工程、东方化工厂(年产 3 万吨丙烯酸酯设备)工程等。

(1)宁夏银川化工厂的 30 万吨合成氨和 52 万吨尿素项目(即大化肥工程)，1981 年初缓建，1984 年恢复建设，1985 年 5 月开工，1988 年 7 月建成投料试车，1992 年建成投产。

(2)山西化肥厂以煤炭为原料的 30 万吨合成氨、90 万吨硝酸磷肥装置，1981 年 3 月确定推迟建设进度三年，1983 年 7 月动工，1987 年 7 月投料试生产，1988 年建成投产。

(3)东方化工厂(年产 3 万吨丙烯酸酯设备)工程，东方化工厂始建于 1978 年，1984 年，我国第一套由日本引进的丙烯酸及其酯类装置在这里建成投产，从此结束了国内该产品长期依赖进口的局面。进入 20 世纪 90 年代，工厂又扩大规模，陆续引进第二和第三套丙烯酸及酯类装置。

(4)吉林化学工业公司，初步设计为年产 20 万吨合成氨和 25 万吨尿素项目，1979 年 3 月开始建设，1981 年缓建，1984 年 3 月恢复建设，1988 年建成投产。

第五类是冶金工业方面的工程，共有 3 项。它们是上海宝山钢铁总厂、德兴铜矿基地，贵州铝厂等。

(1)上海宝山钢铁总厂工程是1978年22项成套引进设备项目中规模最大的。1978年12月正式动工建设。一、二期工程共计划投资301.7亿元人民币，其中包括47.8亿美元的外汇资金。原计划一、二期工程分别于1982年和1984年建成，1980年1月因国家财政困难，决定"一期停缓、两板退货、二期不谈"。1981年1月正式停缓建，8月又列为续建项目，恢复建设。1985年9月一期工程建成投产。同年，二期工程开始建设，至1991年建成，对二期工程的引进方式进行了重要的调整，由原来的引进成套设备，改变为在保证技术水平不低于一期工程的前提下，通过引进主体设备的制造技术和与外国公司进行合作制造等方式，实现了"基本立足国内设计制造"的要求。

(2)江西德兴铜矿基地工程是大型联合工程，原规划在5年内拥有年产20万吨铜的生产能力。1978年主要签订了贵溪冶炼厂的炼铜成套设备合同和铜矿的技术服务合同，设计规模为年产粗铜9万吨及拥有17.3万吨/日的矿石采选能力。1979年以后，因投资等原因，建设规模缩小，并推迟了引进与建设进度。冶炼厂于1985年建成，1991年德兴铜矿基地的采选能力已达到6万吨/日。

(3)贵州铝厂年产8万吨电解铝工程，1979年10月动工，1982年9月基本建成。

第六类是国防工业和国防科研方面的工程，共有1项。它是陕西咸阳彩色电视显像管工程。陕西咸阳彩色电视显像管(年产14英寸彩色显像管64万只22英寸彩色显像管32万只)工程，1979年4月动工，1981年10月建成并进行试生产，1982年12月正式投产。

从以上项目的执行结果可以看出，1978年22个成套设备项目的引进和建设，到1985年引进成功的占很大部分。这些引进投产的项目，具有20世纪70年代末、80年代初的世界先进水平，在技术水平、单系列生产能力以及产品的品种等方面，弥补了我国一些重要的生产空白，形成了一批特大型的现代化生产骨干企业，如上海宝钢、仪征化纤厂、扬子石化、齐鲁石化等，对加速社会主义现代化建设起了重要作用。例如，上海宝钢引进了一大批世界钢铁工业中的先进技术，在设备大型化和现代化方面都达到了当时的世界一流水平。再如，仪征化纤厂引进的45万吨芳烃装置在当时属于世界最大规模的装置；引进的年处理100万吨的减压渣油轻质化装置，是当时具有一定技术试验性质的大型装置。扬子石化原规划部署的2套30万吨乙烯装置，采用比1972年燕山石化引进的技术更为先进的美国鲁姆斯SRT3型裂解炉，单炉能力更大，乙烯收率更高，原料选择范围更大，能耗更低，全厂的建设规模与部分化工项目的技术水平与生产规模均属当时世界一流水平。因此，可以说，通过对外项目的引进，我国的工业结构得到了进一步的优化。

但是，从另一个方面来看，过于集中地大规模引进也恶化了经济形势，加剧了经济困难，特别是到1978年年底，我国物资、财政、信贷和外汇支付都发生了大的不平衡。具体表现在以下三个方面。一是三个产业的比例失调。从基建投资看，农业占10.6%，轻工业仅占5.8%，重工业占48.7%。这在当时缺吃少穿、日用品严重匮乏的情况下，是失衡的“苏联模式”。二是基本建设规模过大。新项目上得过多，超过国家负荷能力。1978年基建投资479.3亿元，比上年增长31.5%，占当年财政收入的40.7%。三是积累率过高，重生产、轻生活。1978年生产性投资占82.6%。住宅、城市公用设施建设、文教卫生投资仅占17.4%，这个比例，比第一个五年计划时期还低10个百分点。人民生活中许多长期得不到解决的问题越来越严重，这就严重挫伤了广大干部群众投身经济建设的积极性，使国家经济的失衡状况愈演愈烈。

## 小　结

1977年全国计划会议确定了经济建设必须实行三个转变：一是从上到下都要把主要注意力转到生产发展和技术革命上来；二是从那种不计经济效果、不讲经济效率和官僚主义的管理制度和管理方法，转到按照经济规律办事、把民主和集中很好地结合起来的科学管理的轨道上来；三是从那种不同资本主义国家进行经济技术交流的闭关自守或半闭关自守状态，转到积极地引进国外先进技术、利用国外资金，大胆地进入国际市场。这为经济政策的调整提出了基本规范和要求。这也折射出与“文化大革命”时期经济政策内涵上的根本区别。

经济政策的调整具体表现在“十年规划”的制定与实践，而这一规划制定的目的是为了解决当时制约国民经济发展的三大瓶颈问题的：一是农业和轻工业滞后，远不能满足发展国民经济和改善人民生活的需要；二是能源、交通和原材料工业严重制约工业化进程；三是基本建设战线过长，必须集中财力、物力，重点突破。同时，也应该认识到“十年规划”中提出的一些严重脱离实际的过高的奋斗目标，不仅加剧了当时国民经济比例关系的失调，而且对以后的经济发展也带来了不利的影响。为了实现“十年规划”提出的奋斗目标，又回过头来修改年度计划，国内外项目一起上，导致了1978年大搞基建、大搞引进的状况。1978年追加基本建设投资80多亿元，比年初计划增加了1/4。同时，又匆忙地签订了22项重大引进项目，1978年一年之内就签订进口合同78亿美元，其中1978年12月份签订的就在30多亿美元。这显然脱离了中国国情和国力的实际状况。1978年在生产上定了高指标，基建上铺了大摊子，这就迫使1979年的生产指标定得更高，基建规模安排得更大，缺口也更加突出，使国民经济比例失调的状况进一步加剧。国家财政赤字自1974年突破百亿大关后，连年亏损，到1978—1979年，赤字进一步增加到每年约200亿元，占收入的比例高达20%左右。其中的原因不仅仅是“文化大革命”对经济的影响，还有这一时期大规模举债用于基础工业投资。1980—1981年，经济萧条使得政府再次采取“放”的政策，逐步解除了对农村地区的控制，降低农业税收，提高农产品价格，允许农民承包土地、分户经营，开放集市贸易。这就是农村改革的第一步。

# 第二章 “文化大革命”结束后经济政策调整的主要原因

对于经济政策调整与改革来说，有两点极为重要，一是确定把党和国家的工作着重点转移到以经济建设为中心的现代化建设上来，摆脱过去的“以阶级斗争为纲”和频繁政治运动的历史轨迹。可以说，中国改革开放及此后几十年的变化都根源于这一历史性转折。二是将“解放思想、实事求是”确定为党的思想路线，为改革探索打开了意识形态的空间。对改革开放决策带来巨大推动力的，是1977年兴起的外出考察潮。

## 第一节 经济理论上的拨乱反正提供了理论准备

在1977年、1978年冲破“两个凡是”的思想解放过程中，除了真理标准问题的讨论促成了人们认识的根本转变外，经济理论上的拨乱反正为推动十一届三中全会前后中国经济政策调整与实施的顺利进行发挥了重要作用。理论界通过对“文化大革命”时期人们在商品经济、按劳分配、生产力标准、价值法则和经济规律等经济理论方面存在的错误认识进行批判，明辨了理论是非，为改革开放的实践作了必要的理论准备。这一时期的经济理论有了以下几个方面的变化。

### 一、纠正对“唯生产力论”的错误批判

通过纠正对“唯生产力论”的错误批判，强调生产力发展在社会主

义发展中的重要地位，事实上提出了体制评价的生产力标准。中共八大把集中力量发展社会生产力确定为全党在社会主义改造完成以后的主要任务。然而，八大以后不久，这个决策在认识上发生动摇，并逐渐被否定，在实践上受到干扰，在“文化大革命”中被批判为“唯生产力论”。对“唯生产力论”的批判，归纳起来包括两个方面的内容：其一，否定经济建设是党和国家工作的重点，以政治冲击经济；其二，否认在生产力和生产关系这一对矛盾中生产力是主要方面，把生产关系的变动作为决定性因素。

经济理论界通过开始于1977年2月的经济理论大讨论为“唯生产力论”正了名，恢复了马克思主义的本来面目。其中，于光远的这种认识最具代表性：“承认在社会发展中，生产力的发展起决定作用，是第一性的，理所当然地可以称之为‘唯生产力论’。‘唯生产力论’是马克思主义的历史唯物主义中的一个重要观点，这本来就不错。”①8月23日，中共十一大报告中专门论述发展生产力的重大意义，提出了生产力是最革命的因素的认识。同时，在以邓小平为代表的领导人的支持下，进一步推进了对这一问题的认识。1977年7月，邓小平对国务院政治研究室几位负责人说，林子力、有林所写的《批判“四人帮”对“唯生产力论”的“批判”》自己已经看过一遍，稿子是写得好的，是很重要的经济理论，可以出版。② 邓小平不赞成十一大报告草稿中的批判“唯生产力论”，指出“应该倒过来说”，应该发展生产力。1977年7月27日，邓小平同中国科学院负责人谈话时指出：说“唯生产力论”是修正主义的谬论，并以此作为前提，这不行。他还系统地阐发了发展生产力的重大意义，并就对内如何改革、对外如何开放来促进生产力的发展，进行了全面深入的论述。

---

① 于光远．我承认自己是“唯生产力论”者[J]．思考与实践，1977(6)：38.

② 陈敬．经济理论20年——著名经济学家访谈录[M]．长沙：湖南人民出版社，1999：379.

## 二、重新强调按劳分配和物质利益原则

“文化大革命”结束后，经济建设的实践推动着人们对这一原则的拨乱反正，在邓小平等领导人的支持下，推动了经济理论的发展。

1978年5月《人民日报》特约评论员文章《贯彻执行按劳分配的社会主义原则》发表前，邓小平就看了两遍，并两次找起草者胡乔木、于光远、邓力群谈他的肯定意见。① 8月3日，邓小平又同国务院政治研究室负责人谈话，再次肯定了按劳分配的观点，认为文章“写得好，说明了按劳分配的性质是社会主义的，不是资本主义的”②。他还指出：应该有适当的物质奖励；少劳少得，多劳多得。8月9日，《人民日报》发表了国务院政治研究室冯兰瑞等人的文章《驳姚文元按劳分配产生资产阶级的谬论》。邓小平看了之后向该室负责人于光远指出：文章观点是对的，但是有点放不开。

为了进一步推进人们对按劳分配和物质利益原则的正确认识，1978年4月，举行了第一次全国性的按劳分配问题讨论会，在京30多个单位的100多位理论工作者参会。随后又于6月召开第二次按劳分配问题讨论会，近百个在京单位的400多位理论工作者与会。10月底和11月初，举行了第三次按劳分配问题的讨论会，参加会议的除135个在京单位的500多位理论工作者外，23个省市自治区的130多个单位、300多位理论工作者也参加了会议。《人民日报》《光明日报》《经济研究》等报刊从当年年中开始，发表了一系列讨论的文章，肯定按劳分配不是资本主义因素，因此在社会主义条件下应该坚决贯彻执行按劳分配的原则。总之，要实行按劳分配原则已成为经济理论界的共识，并写进了1978年五届人大通过的新宪法中。7月22日，李先念在全国农田水利基本建设会议上强调“现在最关紧要的是两条”，其中第一条便是“认真贯彻

---

① 李正华. 中国改革开放的酝酿与起步[M]. 北京：当代中国出版社，2001：102~104.

② 邓小平文选(第二卷)[M]. 北京：人民出版社，1994：101.

执行各尽所能，按劳分配”的原则，“保证多劳多得，反对平均主义”。

## 三、纠正否定商品生产和商品交换的错误观点，重新肯定社会主义必须大力发展商品生产和商品交换，重视价值规律的作用

要实现“四个现代化”，改善人民生活，调动人民群众建设社会主义的积极性，就必须大力发展社会主义商品经济。但由于经济工作领域经过20多年“左”倾错误影响，已在生产关系处理上形成了急于向“大”和“公”“穷过渡”的僵化局面，把商品经济等同于资本主义而受到歧视。要在实践中发展商品经济，首先就必须在经济理论上正本清源，纠正有关商品经济的错误认识。在社会主义计划经济的条件下，正确利用价值规律，对于促进社会主义生产的发展十分重要。不正确利用价值规律，或违背这个规律，我们的经济工作就不能正确有效地进行，就不能以最少的消耗取得充分的效果，就必然产生严重的浪费和亏损，破坏社会主义生产，受到客观规律的惩罚。1977年12月5日，国务院在为准备第二年召开全国城乡商业学大庆学大寨会议而发出的通知中明确指出：我国现在社会主义商品生产不是多了，而是少了，我们要理直气壮地促进社会主义商品生产，发展社会主义商品流通。与此同时，经济理论界开展了关于社会主义商品经济的广泛争鸣，驳斥了“文化大革命”时期诋毁社会主义商品经济的反动谬论，集中阐述了对社会主义商品生产的基本立场和观点。

## 四、提出按经济规律办事，提高经济管理水平

1977年6月20日，李先念在全国财贸学大庆学大寨会议上强调：“这次会议，要把提高管理水平作为一个十分重大的问题进行讨论。”“提高管理水平问题并不是只存在于财贸战线，同样存在于农业、工业、基本建设、交通运输业和其他战线。这是目前整个经济工作和整个社会主义建设事业着重解决的迫切问题，必须引起全党的充分注意。”①

---

① 李先念. 在全国财贸学大庆学大寨会议开幕式上的讲话[N]. 人民日报，1977-06-21.

1978年，胡乔木发表《按照客观规律办事，加快实现“四个现代化”》一文，文章提出：搞“四个现代化”，必须尊重客观规律，不断总结经验教训，逐步建立和健全一套适应现代化需要的管理制度和管理方法。阐明了必须按照客观经济规律组织社会主义建设这一根本经验。1978年9月，邓小平在视察东北三省时明确指出：“要按照国际先进的管理方法、先进的经营方法、先进的定额来管理，也就是按照经济规律管理经济。一句话，就是要革命，不要改良，不要修修补补。”①正是由于这一时期存在经济政策调整与体制改革的内在动力，邓小平把改革提高到革命的高度上来。同时，这一时期的经济理论工作者还通过研讨会等形式讨论了中国经济建设历史中发展速度、所有制结构、计划管理、积累和消费等各方面的经验教训。

有些经济学家的思考，已涉及整个计划体制。例如，薛暮桥1978年4月给邓小平、李先念写信，提出研究计划管理体制问题。他还通过对江苏和北京的调查，得出一个基本看法：现在管理体制的根本缺点是，不管是条条管，还是块块管，都是按行政系统管，既割断了各行业之间的经济联系，也割断了地方与地方之间的经济联系。这种条块分割体制的典型弊端是：两个企业能商量解决的问题必须层层上报，由上级领导机关协商解决；一天能办成的事，往往要拖上几个月。他举例说：常州东风印染厂的灯芯绒是国际市场的畅销品，为增加生产，需要多进口染料，而因为没有外汇，需要向香港地区的中国银行贷款。银行完全同意，但必须层层上报到中国银行北京总行，打了十几个图章才办完手续，而增加染料进口又要外贸部批准，又得层层上报，并打了8个图章。办完两项手续，共花了8个月时间，如果准许该厂直接向香港地区的中国银行贷款，直接在香港购买染料，只要半天时间就够了。他还看到，江苏国有企业的发展速度不如地方五小工业，地方工业的发展速度又不如社队工业。因为地方工业留利比例(60%)超过国有企业(利润全

① 邓小平文选(第二卷)[M]. 北京：人民出版社，1994：129-130.

部上交)，而社队工业的留利比例(80%)又超过地方工业。因此，他认为，经济管理体制的根本问题，不仅是解决条条与块块之间的矛盾，而且要解决行政管理与经济发展的客观规律之间的矛盾。

这一时期经济理论上的一个重要成果就是明确了体制评价的生产力标准。以生产力这个标准来评价，传统体制的弊端暴露无遗。生产力长期停滞和徘徊，是中国决定进行经济政策调整与改革的主要推动力。从1957年到1978年国有企业经济效益呈现整体下降趋势，国家财政困难日益严重，财政收入甚至几年出现负增长。靠财政支持国有企业发展的工业化道路遇到了国家财政能力的制约，再也走不下去了。过去20多年，中国走的是一条高速度、低效率，高投入、低产出，高积累、低消费的道路。如果说在1957—1978年这种勒紧裤带搞建设的办法还可勉强推行，那么“文化大革命”结束以后就难以为继了。改善生活成为人民的迫切要求，促使决策者另辟新路，实行经济政策与战略调整和体制改革。

## 第二节　探索实现“四个现代化”路径和方式的需要

现代化是人类社会发展的价值取向和理性追求，也是中华民族复兴的必由之路。中华人民共和国成立以来，中国共产党人对现代化道路积极探索、不断创新，现代化的核心也从重视内容的“工业化”“四个现代化”向重视目标的“全面建成小康社会”“中国梦”转变。回望现代化变迁的历程，归纳现代化发展的经验，对于我们进一步推进中国特色社会主义现代化建设步伐，实现全面建成小康社会和中华民族的伟大复兴具有十分重要的意义。

### 一、“四个现代化”发展战略形成的过程

1957年，毛泽东在《关于正确处理人民内部矛盾的问题》中提出的

是工业、农业和科学文化三个现代化。1959年冬，毛泽东在杭州读苏联《政治经济学》教科书时指出，建设社会主义，原来要求是工业现代化、农业现代化、科学文化现代化，现在要加上国防现代化。1963年1月，周恩来在上海科学技术工业会议上发表了《建设社会主义祖国，关键在于实现科学技术现代化》的讲话。1964年12月，根据毛泽东的建议，周恩来在三届人大一次会议的《政府工作报告》中，正式完整地提出了“四个现代化”的建设目标，即在不太长的历史时期内把我国建设成为具有现代化农业、现代化工业、现代化国防和现代化科学技术的社会主义强国。1975年1月13日，第四届全国人大第一次会议上，周恩来在《政府工作报告》中重申了第三届全国人大提出的发展我国国民经济的两步设想，即第一步，在1980年以前，建成一个独立的、比较完整的工业体系和国民经济体系；第二步，在20世纪内，全面实现农业、工业、国防和科学技术的现代化，使我国的国民经济走在世界前列。报告指出，今后十年是实现上述两步设想的关键十年，国务院将根据两步设想的目标制定十年规划、五年规划和年度规划。

1977年8月，中共十一大决定，继续坚持在20世纪内实现“四个现代化”的伟大目标。根据这个要求，在基本保持原订水平的基础上重新修订十年规划纲要。

## 二、“四个现代化”发展战略的实质

经过五年大规模的艰苦调整，逐步解决了“大跃进”失误所带来的某些严重问题，并使中国国民经济走向较为协调发展的道路。在这种形势下，需要确定新的社会经济发展战略作为经济行动纲领。由于对五年调整成果过于乐观的估计，以及对中国工业化程度的过高估计，1965年1月第三届全国人民代表大会第一次会议通过的《政府工作报告》中指出：今后发展国民经济的主要任务，就是要在不太长的历史时期内，把我国建设成为一个具有现代农业、现代工业、现代国防和现代科学技术的社会主义强国，赶上和超过世界先进水平。这个发展战略，实质上是“超英赶美”发展战略的扩展、修正和充实，中心问题是实现工业现代化。它成为以后四个五年计划期间(1966—1985年)中国制定中长期计划的纲领和依据，但在不同时期确定了不同的目标和重点。在“文化大革命”期间，是以国防现代化为中心；“文化大革命”结束后，是以工业现代化为中心。因为“文化大革命”结束后，摆在国人面前的最大难题还是经济问题。就是如何尽快恢复“面临崩溃的边缘”的经济，加快“四个现代化”建设，改善人民的生活状况。这不纯粹是一个经济问题，同时是一个严峻的政治问题。如前文所述，邓小平对此说得很透彻：“我们太穷了，太落后了，老实说对不起人民。”“外国人议论中国人究竟能够忍耐多久，我们要注意这个话。我们要想一想，我们给人民究竟做了多少事情呢?”所以，一定要加速发展生产力。“这是最大的政治，这是社会主义和资本主义谁战胜谁的问题”。① 1977年4月19日《人民日报》发表的社论更清楚地反映了现代化战略的实质，社论提出“我们要赶超‘三个水平’”，即首先达到和超过本单位历史最高水平，再赶超全国同行业的最高水平，进而赶超世界先进水平。在第五届全国人民代表大会第一次会议通过的《政府工作报告》中，具体地描述了“四个现代化”的目标：中国的农业要成为世界上第一个高产国家，许多省的工业水平要赶上和超过欧洲某些工业发达国家；农业生产的主要部分要自动化，交通运输要大量高速化；各项经济技术指标要分别接近、赶上和超过世界先进水平。②

在科技落后和严重缺乏建设资金的背景下提出的实现“四个现代化”的发展战略，实际上还是以片面追求产值增长的高速度、赶超西方发达国家的“赶超”战略。

① 中共中央文献研究室. 邓小平思想年谱(1975—1997)[M]. 北京：中央文献出版社，1998：80-81.

② 赵德馨. 中华人民共和国经济史(1967—1984)[M]. 郑州：河南人民出版社，1989：386.

## 三、实现“四个现代化”发展战略的路径

1978年，在中央讨论《政府工作报告(草案)》经济部分的会议上，邓小平提出，对于欧洲共同市场要迅速派人去进行市场考察。对于共同市场，对于日本、美国，要专门成立一个班子，不干别的，集中力量，专门研究。① 1978年3月25日，在会见挪威外交大臣的时候，邓小平说，战略上，我们的观点明确得很。我们对自己有清醒的估计，我们实现四个现代化，需要同西方世界合作。② 要研究一下资本主义国家的社会结构，肯定有些我们是不要的，但是为工农业服务的，有些领域我们现在是没有的。③ 4月，在中央讨论《今后八年发展对外贸易、增加外汇收入的规划要点》时，邓小平又一次强调，“可以拿资本主义国家行之有效的办法为我们所用”④，加快实现“四个现代化”。5月，在谷牧率队赴西欧五国访问前，邓小平专门找谷牧等谈话：“资本主义国家先进的经验、好的经验，我们应当把它学回来。”⑤

当中国重新把实现“四个现代化”作为自己的最高目标时，由于科学技术的落后和建设资金的压力，使当时的主要领导人不约而同地把目光投向国外，主要是日本和欧洲等发达国家，决心“拿现在世界最新的科研成果作为我们的起点”⑥，寻找利用外部资源(包括资金、技术、

① 中共中央文献研究室. 邓小平年谱(1975—1997)(下)[M]. 北京：中央文献出版社，2004：267.

② 中共中央文献研究室. 邓小平年谱(1975—1997)(下)[M]. 北京：中央文献出版社，2004：287.

③ 中共中央文献研究室. 邓小平思想年谱(1975—1997)[M]. 北京：中央文献出版社，1998：61.

④ 中共中央文献研究室. 邓小平年谱(1975—1997)(下)[M]. 北京：中央文献出版社，2004：298.

⑤ 中共中央文献研究室. 邓小平年谱(1975—1997)(下)[M]. 北京：中央文献出版社，2004：305.

⑥ 中共中央文献研究室. 邓小平思想年谱(1975—1997)[M]. 北京：中央文献出版社，1998：44.

设备、管理经验)来实现自己的战略目标。正因为如此，1978 年 2 月第五届全国人大会议《政府工作报告》中强调指出：为了实现“四个现代化”，要推进“经济发展十年规划”。①

## 第三节　稀缺的人力资本形成的动力

匈牙利著名的经济学家、哈佛大学经济学教授亚诺什·科尔内在分析“大突进”引起的严重后果时特别指出了忽视教育的问题。对教育投资长期过低所积累起来的“忽视”，使人的发展招致的损失是不可能在长期延期后用突击或跳跃方式弥补的。中国的发展战略，片面突出物力的开发，而不注重人力开发。由于不重视人力资本的投资，中华人民共和国成立以来造成了两次“教育大破坏”，一次是“大跃进”前后的批判知识分子运动，另一次是“文化大革命”，后果都非常严重。

特别是在“文化大革命”期间，教育备受摧残，知识分子普遍被歧视、压制甚至迫害。据《中华人民共和国最高人民法院特别检察厅起诉书》中说：在教育界，仅教育部所属单位和 17 个省市，受诬陷、迫害的干部、教师就有 142000 多人；在科学技术界，仅中国科学院直属单位、第七机械工业部的两个研究院和 17 个省市，受诬陷、迫害的科学技术人员就有 53000 多人。② 全国各级各类学校从“文化大革命”一开始，就陆续停课“闹革命”。高等学校停课“闹革命”，使人才培养整整间隔了 15 年之久。这不仅造成科技教育与经济发展的比例失调，而且在中国科学技术队伍的组成上，出现了一个长达 10 年以上的断层。从 1966 年起，全国高等学校连续 6 年停止招生(1970 年和 1971 年曾在部分高等学校试点招收工农兵学员)；研究生招生停止 12 年；选派留学

① ［日］长谷川庆太郎. 中国现代化的幻想——从新的角度看日中关系［M］. 王宗林，王辅基，张慧春，译. 北京：生活·读书·新知三联书店，1981：18.

② 李安增，王立胜. 1976—1982 年中国当代史［M］. 北京：新华出版社，2004：23.

生停止6年，接受外国留学生停止7年；高等教育部、教育部瘫痪8年，直到1975年1月才重建教育部；中小学的瘫痪状态持续了近两年。当时中国教育事业本来就十分薄弱，1966年只有高等院校417所，到1975年只剩下387所，砍去了30所。① 从教育水平来看，由于全国高等学校1966—1972年实际上没有招生，大学毕业生占全国人口的比重比1965年大为降低，到1976年，全国适学儿童能坚持到小学毕业的，只有60%。旧文盲尚未扫清，新文盲又成批出现。而同期许多发展中国家在教育方面取得了长足进步。1976年，每万人中的在校大学生人数，美国有550人，日本有210人，苏联有200人，印度有58人，而中国只有9人。②

教育经费在国家基本建设投资中所占的比例呈下降之势，1953—1957年为3.3%，1958—1965年为1.91%，1966—1974年为0.58%。教育经费占国民生产总值的比重，以1975年为例，中国为1.8%，美国为6.2%，法国为5.6%，日本为5.5%，苏联为7.6%。

在科技研究投入方面，1965—1975年总共11年，中国只增加了48.4%，而美国1965—1973年9年间就增加了51.4%；科研费用占国民生产总值的比例，中国是0.4%，而美国却高达3%（且不考虑基数不同、绝对值更不能相比的因素）。③ 由于“文化大革命”时期把科研战线定性为修正主义的，在这以前的科研工作成就被否定，“科学技术是生产力”的正确论断也一度被否定；当时科学技术战线受到严重的冲击，大批科研机构被撤销，科研仪器设备被破坏，文献资料被焚毁，科研工作被迫中断；基础科学的理论研究被扣上“三脱离”（即脱离政治、脱离

① 金铁宽．中华人民共和国教育大事记（1949—1982年）[M]．北京：教育科学出版社，1984：403.

② 苏少之．中国经济通史（第十卷）（上）[M]．长沙：湖南人民出版社，2002：1184.

③ 王均伟，李建军．争锋——从大跃进、洋跃进到软着陆[M]．北京：金城出版社，1998：152.

生产、脱离实际)的帽子，受到歧视和打击。这就严重地损害了整个科研事业的基础和队伍。虽然在“文化大革命”时期也取得了一些科研成就，但总的来看，拉大了同世界先进科技水平的差距。

这与日本的现代化形成异常鲜明的对比。1907 年日本就基本上普及了 6 年义务教育，1948 年普及初中教育，到 20 世纪 70 年代末基本普及了高中教育。尽管日本自然资源贫乏，但十分重视智力资源开发。劳动力素质的迅速提高，是日本经济高速增长的重要因素之一。而中国 12 岁以上人口平均教育年龄在 1964 年只有 2.3 年，到 1980 年才达到 4.1 年，至 1980 年全国还有 3.8 亿文盲、半文盲。有的地方生活水平提高了 30%~40%，文盲率反而增加了 10%。劳动力素质的提高如此缓慢，在当时的国情背景下要迅速实现现代化，这无疑是面临的大问题。

面对国内的教育现状，一方面与西方国家的距离越拉越大；另一方面，国内的各种经济压力需要迅速地发展社会生产，在不可能借助国内科技力量和人力资本迅速发展经济的前提下，当时的主要领导者很自然地把发展的希望寄托在大量引进国外先进技术和设备上。

## 第四节　现实经济困难形成的压力

胡绳在《中国共产党的七十年》中对“十年规划”带来的影响有一个表述：“由于不顾国力，企图过急过多地引进国外的技术设备和举借外债，以此来实现高速度的发展”，从而导致了“两年徘徊”时期。① 长谷川庆太郎在《中国现代化的幻想——从新的角度看日中关系》一书中认为，“十年规划”难以实现在很大程度上是由于软件的不足：规划的建设项目全面铺开，不分轻重缓急，企业乃至全国范围都强调政治第一，不能贯穿任人唯贤的人事管理，企业制度没有确立，管理人

① 胡绳. 中国共产党的七十年[M]. 北京：中共党史出版社，1991：485.

员和技术人员在数量上、质量上明显不足。① 学者祝慈寿指出：20 世纪 70 年代中国技术引进中的主要问题，是脱离了中国的实际需要与可能，在引进的宏观决策上，缺乏严谨的、科学的综合平衡和长期计划的指导，对国家的财力、物力盲目乐观。大批引进的结果，加剧了比例的失调。

## 一、生存的压力

“文化大革命”结束后，经过全党和全国人民的共同努力，一度濒临崩溃的国民经济得到了恢复。然而，饱受灾难的中国人民也从自己经济文化水平的低下，物质生活的贫乏，特别是与世界发达国家，甚至一些原来比中国落后，后来却抓住机会迎头赶上的第三世界国家的比较中，深切体会到了落后。当时，有不少人感叹：“我们干革命几十年，搞社会主义三十多年，目前工人的月平均工资只有四五十元，农村大多数地区仍处于贫困状态。这叫什么社会主义优越性!”②面对现实，人们急切地希望摆脱落后的状况，因此，这一时期经济政策的调整有一定的群众基础。

当时中国农业长期落后，发展缓慢，远远不能适应人口增长、工业发展和人民生活改善的需要。特别是“文化大革命”时期，广大民众自身生产陷入无政府和半无政府状态。“文化大革命”前刚成立的计划生育机构随之瘫痪，工作人员受到冲击，许多计划生育措施一度中断，早婚、早育、多生的问题十分严重，人口增长陷入盲目状态，其中 1966—1971 年人口净增长 1.2 亿，形成了 1949 年以来人口出生的第二个高峰。具体情况如表 6-1 所示。

---

① ［日］长谷川庆太郎. 中国现代化的幻想——从新的角度看日中关系［M］. 王宗林，王辅基，张慧春，译. 北京：生活·读书·新知三联书店，1981：25.

② 王均伟，李建军. 争锋——从大跃进、洋跃进到软着陆［M］. 北京：金城出版社，1998：164.

表 6-1 1966—1976 年中国人口增长情况一览表①

| 年份 | 1966 | 1967 | 1968 | 1969 | 1970 | 1971 | 1972 | 1973 | 1974 | 1975 | 1976 |
|---|---|---|---|---|---|---|---|---|---|---|---|
| 出生率 | 35. 21 | 34. 12 | 35. 75 | 34. 25 | 33. 59 | 30. 74 | 29. 92 | 28. 07 | 24. 95 | 23. 12 | 20. 10 |
| 自然增长率 | 26. 34 | 25. 65 | 27. 50 | 26. 19 | 25. 95 | 23. 40 | 22. 27 | 22. 99 | 17. 57 | 15. 77 | 12. 72 |
| 人口数 | 74206 | 76032 | 78198 | 80335 | 82542 | 84779 | 86727 | 88761 | 90409 | 91970 | 93267 |
| 比上年增长 | 2004 | 1826 | 2166 | 2137 | 2207 | 2237 | 1948 | 2034 | 1648 | 1561 | 1927 |
| 死亡率 | 8. 7 | 8. 47 | 8. 25 | 8. 06 | 7. 64 | 7. 34 | 7. 65 | 7. 08 | 7. 38 | 7. 36 | 7. 29 |

“文化大革命”十年，中国多数农村虽然摆脱了私有制的羁绊和封建剥削，但尚未摆脱贫困的威胁。农村人民公社社员人均集体分配收入1965 年为 52. 3 元，1976 年为 62. 8 元，年均提高仅 0. 95 元，其中集体分配现金下降了 17. 2%。据统计，人均分配收入 50 元以下的县 1977 年为 515 个，占全国总县数的 22. 5%，人均分配收入 50 元以下的队有180 万个，占全国总队数的 39%。② 全国有 1 亿几千万人的口粮在 300斤以下，吃不饱肚子，全国的人均口粮也只有 598 斤，比 1957 年还少5 斤，而世界发达国家人均占有粮食是 1000 斤到 2000 斤。③ 许多地方的农民口粮不足，有的地方口粮严重不足，农民生活极为困难，少数人甚至长期在外讨饭。按人口的占有量，棉花由 1957 年的 5. 1 斤降到 1978 年的 4. 6 斤，油料由 13. 2 斤降到 11 斤。全国第一个粮食产量超过纲要要求的省份——浙江省，变成了吃返销粮的省份，而素有“天府之国”之称的四川省，仅 1976 年就调进粮食 12 亿多斤，仍不能解决人们的吃饭问题。安徽在历史上是个多灾的农业省份，由于淮河

① 李宗植. 中华人民共和国经济史(1949—1999)[M]. 兰州：兰州大学出版社，1999：284.

② 李宗植. 中华人民共和国经济史(1949—1999)[M]. 兰州：兰州大学出版社，1999：272.

③ 王均伟，李建军. 争锋——从大跃进、洋跃进到软着陆[M]. 北京：金城出版社，1998：212.

两岸自然灾害频繁，长期以来人民生活十分困难，温饱问题一直没有得到解决。皖东的“花鼓乡”凤阳县，素以讨饭闻名。由于面临着严重的吃饭问题的压力，1977—1978 年进口粮食达 800 万吨，具体情况如 6-2 表所示，1976 年到 1978 年三年间花费了 21 亿美元用来进口粮、棉、油糖，占进口商品总金额的 1/5。①

面对生存的压力，如何迅速地发展经济从而摆脱困境是当时领导者考虑的主要问题之一。

**表 6-2 1950—1978 年粮食进出口情况(以年均百万吨计)②**

| 年份 | 进口 | 出口 | 纯进口 |
|---|---|---|---|
| 1950—1960 | 0. 082 | 2. 273 | -2. 191 |
| 1961—1965 | 5. 932 | 1. 623 | 4. 309 |
| 1966—1976 | 5. 015 | 2. 772 | 2. 243 |
| 1977—1978 | 8. 089 | 1. 767 | 6. 322 |

## 二、就业的压力

由于中华人民共和国成立以来经济事业和各项事业发展缓慢，而人口增长过快使需要就业的人数同可能提供的就业机会之间，产生了十分尖锐的矛盾。“文化大革命”中动员了 1600 多万名知识青年上山下乡。20 世纪 70 年代末期，大批知识青年和“文化大革命”中由于各种原因下乡的人员纷纷返城，加上城中原有的待业人员，当时全国大约有 2000 万人要求安排就业，其中主要有大专院校、中专中技学校毕业生和家在城市的复员转业军人 105 万人，按政策留城的知识青年 320 万人，插队

① [美]R. 麦克法夸尔，费正清. 剑桥中华人民共和国史(1966—1982)[M]. 北京：中国社会科学出版社，1992：556.

② [美]R. 麦克法夸尔，费正清. 剑桥中华人民共和国史(1966—1982)[M]. 北京：中国社会科学出版社，1992：556.

知识青年 700 万人，城镇闲散劳动力 230 万人，反右派斗争和"文化大革命"中处理错了、需要安置的 800 多万人。① 急需解决面临的大批就业人口的压力，是这一时期经济政策调整的一个现实诱因。这也是市场经济出现并被认可的客观因素。

## 第五节　代表团外出考察归来后的推动力

这一时期，尽管思想和政治路线方面的问题一时还没有解决，但要扩大对外经济贸易合作，以更高的速度、更大的规模实现"四个现代化"的国家发展战略目标，已成为共识。在此背景下，中共中央决定派出大批干部外出考察，让他们亲身体验和认识世界经济与科技的发展现状，以便寻求加快中国经济发展、实现"四个现代化"的途径和方式。

1978 年 6 月 1 日，以林乎加为团长的中国经济代表团访日归来后，向政治局汇报，总结日本战后经济快速发展的三条主要经验是：大胆地引进新技术，充分利用国外资金，大力发展教育事业和科学研究。汇报建议：利用国外资金建设 1 亿吨年生产能力的煤炭矿井，1000 万吨年生产能力的冀东钢铁厂，多搞几个有色金属矿，并保证 1985 年化纤和塑料产量各达到 200 万吨。②

谷牧、林乎加等把外出考察的情况向中央作了详细的汇报，产生了很大的影响。1978 年 9 月，李先念在国务院务虚会上指出：欧美日等资本主义国家经济萧条，要找出路。我们应该有魄力、有能力利用它们的技术、设备、资金和组织经验来加快我们的建设。在国务院务虚会上，发展对外经济合作问题得到了充分的讨论，并在几个重要问题上取得了共识：第一，第二次世界大战后，资本主义经济发达国家有相当大

① 王均伟，李建军．争锋——从大跃进、洋跃进到软着陆［M］．北京：金城出版社，1998：188.

② 李正华．中国改革开放的酝酿与起步［M］．北京：当代中国出版社，2001：266.

的变化，科技发展日新月异，社会化大生产的组织管理方面也有许多值得借鉴的经验，而我国则大大落后了，拉开了很大的距离，建设发展速度是个尖锐的问题；第二，许多发达国家的资金过剩，技术要找市场，产品要找销路，都想和我国做生意，只要我们做好工作，可以办很多的事；第三，在发展对外经济关系中，许多国际上通行的做法，包括补偿贸易、合作生产、吸收国外投资等，我们都可以研究采用，以缓解外汇储备有限、支付能力严重不足的困难，付出必要的代价来换取时间，争取发展速度。①

以谷牧为代表的两支代表团走出国门，通过与出访国家的接触，加深了对西方发达资本主义国家的了解，看到了中国与西方发达国家的现实差距，正如谷牧副总理专门向中央政治局汇报时说的那样，发展经济，振兴中华，已时不我待。

与此同时，中央领导人也频繁、主动地到广大发达国家进行交流、访问。邓小平多次走出国门，仅 1978 年就四次出访，到过七个国家。他由此加深了对国际形势的了解，做出世界战争可以推迟的判断，看到了中国面临的发展机遇，也强烈地感受到中国同发达国家之间正在扩大的差距。中央领导人耳闻目睹了西方世界的发达，因而在经济政策方面注重工业现代化建设和通过对外开放解决发展经济所面临的困难。

## 第六节 中外差距日益扩大产生的紧迫感

1976 年“文化大革命”结束后，中国与世界发达国家、许多发展中国家的差距呈扩大之势。1966—1976 年，当中国忙于国内政治斗争时，国门之外，却是科学技术日新月异、各国经济你追我赶的一个迅速发展时期。与发达国家和发展中国家的差距日益扩大。主要体现在以下几个

① 李正华. 中国改革开放的酝酿与起步[M]. 北京：当代中国出版社，2001：280.

方面：

## 一、整体经济实力的差距

在“文化大革命”这10年间，中国的社会总产值增加了77%，而同期美国增长了124%，日本增长了345%，联邦德国增长了131%，法国增长了212%，苏联增长了99%，加上中国原来的基础就薄弱，使得差距越拉越大。① 如以国民生产总值作为综合反映的指标，1976年美国为20871亿美元，日本为7131亿美元，联邦德国为6391亿美元，英国为2452亿美元，法国为3807亿美元，分别相当于我国的10.5倍、3.6倍、3.2倍、1.3倍和1.9倍。从国民收入看，1965年至1976年，美国增长了143%，日本增长了413%，联邦德国增长了141%，英国增长了239%，法国增长了238%，而中国只增长了75%。②

这个时期拉美的一些国家和亚洲的几个国家和地区抓住世界产业结构调整有利于落后国家发展的机遇，调整政策，实现了经济起飞。韩国、新加坡和中国台湾、香港地区原来的经济水平很低，但自20世纪60年代初起，它们努力适应国际经济的变化，改变发展战略，积极引进国外资金，利用自己劳动力低廉和港口优势，发展劳动密集的制造业，扩大对欧美市场的出口。结果，连续十几年保持了年均10%左右的经济增长率，至70年代末，它们已成为中等发达国家或地区，人均国民生产总值方面新加坡和中国香港地区超过4000美元，中国台湾地区超过2000美元，韩国也有1500多美元，相当于60年代初期的13倍。

原苏联东欧各国在经历了20世纪50年代的高速发展后，始终把经济建设放在各项工作的首位，并且开始进行体制改革，同时比较重视科

① 王均伟，李建军. 争锋——从大跃进、洋跃进到软着陆[M]. 北京：金城出版社，1998：151.

② 董辅礽. 中华人民共和国经济史[M]. 北京：经济科学出版社，1999：583.

学和教育事业的发展。因此，尽管存在不少问题，20世纪六七十年代中期总的来说是继续稳定增长的，苏联已发展为当时世界第二大强国。

## 二、教育和科技水平方面的差距

西方国家的教育事业很发达，全民族的科技水平较高。除大量高等院校和科研机构外，大的工厂都有专门培训学徒工的车间。瑞士有15所中等技校、8所技术夜校，每年有10万人在校接受技术培训。西方国家重视科学技术的研究、引进和推广应用，重视职业教育和技术培训，提高管理技能。政府和大企业都设立专门机构，投入大量研究费用。1977年中国科学研究经费平均每人2.5美元，估计占国民生产总值的1.4%，而美国为2.2%(1977年)，苏联为2.6%(1975年)，日本为2%(1973年)，联邦德国为2.1%(1973年)，英国为2.7%(1969年)，法国为1.8%(1971年)。中国科学技术人员在人口中所占比重也远远低于这些国家。① 在发展先进技术方面，自己能制造的就自己制造，不能制造的就从国外引进，引进不到专利时就购买关键零部件来生产自己的型号。

从科研开发看，西方发达国家重视科技开发研究，20世纪60年代和70年代，争先恐后地在微电子技术、激光技术、海洋开发、遗传工程、信息技术、遥感技术、能源开发和新材料开发等方面取得了重大突破。而此时中国的科研开发研究几乎处于停滞状态，与发达国家差距越拉越大。

## 三、在劳动生产率方面，差距更是到了惊人的地步

从农业劳动生产率看，1966年平均每个农业劳动力养活的人口，中国为3.1人，美国为48人；1975年，中国为3.14人，美国为82人。

---

① 苏少之. 中国经济通史(第十卷)(上)[M]. 长沙：湖南人民出版社，2002：1184.

1966—1975 年，中国年均增长 0.1%，美国年均增长 5.5%。同期，平均每个农业劳动力生产的粮食，中国由 581.39 公斤增加到 965.77 公斤，平均每年增长 5.2%；美国由 51963 公斤增加到 113538.5 公斤，平均每年增长 8.1%。① 而在工业劳动生产率方面，中国整个 10 年间，除 1970 年、1975 年有所增长外，其余 8 年，不是在低水平徘徊，就是有所退步。② 联邦德国鲁尔区一座年产 5000 万吨的露天煤矿，有职工 2000 名；中国阜新露天煤矿年产 5000 万吨煤，职工才 16 万人，人数相差 80 倍。瑞士一个低水头水力发电站，装机容量为 25000 千瓦，职工 12 人；中国江西省江口发电站，装机 26000 千瓦，职工 298 人，人数相差 24 倍。五国交通运输量大，速度快，效率高。铁路、公路、海运、内河及航空运输，互相连贯配合，四通八达，联邦德国共有公路 47 万公里，高速公路 7000 公里，占总里程的 2%，却负担了近 1/3 的公路运货量。港口建设规模不断扩大，装卸机械化水平越来越高，集装箱运输日益普及。联邦德国的汉堡、比利时的安特卫普、法国的马赛，不管哪个港口，深水泊位超过我国的总数，年吞吐能力比我国任何一个港口的吞吐量都大。他们的农业机械化程度很高，注重科学种田和科学养畜。从耕地、播种、施肥、中耕、除草、收割到初步加工，全部机械化。家畜、家禽饲养也逐步机械化、自动化，基本上消灭了手工劳动。各国都有农业顾问制度，讲究科学种田，规定多少户农民要有一个农业专家。特别重视培育、推广良种，如法国哈地的小麦、丹麦长白猪、瑞士褐牛，都是经过长期研究培育出来的。丹麦有耕地 4300 万亩，农业劳动人口只有 13 万，占全国总劳动力的 6%至 7%。生产的粮食、牛奶、猪肉、牛肉，可供 3 个丹麦全国人口的需要。特别是邓小平在 1978 年访问日本时看到日产汽车工厂每名工人一年生产 94 辆汽车，而

① 董辅礽. 中华人民共和国经济史[M]. 北京：经济科学出版社，1999：279.

② 王均伟，李建军. 争锋——从大跃进、洋跃进到软着陆[M]. 北京：金城出版社，1998：151.

中国最先进的长春汽车厂，平均每名工人却只能生产 1 辆汽车，邓小平感慨地说：“我懂得什么是现代化了。”①

而中国工业产值的增加，主要是依靠以人民生活水平增长迟缓为代价的资金和劳力的投入来实现。而同一时期，各发达国家工业劳动生产依靠技术的进步，提高极为迅猛。在原材料消耗、能源消耗方面，中国的进步不大，有些产业(如钢铁)不降反增，这与世界工业发展潮流是无法相比的。

面对世界许多国家特别是后起国家日新月异的变化，在“文化大革命”结束后，中国如何加速恢复和发展经济，已成为摆在中国共产党、政府和全国人民面前的头等大事。

## 小 结

经济理论上的拨乱反正为推动十一届三中全会前后中国经济政策调整与实施的顺利进行发挥了重要作用。理论界通过对“文化大革命”时期人们在商品经济、按劳分配、生产力标准、价值法则和经济规律等经济理论方面存在的错误认识进行批判，明辨了理论是非，为改革开放的实践作了必要的理论准备。再加上探索实现“四个现代化”路径和方式的需要，中外差距日益扩大产生的紧迫感，代表团外出考察归来后的推动力，现实经济困难形成的压力，稀缺的人力资本形成动力等，这些因素叠加在一起，导致过去经济建设和阶级斗争两个中心相互交替的政策行不通了，注重对外交流和现代化建设的新经济政策的出台有其必然性。

① 杨继绳. 邓小平时代[M]. 北京：中央编译出版社，1998：245.

# 第三章　新经济政策的运行对计划经济体制的影响

对于新经济政策的运行对计划经济体制的影响，《邓小平时代》一书给予了比较客观的评价：一方面，“十年规划”给国民经济带来严重困难，造成经济生活中各方面的紧张；另一方面，从十几年以后来看，“十年规划”中的多数项目已经成了国民经济中的骨干企业，如宝钢、贵州铝厂、咸阳彩色显像管厂、吉林化学公司等。当年引进的那些化肥厂，正在农业中发挥着重要作用。如果没有这些化肥厂，今天的化肥供应一定会更加紧张。①

## 第一节　“文化大革命”结束时的国民经济状况

“文化大革命”时期，由于久已存在的经济工作中“左”的错误思想的发展，使国民经济受到严重的损失和挫折。具体表现在以下几个方面：

第一，人口增长迅速，经济发展缓慢。这十年中人口增长是很快的。1966 年人口的增长率是 2.3%，这是一个相当高的速度。“文化大革命”开始后，由于政治动乱，政府的各级机构包括计划生育指导机构

① 杨继绳. 邓小平时代(上卷)[M]. 北京：中央编译出版社，1998：110.

陷入瘫痪、半瘫痪状态，人口增长率进一步上升。1967 年到 1971 年人口的增长率平均每年为 2.7%，五年共增加人口 10573 万人，平均每年增加 2000 多万人。1972 年以后，由于计划生育工作有所恢复和加强，人口增长率才逐步降低，从 1972 年的 2.3%下降到 1976 年的 1.4%。但由于人口基数已经很大，每年仍增加近 1700 万人。十年共增加 1.9 亿人，相当于当时日本和法国的人口总数。全国人口总数从 1966 年的 74206 万人增加到 1976 年的 93267 万人，平均每年增长 2.3%。① 与此同时，这十年中经济发展却十分曲折，呈现出下降—上升—下降—再上升—再下降的过程。这一时期对国民经济的破坏最大的有三次：第一次是 1967 年和 1968 年，全国到处“踢开党委闹革命”，谁要是抓生产，就会被扣上“以生产压革命”的帽子，被打倒。结果使 1967 年工农业总产值比上年下降 9.6%，1968 年比上年再下降 4.2%。第二次是在 1974 年，由于受到“批林批孔”的影响，抓生产被扣上“儒家党”的帽子被打倒。结果，使这一年的工农业总产值的增长率下降到 1.4%，其中，工业净产值比上年下降 0.9%。第三次是在 1975 年年底，由于大搞所谓“反击右倾翻案风”，大批“唯生产力论”，抓生产被攻击为“为走资派涂脂抹粉”。这次损失更为严重，1976 年工农业总产值的增长率下降为 1.7%，其中工业净产值下降 5.3%，全国国有企业亏损总额达 177 亿元，比 1965 年增加了 2 倍。财源枯竭，国库空虚。1976 年财政收入仅完成 776.6 亿元，当年财政赤字 29.6 亿元，经济状况更趋恶化。② 总的来看，这十年国民经济的发展是很缓慢的。按可比价格计算，工农业总产值平均每年增长 7.1%，大大低于 1952—1966 年平均增长 10%的速

① 李成瑞. 1977—1980 年中国经济的发展[M]. 北京：人民出版社，1982：93.

② 《当代中国》丛书编辑部. 当代中国的基本建设[M]. 北京：中国社会科学出版社，1989：237.

度。新增加的国民收入，大部分用来抵冲新增人口的消费。全国每人平均国民收入，按可比价格计算，平均每年只增加2%左右。如果考虑到统计数字中有某些不准确的成分，特别是考虑到有相当数量的不对路、不合格的产品也计算了产值和国民收入，那么每人平均国民收入实际上几乎没有什么增长。

第二，国民经济的重大比例关系严重失调。具体表现在以下几个方面：

(1)积累率过高，1970年以后一直在30%以上。在国民经济收入总额增长较慢而人口急剧增加的情况下，影响了人民的正常生活。

(2)农轻重比例失调。由于受到苏联模式的影响，强调“重工业优先发展”，在全国投资总额中有一半用于重工业，因此1976年与1966年相比，在工农业总产值中，工业由64%上升到72.3%，其中重工业由32.7%上升到40.3%，农业由35.9%下降到27.7%。中国是人口多、生产力发展水平低的大国，吃饭穿衣问题很大，而且80%的人依靠农业为生，农业、轻工业、重工业三者大体保持各1/3的比例是比较合适的。而现在重工业脱离农业、轻工业突出增长，给国民经济的发展造成严重困难。从下面这个国民收入的构成表中可以看出，农业的比重从1966年的43.6%降低到1976年的41%；工业的比重，从1966年的38.2%上升到1976年的43.3%。如果把工业净产值作为100，那么，轻工业净产值所占的比重，由1966年的47.2%下降到1976年的40.4%；重工业净产值所占比重，由1966年的52.8%上升到1976年的59.6%。这就是说，农业、轻工业更加薄弱，重工业过重的现象进一步加剧。建筑业净产值在国民收入中的比重，从1966年的3.7%上升到4.9%，这主要是由于基本建设投资大幅度增加引起的，而基建投资，主要是重工业投资，农业和轻工业投资比重是下降的，如表3-1所示。

**表 3-1　1966—1976 年国民收入构成的变化(%)①**

| | 工业 | 农业 | 建筑业 | 运输业 | 商业 | 轻工业在工业净产值中比例 | 重工业在工业净产值中比例 |
|---|---|---|---|---|---|---|---|
| 1966 年 | 38. 2 | 43. 6 | 3. 7 | 4. 2 | 10. 3 | 47. 2 | 52. 8 |
| 1976 年 | 43. 3 | 41 | 4. 9 | 3. 8 | 7 | 40. 4 | 59. 6 |

(3)农业内部片面强调发展粮食生产，忽视、排挤经济作物和林牧副渔等多种经营。1976 年油料生产还没有达到 1952 年水平，棉花比 1965 年低 4 万吨，造成工业原料紧张和人民生活必需品匮乏。为了增产粮食，有的地区毁林弃牧、围湖围海造田，使生态平衡遭到破坏，资源趋于衰退。

(4)工业内部不仅轻重工业比例失调，重加工制造业与原料工业也不相适应，加上技术落后，消耗大、质量低、销路差，造成大量积压。能源工业为满足工业特别是重工业的需要，超能力开采，造成油田、矿山采储采掘比例失调。这种不合理的状况，从主要工农业产品产量变化中，可以看得更加清楚。1976 年与 1966 年相比，原煤产量增长 91. 7%，达 4. 83 亿吨，平均每年增长 6. 7%；原油产量增长 499%，达 8716 万吨，平均每年增长 19. 6%；钢产量增长 33. 5%，达 2046 万吨，平均每年增长 2. 9%；机床产量增长 186%，达 15. 7 万台，平均每年增长 11. 1%；农用化肥产量增长 117. 7%，达 524. 4 万吨，平均每年增长 8. 1%。② 这几种生产资料，除了钢以外，增长幅度都是比较大的。但从几种消费资料看，棉布产量只增长 209%，达 884 亿米，平均每年增长 19%；粮食产量只增长 338%，达 28630 万吨，平均每年增长 3%；棉花、油料产量不仅没有增长，反而有所下降。生产资料增长虽然比较快，但是由于重工业内部结构不合理，加工工业特别是机械工业的增长

① 于光远. 中国社会主义现代化建设[M]. 北京：人民出版社，1982：6.
② 于光远. 中国社会主义现代化建设[M]. 北京：人民出版社，1982：6.

过快，由于许多生产资料产品不对路、不合格，由于重工业生产的单位消耗量(能源、原料、材料)太高，因此，新增加的能源和其他重工业产品大部分是为重工业本身“自我服务”，而没有能够有力地推动消费资料的增长；而消费资料增长的缓慢，又拖住了生产资料生产发展的后退。也就是说，“文化大革命”这十年，使生产资料这条腿更长了，消费资料这条腿更短了，使本来已经倾斜的不协调的国民经济结构更加倾斜、更加不协调。

(5)工农业生产与交通运输、商业流通脱节。20 世纪 50 年代末期以来，交通运输和商业一直是中国经济的薄弱环节，1966 年在社会总产值中的比重只占 3. 3%和 7. 5%。“文化大革命”中虽然对铁路建设投资不少，但由于过分突出内地新线建设，忽视运输繁忙地段的旧线改造，使运输能力越来越不适应国民经济的发展。这期间工农业总产值增长了将近一倍，其中工业总产值增长 1. 25 倍，而货物周转量增长不到 77%，社会商品零售总额也因农村经济更趋封闭、城市商业网点撤并、集市贸易取消而只增长 83%(按现价计算)。因此，1976 年两者产值在社会总产值中的比重分别下降为 2. 9%和 5. 6%，使商品流通更加不畅，阻滞了国民经济的正常循环。特别是运输业的比重由 1966 年的 10. 3%降到 1976 年的 7%，这就使产品的运输、流通更加迟缓，交通运输成为整个国民经济中一个突出的薄弱环节。

第三，经济体制更趋僵化、封闭。中国 20 世纪 50 年代进行的社会主义改造是正确的，它使中国确立了以公有制为主体的经济制度，进入了社会主义的初级阶段。但是“三大改造”中也存在要求过急、所有制结构过于单一的偏差。后来“大跃进”和“文化大革命”期间，在“左”的指导思想影响下，片面地追求“一大二公”，不顾生产力水平低且具有多层次的特点，人为地搞所有制形式升级过渡，轻视集体经济，消灭个体经济，使所有制形式越来越向单一的全民所有制转化。1976 年在工业产值中全民所有制占 80%，集体经济不到 20%，个体和其他经济几乎没有；在社会商品零售额中，国营商业占 90. 3%，集体商业(包括供销社）占 7.9%，个体商业占 0.2%，农民对非农业居民零售占比为 1.6%。在农业生产中，不仅急于向更高的公有制过渡，而且几次取消自留地，禁止家庭副业。

当时中国的经济管理体制是在学习苏联经验的基础上逐步建立起来的。社会主义改造基本完成后，这种管理体制的缺陷逐步暴露出来。主要问题是，没有认识到社会主义条件下的经济仍然是商品经济，因而在组织和管理中忽视或违背了商品生产和商品交换应遵循的规律。①反映在计划与市场关系上，进一步排斥了市场的调节作用。由于在农村严格限制自留地、家庭副业和集市贸易，规定农村人民公社、生产大队和社员一律不许经营商业，供销社并入国营商业；由于在城镇取消个体经济，封闭集贸市场，集体企业的经营类同国营企业，取消工业企业的自销门市部，大量工农业产品被纳入国营商业统一收购、调拨和销售，使商品流通范围越来越小，渠道越来越少。至于价格，从 1967 年起就一律冻结，根本不能发挥调节供求的作用。②反映在劳动者与集体的关系上，由于工矿企业取消奖金和计件工资，农村人民公社按劳动力等级实行固定工分制。进一步助长了干与不干、干多干少、干好干坏一个样的平均主义倾向。③反映在国家与地方、企业的关系上，由于当时强调战备和农业机械化的需要，国家把许多权力和一大批关系国计民生的大型骨干企业下放给地方行政机关，要求各省尽快实现主要产品自给，做到自成体系、各自为政。不少地方为了实现自给自足，大量重复建设，造成社会劳动的浪费。④反映在对外关系上，西方国家的封锁和中苏意识形态分歧曾经给中国的对外关系造成很大影响，“文化大革命”中把自力更生与发展对外关系对立起来，使中国更加封闭。中国对外贸易的进出口额从 1967 年起连年下降，引进工作也从 1967 年起中断。已经引进的设备，由于普遍地发生了围攻和驱逐外国技术人员事件而使工程施工延期，刚建成的项目因没有外国技术专家一起调试而导致生产不正常。1972 年以后，随着国际政治经济改善，中国对外贸易有所发展并且采用延期付款的方式引进了 26

套先进的设备与技术，建成了一批具有现代水平的骨干企业。但这并没有改变中国对外关系的封闭与半封闭状态。就是这点小小的进步，也在这一时期受到了严重干扰。因而在当时世界新技术蓬勃发展、国际资本相对过剩的情况下，中国又一次错过了利用外资、引进先进技术、发展本国经济的大好机会。

第四，生产管理十分混乱，经济效益全面下降，市场商品匮乏。由于产业结构不合理，经济管理体制僵化，再加上政治动乱，致使大批工厂停工停产，交通运输堵塞，许多企业设备损坏，人心涣散，生产下降。到1976年时，出现了“六个惊人”的大倒退：一是消耗高得惊人；二是劳动生产率低得惊人；三是亏损大得惊人；四是设备破坏得惊人；五是“胡子工程”长得惊人；六是投资效益低得惊人。具体表现在两个方面：

(1)投入多，产出少，亏损增加。据统计，每百元积累所增加的国民收入，“一五”时期为35元，而“三五”“四五”时期则分别下降到26元和16元。工业每百元资金实现的利税，1966年为34.5元，到1976年下降到19.3元。全民所有制独立核算工业企业的每百元资金实现的税金和利润，1976年比1966年下降了44.1%，而每百元总产值占用的流动资金却增加了57%，亏损企业占1/3以上，全年亏损额高达73亿元。商业中每百元资金实现的利税，1957年是20元，到1976年只有9.7元，远低于1957年20%的水平；流动资金的周转次数为1.88次，比历史较好水平的1957年慢了0.33次。具体情况如表3-2所示。在基本建设方面，固定资产交付使用率由“一五”时期的83.7%降到“三五”“四五”时期的59.5%和61.4%，大中型项目建设周期由“一五”时期的6.5年增加到8.8年与10.7年。“文化大革命”十年中，国民收入的总额是有一定的增加的，而这种增加，主要靠多投资、多用劳动力、多消耗能源和原材料来取得的，不是也不可能是靠提高经济效益和经济效果取得的。

表 3-2　1966—1976 年全民所有制独立核算工业企业

几种经济效果指标的变化①　　　　（单位：元）

| | 1966 年 | 1976 年 |
|---|---|---|
| 每百元资金实现的税金和利润 | 34.5 | 19.3 |
| 每百元固定资产净值实现的税金和利润 | 46.6 | 29 |
| 每百元工业总产值实现的利润 | 21.9 | 12.6 |
| 每百元固定资产原值实现的总产值 | 110 | 96 |
| 每百元总产值占用的流动资金 | 23.5 | 36.9 |

从表 3-2 可以看出：每百元资金实现的税金和利润，由 1966 年的 34.5 元降低到 1976 年的 19.3 元，降低了 44.1%；每百元固定资产净值实现的税金和利润，由 1966 年的 46.6 元降低到 1976 年的 29 元，降低了 37.8%；每百元工业总产值实现的利润，由 1966 年的 21.9 元降低到 1976 年的 12.6 元，降低了 42.5%；而每百元总产值占用的流动资金，却从 1966 年的 23.5 元提高到 1976 年的 36.9 元，上升了 57%。这说明大量产品是不符合社会需要的废品、次品。经济效果之所以大大降低，是国民经济结构不合理、国民经济比例严重失调的结果，也是企业管理制度遭受到破坏、陷入混乱状态的结果。

(2)市场趋于萎缩。1967 年到 1976 年人民生活必需的农副产品的社会收购量，长期徘徊不前，有的甚至有所下降。据统计，1976 年食用植物油比 1966 年减少了 33.1 亿斤，菜羊减少了 128.5 万头，家禽减少了 2607.6 万只，鲜蛋减少了 177.3 万担。为了保证供应，不得不动用库存。如食用油 1976 年的库存量比 1966 年减少了 1/3。10 年中粮食是年年增产的，但收购量也几度下降，1976 年只比 1966 年增加 49 亿斤。日用工业消费品的收购，因轻工业生产发展缓慢、品种规格单一，

① 于光远. 中国社会主义现代化建设[M]. 北京：人民出版社，1982：6.

难以有效增长，有的还积压在仓库。因此，在人口增加、社会基本生活消费品需求长期超过商品供应可能的情况下，市场商品缺口越来越大。不仅粮食、棉花、食油、猪、禽、蛋、水产品、蔬菜等主要农副产品长期供应紧张，而且棉布、纺织品、毛线、手表、自行车、缝纫机、搪瓷制品、铝制品、肥皂、火柴、铁锅、饭碗等日用品及民用煤的供应也全面紧张。凭票供应的商品越来越多，有的地方消费品凭票供应最多曾达到 50 多种，有时虽有票证也无货供应。

(3)国库逐渐亏空。1976 年赤字达 29.6 亿元，占支出的 3.6%，如加上虚盈实亏数字，比重将更大。

第五，人民生活水平受到影响。经济发展迟缓，效益下降、人口盲目增长、积累率过高必然严重影响人民群众的物质生活。“文化大革命”期间，全民所有制各部门职工，除 1971 年调整了部分职工的工资外，再没有动过。1966 年全民所有制各部门职工的年均工资是 636 元，到 1976 年下降为 605 元，不但没有增加，连名义工资也降低了 4.9%。农民的平均纯收入在这 10 年中也基本没有增加，农村因片面强调“以粮为纲”，农民每年人均从集体分到的收入只有 62.8 元，比 1965 年增加了 10.5 元。而约占农民收入 20%～30%的家庭副业和自留地收入，则因严加限制而使多数地方趋于减少，因此农民的实际收入也没有增加，甚至有所降低，不少农民难保温饱，需要国家救济或外流就食。除粮食外，人均占有主要农产品所增无几，甚至下降。在这十年中，人民粮、肉、布的消费水平提高很少，食用植物油还有所降低。如果同中华人民共和国成立以来历年情况比较，1976 年每人平均消费粮食 383 斤，还略低于 1952 年(395 斤)的水平，比最高的 1956 年(409 斤)低 26 斤；食用植物油略低于 1951 年(3.3 斤)的水平，比最高的 1956 年(5.1 斤)低 1.9 斤；棉布略低于 1956 年的水平(25.9 尺)，比最高的 1959 年(29.2 尺)低 5.5 尺。10 年中人民的几种主要生活消费品的变化情况如表 3-3 所示。

**表 3-3　1966—1976 年几种主要生活消费品平均每人消费量的变化①**

| | 1966 年 | 1976 年 |
|---|---|---|
| 粮食(斤) | 381 | 383 |
| 食用植物油(斤) | 3.5 | 3.2 |
| 猪肉(斤) | 14.1 | 14.5 |
| 棉布(尺) | 20 | 23.7 |

从住的方面看，在第一个五年计划期间，住宅建设投资占非生产性投资的9.1%，而在第三个五年计划、第四个五年计划期间仅占4%和5.7%。这一方面是由于人口的大量增加，另一方面是由于住宅建设投资的大幅度下降，造成了“文化大革命”结束后城市居民住房十分拥挤的恶劣状况。三代人甚至四代人挤在十几平方米的房子内，这种现象在一些大中城市非常普遍。

“文化大革命”结束后，在经济领域面临的重大任务，不仅是迅速地恢复被破坏的经济生活，消除对经济造成的恶果；而且要纠正长期以来“左”的错误思想的束缚，调整严重失调的比例关系，改革过分集中的管理体制，发挥现有企业的巨大潜力。一句话，是要真正从中国的实际情况出发，稳步地进行社会主义现代化建设。

## 第二节　新经济政策运行对国民经济的影响

以“十年规划”为核心的新经济政策的运行不仅改变了区域经济结构，使其相对平衡协调发展，为解决我国能源、原材料不足作出了积极贡献，同时，通过引进国外的先进技术，在一定程度上缩短了与国外的技术差距(这点在前面有论述)。另外，这个经济发展规划及政策仍然强调重工业优先发展和大规模引进，其运行也给国民经济带来消极的影

① 于光远. 中国社会主义现代化建设[M]. 北京：人民出版社，1982：9.

响。具体表现在以下几个方面：

## 一、对农业的影响

农业和支农工业的建设，在过高的指标下，1977、1978年，不少地区不讲实效，盲目大搞农田基本建设，到处铺摊子；盲目大建农机厂，不切实际地粗制滥造了一批高耗低效的农业机械，浪费了大量的人力、物力、财力。1978年虽然风调雨顺，农业获得了较大的丰收，但农业总产值(包括队办企业产值)在工农业总产值中的比重却仍然由1976年的占30.4%下降到27.8%。当年净进口粮食139.1亿斤。①

## 二、对国民经济发展的影响

在工业交通内部，尽管过去对燃料、动力工业和铁路的建设投资不少，但由于缺乏认真的前期工作，建设安排不当，以及其他种种原因，损失浪费越来越严重，投资效果差，以致能源供应仍然十分紧张，煤炭工业内部采掘比例失调越来越严重，铁路建设不适应商品运输的需要，能源、交通和加工工业间的比例严重失调。在这种情况下，继续大量投资兴建耗能多、运量大的重化工业和机械加工工业，只能进一步加剧能源、原材料工业、交通运输与加工工业间的比例失调。1978年全国约有20%的生产能力因缺电而难以发挥作用，机械加工工业能力已超过了可能提供的钢材数量的3~4倍，不少铁路枢纽和港口货物堵塞、运不出去，严重影响了国民经济的发展。如果1978年签约引进成套设备的22个大型建设项目按设计能力、按合同规定期限建成投产后，对原油和煤的需要量将在几年内分别激增1230万吨和2000万吨。这是当时中国能源工业无法承受的压力。②

---

① 《当代中国》丛书编辑部. 当代中国的基本建设[M]. 北京：中国社会科学出版社，1989：243.

② 《当代中国》丛书编辑部. 当代中国的基本建设[M]. 北京：中国社会科学出版社，1989：243.

由于生产建设任务安排过大，所以在1979年计划中，物资、财政、外汇都留了相当大的缺口。燃料缺口1500万吨；钢材，在进口750万吨以后，数量勉强够了，品种和到货时间都不能保证；水泥，在进口200万吨、上调地方水泥200万吨以后，还缺100多万吨；木材，在进口100万立方米、上调国营林场抚育间伐林100万立方米以后，还缺75万立方米。财政收入指标中有20多亿元地方部门不接受，分不下去。外汇支大于收100亿美元。① 为此，陈云于1979年1月1日、5日作了两次批示："国务院通知中1979年有些物资还有缺口"，"我认为不要留有缺口，宁肯降低指标。宁可减建某些项目。"②根据国民经济严峻的现状以及中央领导的指示精神，国家计委会同有关部门对1979年的国民经济计划进行调整。主要内容涉及以下几个方面：第一，把农业生产的增长速度由5.6%调整为4%，减免农业税收和社队企业税收等的开支由10亿元增加到17亿元；第二，工业增长速度由10%~12%调整为8%，其中，轻工业增长8.3%，重工业增长7.6%；第三，财政收入由1260亿元调整为1120亿元；第四，国家预算内直接安排的基建投资由457亿元调整为360亿元，加上利用外汇贷款的基本建设，总额为400亿元。1979年国民经济计划虽进行了调整，但国内基本建设的摊子仍然铺得很大，仍留有相当大的缺口。当年的财政收入比上年减少88亿元，支出比上年增加92亿元，收支相抵，支大于收170.6亿元，成为中华人民共和国成立以来财政赤字最大的年份。全国对外贸易额为455亿元，其中出口212亿元，比上年增加44亿元，进口243亿元，比上年增加56亿元，进口大于出口31亿元，除用非贸易外汇顺差弥补外，还借用了18亿美元的外债，使我国对外负债增加到30.6亿美元。③ 能源不能适

① 《当代中国》丛书编辑部. 当代中国经济[M]. 北京：中国社会科学出版社，1987：393.

② 马洪，等. 现代中国经济大事典[M]. 北京：中国财政经济出版社，1993：67.

③ 马洪，等. 现代中国经济大事典[M]. 北京：中国财政经济出版社，1993：68.

应国民经济发展的问题更加突出。特别是石油生产，1978 年的增长率是 19.5%，1979 年上半年仅为 3.6%，其大幅度下降了。电力生产，1978 年增长 26%，而 1979 年上半年仅为 10.9%。① 1980 年，能源产量比上年下降 1.3%，其中，原煤产量为 6.2 亿吨，比上年减少 1500 万吨，下降了 2.4%；原油产量 10595 万吨，下降了 0.2%。②

## 三、对财政经济的影响

基本建设规模的急剧膨胀、投资分配结构继续畸重畸轻，给财政经济带来了极大的困难。1978 年完成的基本建设投资总额由 1977 年的 382.4 亿元猛增到 500.99 亿元，增长了 31%；其中国家预算内投资增长更快，增加了 33.7%。相应地，1978 年年积累率也猛增至 36.5%，成为自 1958 年到 1960 年“大跃进”时期以后积累率最高的年份。1978 年与 1965 年相比，人口增加了 2 亿多。人民生活长期没有改善，农民从集体分得的平均收入几乎没有什么增加，城市职工平均工资基本上没有提高，而且在集体福利、职工住宅、城市建设、环境保护和文教卫生等方面长期积累下来、亟待解决的问题还增多了。在这种情况下，进一步挤占人民生活消费，实行高积累，无疑会加剧积累和消费间的严重比例失调。这种做法是难以为继的。同时，建设规模严重脱离国力地急剧膨胀，投资方向不恰当地过分集中于重工业，使基本建设投资的经济效益日趋下降，投入多、产出少，增加了财政经济的负担。另外，由于基本建设规模急剧膨胀的刺激，有关工业部门不顾质量，片面追求产量，粗制滥造、高耗低效的产品大量出现，产品积压增多，1978 年企业亏损面高达 30%。③

① ［日］长谷川庆太郎．中国现代化的幻想——从新的角度看日中关系［M］．王宗林，王辅基，张慧春，译．北京：生活·读书·新知三联书店，1981：110.

② 李成瑞．1977—1980 年中国经济的发展［M］．北京：人民出版社，1982：50.

③ 《当代中国》丛书编辑部．当代中国的基本建设［M］．北京：中国社会科学出版社，1989：244.

这种情况还影响到之后几年的财政收入。之后几年的财政收入减少，支出大大增加，造成了比较大的财政赤字，给国家财政带来了巨大的压力。1979 年较上一年财政收入减少了 18.7 亿元，而支出却增加了 162.1 亿元，全年财政赤字高达 170.7 亿元。外汇赤字为 20.1 亿美元。1980 年基建规模仍高达 241 亿元，财政赤字达 127.5 亿元。与此同时，劳动就业问题十分突出。全国有 2000 万人要求安排就业，其中，1979 年急需安排的就有 800 万。① 为了解决这些问题，党和政府不得不对国民经济进行进一步的调整。1980 年年底，国务院在北京召开的全国省长、市长、自治区主席会议和全国计划工作会议对 1981 年的国民经济发展计划做出了如下的调整：工农业总产值由原来的 6955 亿元减为 6800 亿元；在工业产值中，轻工业由原来的 2390 亿元增加到 2473 亿元，重工业由原来的 2860 亿元减少到 2637 亿元；财政收入由原来的 1150 亿元减为 1057 亿元，财政支出由原来的 1205 亿元减为 1007 亿元；基本建设投资由原来的 550 亿元减少到 300 亿元，比上年预计减少 40%。其他经济指标也都有不同程度的降低。针对当时严峻的形势，这次会议决定：通过 1981 年的进一步调整，初步实现财政、信贷基本平衡。然后再用 5 年或更长一点时间，完成各项调整任务，实现经济结构和管理体制合理化，使国民经济走上健康的轨道。

## 四、对物价的影响

为了弥补财政赤字，要靠增发货币、对外举债等方法来解决。1979 年银行增发了 56 亿元，1980 年增发了 70 亿元，按原定计划，1981 年增发了 90 亿元，3 年累计多发了 300 多亿元，相当于 1978 年以前的全部货币发行量。② 这必将给物价带来冲击。

---

① 马洪，等. 现代中国经济大事典[M]. 北京：中国财政经济出版社，1993：66.

② 马洪，等. 现代中国经济大事典[M]. 北京：中国财政经济出版社，1993：68.

1979 年 11 月，全国范围内 8 种副食品及相关食品零售价格提高了。1980 年，为了弥补赤字财政向银行借款 80 亿元，动用国库券收入 47.5 亿元，多发行钞票 76 亿元。这 76 亿元给当年的物价带来了较大的冲击。据统计，1979 年 12 月零售物价总水平同 1978 年 12 月比较，提高了 5.8%，职工生活费价格指数上升了 6.4%。① 1980 年 1 月，国家提高了焦炭、生铁、铁矿石、硼矿石、白银、钨、锑、结晶硅、水泥、硼砂、硼酸、部分机械产品，纺织产品以及肥皂、保温瓶、灯泡、西药、塑料制品、电话费等的价格。1980 年全年国内零售物价同 1979 年相比，上升了 6%左右(副食品上升了 13.8%)。其中，城市上升了 8.1%，农村上升了 4.4%；消费品价格上升了 7.1%，农业生产资料价格上升了 1%，给人民生活带来了较大的影响。②

由此可见，“十年规划”的实施不仅影响了 1977 年、1978 年国民经济的发展，还影响着之后几年国民经济的发展。

## 第三节　新经济政策运行对计划经济体制的影响

这一阶段通过“十年规划”的制订与实践，在一定程度上克服了传统计划经济体制的弊端，优化了产业结构，并为突破传统计划经济体制找到了切入点。这可以从以下三个方面体现出来：

第一，这一阶段大规模的引进在客观上推动了对传统计划经济体制的调整，为改革开放方针的确立奠定了实践基础。与过去的“四三方案”相比，这一阶段在引进方式上进一步拓宽和推动了对外管理体制的改革。引进已由过去的片面强调自力更生，发展到大规模借贷；由单纯引进技术设备发展到吸引外资到中国开办合资企业；由借贷发展到境外发行外债，还出现了设立特区的构想。③ 1978 年，22 个引进成套设备

① 李成瑞. 1977—1980 年中国经济的发展[M]. 北京：人民出版社，1982：49.

② 于光远. 中国社会主义现代化建设[M]. 北京：人民出版社，1982：49.

③ 陈东林. 20 世纪 50—70 年代中国的对外经济引进[J]. 上海行政学院学报，2004(6)：74.

项目的确定与实践，在客观上推动了经济体制改革的起步，计划经济时代搞大项目的一套办法，包括资金筹措、工程建设、生产管理，以至于商业上的销售，已不适应形势的变化，需要根据新体制，摸索出一套新的办法。例如，中国石油化工总公司成立后，为了救活 8 个大的化工引进项目，经过实践，渐渐形成一套适应社会主义市场经济的做法，形成一套同外国大公司合作的办法，包括银行贷款、发行企业债券、企业改制和股票上市，等等。这对我国更积极地进入国际资本市场，对实现投资主体多元化，都是先行的实践。① 另外，在实施具体规划的过程中，开始了境外发行外债支持的引进办法。引进项目中，除单机支付现汇外，成套设备项目大部分是利用西方国家银行的卖方贷款，采用延期付款方式。从上面的分析可以知道："十年规划"的设备引进方案在实施过程中改进了过去设备引进的方式方法，开拓了我国对外经济交流的视野，为后来对外开放方针的确立打下了实践基础。

第二，通过"十年规划"的制定与实践，在一定程度上缓解了能源和原材料工业严重制约工业化进程的状况并优化了产业结构。1978 年引进的 22 项工程中，石油工业方面的工程共有 5 项。它们是大庆石油化工厂、齐鲁石油化工厂各 1 套 30 万吨乙烯生产装置，浙江镇海炼油厂、新疆乌鲁木齐炼油厂、南京的(2 套 30 万吨)乙烯生产装置。煤炭工业方面的工程，共有 3 项。它们是 100 套综合采煤机组工程、霍林河煤矿工程、开滦煤矿工程。100 套综合采煤机组，于 1980 年 7 月前设备全部到货，并陆续进入有关煤矿采煤工作面进行安装，到 1980 年年底已有 56 套正式投入生产，并取得了较好的生产效率。刘荣刚对这个问题有评价："这一引进规划主要解决的是国内燃料、动力紧张和原材料不足的问题，这主要是为了当时实现'四化'的目标：例如，1978 年引进的 22 个成套设备项目，许多都属于材料工业，……这批材料工业

① 刘荣刚. 对一九七八年二十二个成套设备项目引进的历史回顾[J]. 中共党史研究，2005(5)：91.

的引进项目，对提高我国材料工业的水平，乃至整个现代工业的水平都起了重要作用。”①

从以上项目的执行结果可以看出，这些引进投产的项目弥补了我国一些重要生产领域的空白，形成了一批特大型的现代化生产骨干企业，这不仅带来了较高的经济效益，而且有利于改变过去区域经济发展的不协调，同时也对加速社会主义现代化建设起了重要作用。因此可以说，通过对外项目的引进，使我国的产业结构得到了进一步的优化。

第三，在“十年规划”的制定和实施过程中，找到了突破传统计划经济管理体制的切入点——改革开放。在“十年规划”制定和实施过程中，一方面，中央逐步突破“文化大革命”中的“左”的束缚，认识到仅仅依靠我国自身的力量是不行的，要利用国外的资金和技术，大量引进国外先进设备。在1977年3月国务院召开的全国计划会议上，国家计委向中央政治局提出了《关于1977年国民经济计划几个问题的汇报提纲》，其中指出：“要有计划有重点地引进先进技术，洋为中用，这样有利于增强我国的能力，加快社会主义建设的步伐。善于学习前人的好经验，吸取外国的长处，这是后来居上的一个重要因素。”②该提纲还比较正确地论述了自力更生与引进先进技术的关系问题，为下一步引进工作指明了方向。1977年7月26日，中央政治局听取和讨论了国家计委向国务院提出的《关于引进新技术和进口成套设备规划的请示报告》。报告指出：今后8年，除抓紧把1973年批准的43亿美元进口方案中的在建项目尽快建成投产外，再进口一批成套设备、单机和技术专利，总额为65亿美元。③ 中央政治局原则批准了这个报告。在1977年12

① 刘荣刚. 对一九七八年二十二个成套设备项目引进的历史回顾[J]. 中共党史研究，2005(5)：91~92.

② 房维中. 在风浪中前进——中国发展与改革编年纪事(第一分册)[A]. 内部资料，2004：58.

③ 房维中. 在风浪中前进——中国发展与改革编年纪事(第一分册)[A]. 内部资料，2004：93.

月全国计划会议形成的《关于经济计划的汇报要点》中指出：还要认真学习外国的好东西，引进必要的先进技术。在今后5~8年内，我们要利用国际上的有利时机，在坚持独立自主和平等互利的前提下，运用更加灵活的方式，把我们急需的国外先进技术拿到手，把学习和独创很好地结合起来。① 这一时期，党和国家的领导人也在不同场合发表讲话，鼓励和支持对外引进。1978年2月26日，五届人大一次会议中对引进规模作了具体的规定。3月，邓小平在全国科学大会上提出，"独立自主不是闭关自守，自力更生不是盲目排外。科学技术是人类共同创造的财富。任何一个民族、一个国家，都需要学习别的民族、别的国家的长处"②。至此，中国改革开放的方针已经呼之欲出了。

为了做好新技术的引进工作，1978年5月，国务院成立了引进新技术领导小组，由国务院副总理余秋里担任组长，国家计委副主任顾明任副组长，主要负责统筹提出新技术和成套设备的引进计划，搞好综合平衡；向中共中央、国务院提出有关引进的方针、政策和建议；组织引进计划的实施，进行督促检查，总结交流这方面的经验；组织有关方面研究、消化和发展引进的新技术等，这为对外引进提供了组织保证。在探索的过程中，中共中央将理论与实践进行了很好的结合，并形成了一些较完善的制度、组织机构，这为开放政策的制定提供了有益的借鉴。正是基于这一时期的实践探索，为后来突破传统计划经济体制的阻碍找到了切入点。

这一时期以"十年规划"为核心的新经济政策运行是在没有改变传统经济管理体制的背景下进行的，它不仅会受到传统经济体制的阻碍，而且它的运行进一步激化了传统经济体制的固有矛盾，使对计划经济管理体制的改革慢慢提上议事日程。

---

① 房维中. 在风浪中前进——中国发展与改革编年纪事(第一分册)[A]. 内部资料，2004：36.

② 邓小平文选(第二卷)[M]. 北京：人民出版社，1994：91.

## 一、加剧了农、轻、重工业比例的失衡

在落实“十年规划”几年间，全部基本建设投资中，农业仅占10.6%，轻工业也只占5.8%，重工业则达48.7%。由此导致从1976年到1978年的工农业总产值中，农业(包括队办企业)所占的比重由30.4%下降到27.8%，工业由69.6%上升到72.2%，在工业总产值中，轻工业由44.2%下降到43.1%，重工业由55.8%上升至56.9%。① 1978年，农业只增长1.7%，远远低于工业增长13.5%的速度；轻工业增长10.8%，比重工业增长的15.9%差不多低了1/3。农业的发展不能适应整个国民经济发展的状况十分突出，集中地表现为农副产品供应紧张。1978年粮食总产量虽然恢复到历史最高水平，但是按人口平均的产量仍然同1957年差不多，棉花、油料按人口平均的产量，分别由1957年的5.1斤和13.2斤下降到1978年的4.6斤和11斤。同时，大规模建设增加了购买力。在国内生产无法满足供应的情况下，只得通过扩大农副产品的进口来解决。1978年与1976年相比，粮食进口增加了2.7倍，棉花进口增加了1.7倍，砂糖进口增加了1.3倍。② 农业所提供的粮食及其他农副产品远远满足不了工业迅速发展的需要。轻工业产品的数量、质量和花色品种也不能适应市场需要。各种比例也明显失调。③ “十年规划”片面突出了钢铁、石油、化学工业等重工业部门，没有突出农业的基础地位和轻工业的重要性，也没有妥善解决阻碍经济发展的瓶颈问题。

燃料动力工业与其他工业的比例严重失调。1978年能源工业只增

① 国家统计局. 中国统计年鉴(1983)[M]. 北京：中国统计出版社，1983：20.

② 国家统计局. 中国统计年鉴(1983)[M]. 北京：中国统计出版社，1983：20.

③ 王均伟，李建军. 争锋——从大跃进、洋跃进到软着陆[M]. 北京：金城出版社，1998：162.

加了 11.3%，不能满足工业增长 13.5%的需要。许多工业企业因此开工不足，处于“停三开四”的局面。到 1978 年年底，全国缺电约 1000 万千瓦，有 25%左右的工业生产能力发挥不出来，大批工厂经常处于停工半停工状态。① 全国在建电站的装机容量，大体上只能适应新建企业投产后的用电需要，保了新建企业，老企业缺电状况就改变不了；保了老企业，大批新建企业建成后就不能投产。全国用煤多的工业的发展速度，大大超过了煤炭工业的发展速度，煤炭远远不能满足国民经济发展需要。在煤炭工业内部，采掘接替紧张和采掘比例失调的矿井占 22%。每台农机每年供给的油只能跑十几天。石油工业后备资源不足，在燃料动力和原材料严重不足的情况下，加工工业还在盲目发展。全国机械工业的加工能力，超过了可能提供的钢材数量的三四倍。加工工业产品有的是重复生产，有的由于不为市场所需要，造成积压。1978 年，全社会积压的机器设备达 550 亿元。另外，交通运输的紧张情况也没有缓和，主要铁路干线一些薄弱区段的运输能力只能满足全部需要的 50%~70%；港口装卸能力严重不足，压船、压车、压货现象十分严重，1978 年因港口积压货轮的时间超过规定期限造成的损失达 8700 万美元。

## 二、积累与消费比例的进一步失调

1970 年以后，我国国民经济的积累和消费的比例关系处于失调状态。而“十年规划”的实施，使得积累和消费的比例关系进一步失调。基本建设投资从 1977 年 312 亿元增长到 1978 年 417 亿元，增长了 33.7%。1976 年，国民经济积累率为 31%，1977 年为 32.3%，1978 年高达 36.6%，仅次于 1959 年的 43.8%和 1960 年的 39.5%，成为第三个高峰年。而在资金使用上，主要是建设工厂，与人民生活有关的住宅、文教卫生、城市公用事业投资很少，1978 年只占总投资的

① 虞和平. 中国现代化历程[M]. 南京：江苏人民出版社，2001：1099.

17.4%，低于“一五计划”时期28.3%的水平。1977年至1978年两年间新增国民收入中，用于消费的部分只占38%。因此，多年来人民生活方面的欠账长期得不到解决。1977年年底，给40%的职工增加了一级工资。但1978年全年企业职工工资仍只有644元，低于1963—1965年间平均水平。全国农村有139万个生产队（占生产队总数的30%）的人均年收入低于50元。1978年，全国人均消费粮食391斤、食用油3.2斤，低于1949年的409斤和3.4斤的水平。人均住宅面积也低于中华人民共和国成立初期的水平。①

### 三、基本建设规模过大、战线过长，投资效果差，浪费惊人

孙尚清、周叔莲、刘明夫等经济学家的调查反映，多年来基建所需钢材、木材、水泥等主要材料的供应基本上是“三八式”：分配时只能满足需要的80%；订货时只能分到分配数的80%；交货时又只能拿到订货数的80%。建设周期大大延长。从“一五”时期的5年延长到10年。据计算，1949年以来基建投资6000亿元，其中有2000亿元未完成。1978年又一再追加投资，在建大中型项目由1977年的1400多个增加到1700多个。全年完成投资395亿元，比上年增加100亿元。1978年财政收入增加200亿元，其中150亿元加给了基本建设，这不仅影响了解决生活欠账问题，而且加剧了投资效益的下降。“一五”时期每100元投资，新增固定资产84元，新增国民收入35元；相同投资，1978年新增固定资产只有69元，新增国民收入只有20元。人民节衣缩食省下来的资金，大量地被浪费、被积压。问题还在于，按当年国家财政能够提供的投资额计算，即使不再新增基建项目，要完成1978年全部全民所有制在建项目，大约需要10年时间。“十年规划”的实施，使财政收支和物资供应更加不平衡。

① 虞和平．中国现代化历程（第三卷）[M]．南京：江苏人民出版社，2001：1099.

基建规模与投资额超出国力允许的范围。伴随着积累率的进一步提高，进一步拉长了基本建设战线，造成基本建设规模与国力更不适应。全民所有制单位基本建设投资情况如表 3-4 所示。

**表 3-4 1977—1978 年全民所有制单位基本建设投资表①**

| | 基建投资总额(亿元) | 比上年增长(%) | 其中国家投资(亿元) | 比上年增长(%) | 自筹投资(亿元) | 比上年增长(%) |
|---|---|---|---|---|---|---|
| 1977 年 | 364.41 | 1.4 | 294.39 | 0.1 | 70.02 | 6.9 |
| 1978 年 | 479.55 | 31.6 | 395.93 | 34.5 | 83.62 | 19.4 |

1978 年，基建投资总额为 479.55 亿元，比上年增加 114 亿元，增长了 31.6%，占当年国民收入和财政收入的比重分别为 15.9% 和 40.7%。1978 年，在建的大中型项目增加 300 余个，达到 1700 多个，其中，像宝钢、平果铝矿、三峡水电站等大项目，每个投资都在 200 亿元人民币上下。1978 年成为“文化大革命”结束后 20 年来基建投资规模最大、投资额增长最高的一年。

## 四、经济效益与效率低

由于各方面重大比例的失调，再加上经济管理体制等方面存在的问题长期没有解决，使得这一时期的投资效果差、经济效益低。全国约有 1/3 的企业管理比较混乱，生产秩序不够正常。到 1978 年年底，全国重点企业主要工业产品中的 30 项主要质量指标有 13 项低于历史最好水平，38 项主要消耗指标有 21 项没有恢复到历史最好水平。国营工业企业每百元工业产值提供的利润比历史最好水平低 1/3。这一年，国营工

① 李成瑞. 1977—1980 年中国经济的发展[M]. 北京：人民出版社，1982：26.

业亏损企业数为 11926 个，亏损金额合计 42. 1 亿元；亏损企业占工业企业总数的 19. 3%(1977 年占 22. 4%)。① 基本建设投资大，投资效果差，浪费惊人。1978 年基本建设投资比 1977 年增加了 31. 6%，在建大中项目达 1773 个，比上年增加 290 个，而建成投产的大中型项目却只有 99 个，比上年减少了 18. 2%，投产的单项工程减少了 29%。全国商品库存中，质次价高、残损变质的商品，总值达 100 多亿元。工业净产值方面，1977 年为 2508 元，1978 年为 2864 元，均低于 1965 年 2867 元的水平。这种情况说明，10 多年来，一直到 1978 年，工业部门国民收入的增长，主要是依靠增加劳动力得来的，如表 3-5 所示。

**表 3-5　“一五”到“五五”时期投资效果系数情况②**

| | 国民生产总值增加额(亿元) | 固定资产投资(亿元) | 投资效果系数 |
|---|---|---|---|
| “一五”时期 | 389 | 611 | 1. 3 |
| “二五”时期 | 81 | 1307. 00 | 0. 08 |
| 1963—1965 年 | 567 | 499. 45 | 0. 63 |
| “三五”时期 | 537 | 1209. 09 | 0. 62 |
| “四五”时期 | 721 | 2276. 37 | 0. 41 |
| “五五”时期 | 1496 | 3186. 22 | 0. 55 |

由于体制性障碍和结构性的矛盾，造成设备利用率低，产品库存多，资金效果差。有许多产品一方面大量进口，另一方面库存不断增加。以钢材为例，1978 年年底库存量达 1550 万吨，1979 年 6 月达 1865

① 李成瑞. 1977—1980 年中国经济的发展[M]. 北京：人民出版社，1982：28.

② 中国现代史[J]. 人大复印资料，2004(1).

万吨，相当于8个月的周转量；另一方面，由于轧钢能力落后，品种轧机少，质量、品种、规格不对路，不得不大量进口钢材。1978年进口800多万吨钢材，比1977年增加了60%以上，但仍然供不应求。机械行业盲目发展。1977年国家计划生产机床6.07万台，实际生产19.87万台，约等于计划的3.3倍。从1973年以来，每年都超过计划的一倍到两倍，到1978年年底，全国268万台机床有130多万台闲置未用。重点企业利用率仅为55.6%，非重点企业利用率只有30%~40%，等于半数机床闲置未用。机电产品技术落后，大路货多，一方面大量积压，另一方面大量生产缺门断档，需要大量进口。能源、原材料、交通运输过度紧张。电力供应不足，大批工厂停工或半停工。煤炭短缺，如何解决能源危机已成为一个突出问题。铁路、港口运输经常堵塞。物资积压严重，仅山西煤炭就积压了400万吨。

## 五、人民生活的基本问题长期得不到解决

其中比较典型的是农业严重落后和农民普遍贫困的问题。1978年国内人均粮食占有量大体停留在1957年的水平，人均棉、油占有量则低于1957年的水平。1976年至1978年三年净进口粮食265亿斤，还挖了粮食库存几十亿斤。1978年，进口粮、棉、油、糖花了21亿美元，占进口总额的1/5。农民1965年从集体分得收入52.3元，1976年为62.8元。11年间增加了10.5元，每年增加不到1元。由于长期实行农业为工业化积累资金的政策，加上人民公社制度的弊病，全国至少有2亿多人生活在贫困线以下，不得温饱。因此“文化大革命”结束后尽快采取措施恢复和发展农业，缓解农民的生活困难，是当时的主要工作之一。

二是城市职工生活欠账累积的问题。城市职工平均工资有所下降，1965年全民企业职工年工资为652元，1976年下降到605元。生活欠账很多，问题成堆，如住房紧张、就业形势严峻、许多夫妻长期两地分居，等等。1977年全国职工人均住房面积只有3.6平方米，比1952年

还少0.9平方米。1978年全国城镇工矿区住宅建设投资37.5亿元，比1977年增加50%，是中华人民共和国成立以来住宅建筑投资最多的一年，但住房紧张状况并未缓和。一份中央调查组的调查报告说，1978年，“182个城市共有缺房户689万户，占这些城市总户数的35.8%。其中长期住在仓库、走廊、车间、教室、办公室、地下室甚至住在厕所的131万户，居住面积不足两平米的86万户，三代同堂、父母同大子女同室、两户以上职工同屋的189万户，住在破烂危险、条件简陋房子里的还有上百万户。”①

待业人口庞大，劳动就业问题十分突出。由于长期以来人口自然增长很快，又面临就业高峰期，加上落实政策和解决遗留问题，1978年年底全国大约有2000万人需要安排就业，这个数量是前所未有的。其中有大专院校、中专中技院校毕业生和家住城市的复员军人105万，按政策留城的知识青年320万人，插队知识青年700万人，城镇闲散劳动力230万人。待业的规模远远超过国民经济正常发展对劳动力的需要。在这种情况下，片面强调提高积累率，加快建设，忽视安排就业问题，势必影响政治上的安定团结。

“文化大革命”结束以后，勒紧裤带搞建设的办法再难以为继了。1979年春以后出现了波及全国许多城市的有关回城、就业、晋级、提薪、住房、夫妻团聚等诸多实际的利益诉求。政治性诉求也都是必然与职位安置和利益补偿相联系的。许多问题都具有“爆炸性”。上面提到的那份中央调查组的关于住宅问题的报告反映：“要求解决住房问题的呼声极为强烈，不断发生群众结队上访、联名请愿、聚众抢房，甚至下跪求房的现象。有的工人说：‘找房难，难于上青天’”。② 这份报告感叹：“现在，如何解决好城市职工缺房问题，已经成为一个紧迫的社

① 肖冬连. 1979年国民经济调整方针的提出与争论[J]. 党史博览，2013(3)：43.

② 罗平汉. 中国共产党改革开放的共识是如何形成的[J]. 中共中央党校(国家行政学院)学报，2019(4)：56.

会问题。”①李先念在中央工作会议上描述就业形势时说：“大批人口要就业，这已经成为一个突出的社会问题，如果处理不当，就会一触即发，严重影响安定团结。”②而关于农村形势，陈云警告说：“建国快30年了，现在还有要饭的。老是不解决这个问题，农民就会起来造反。支部书记会带队进城要饭。”③

工业生产和建设中的结构性矛盾在这个时期进一步激化。解决传统计划经济体制矛盾刻不容缓。高积累、低消费搞建设的路子走不下去了，必须下决心解决长期以来的生活欠账，才能调动人们进行现代化建设的积极性。

## 第四节　经济政策的再调整

### 一、调整方针的提出

对于经济政策在运行中带来的不利影响，中共中央在1978年年底已经察觉，并采取了相应的措施。1978年12月22日通过的中共十一届三中全会的公报指出：“必须看到，国民经济中还存在不少问题。一些重大的比例失调状况没有完全改变过来，生产、建设、流通、分配中的一些混乱现象没有完全消除，城乡人民生活中多年积累下来的一系列问题必须妥善解决。我们必须在这几年中认真地逐步解决这些问题，切实做到综合平衡，以便为迅速发展奠定稳固的基础。”④

1979年1月1日，李先念请邓小平、陈云等审阅批准《国务院关于

① 罗平汉. 中国共产党改革开放的共识是如何形成的[J]. 中共中央党校(国家行政学院)学报，2019(4)：56.

② 三中全会以来重要文献选编(上)[M]. 北京：人民出版社，1982：148.

③ 陈云年谱(1905—1995)(下卷)[M]. 北京：中共中央文献出版社，2000：299.

④ 中国共产党第十一届中央委员会第三次全体会议公报[N]. 人民日报，1978-12-23.

下达1979、1980两年经济计划的安排(草案)》。陈云在李先念的信上批示："国务院通知中'1979年有些物资还有缺口'。我认为不要留有缺口，宁可降低指标，宁可减建某些项目。"①为了从根本上扭转国民经济严重失调问题，1月5日，陈云又将新华社的一份材料批转给邓小平等人。这份材料反映国家计委安排1979年的生产计划和物资供应时还在留缺口。陈云指出："我认为有物资缺口的不是真正可靠的计划。"②1月6日，邓小平在一次谈话中指出："我们要从总方针来一个调整，先搞那些容易搞、上得快、能赚钱的，减少一些钢铁厂和一些大项目。引进的重点要放在见效快、赚钱多的项目上。今年有些指标要压缩一下，不然不踏实、不可靠。"③

李先念与陈云1979年3月14日的联名信，对财经工作提出了6条指导性的意见。第一，前进的步子要稳。不要再折腾，必须避免反复和出现大的"马鞍形"现象。第二，从长期来看，国民经济能做到按比例发展就是最快的速度。第三，现在的国民经济是没有综合平衡的，比例失调的情况相当严重。第四，要有两三年的调整时期，才能把各方面比例失调的情况大体上调整过来。第五，钢的指标必须可靠。钢的发展方向，不仅要重数量，而且更重质量。要着重调整我国所需要的各种钢材之间的比例关系。钢的发展速度，要照顾到各行各业发展的比例关系。由于钢的基建周期长，不仅要制定5~7年的计划，而且要制定直到2000年的计划。第六，借外债必须充分考虑还本付息的支付能力，考虑国内投资能力，做到基本上循序进行。④ 紧接着，3月21日，陈云在中央政治局会议上又提出，要用两三年的时间进行调整。

---

① 蒋永清. 陈云与新时期国民经济调整的两次决策[EB/OL]. [2019-07-26]. http://dangshi.people.com.cn/n/2015/0316/c85037-26700984.html.

② 蒋永清. 陈云与新时期国民经济调整的两次决策[EB/OL]. [2019-07-26]. http://dangshi.people.com.cn/n/2015/0316/c85037-26700984.html.

③ 马洪，等. 现代中国经济大事典[M]. 北京：中国财政经济出版社，1993：67.

④ 李先念，陈云. 关于财经工作给中央的一封信[EB/OL]. [2011-04-12]. http://www.china.com.cn/CPC/2011-04/12/content_22343253.htm.

1979年3月30日，邓小平在理论工作务虚会上讲话，再次肯定了调整方针，并指出，为了使我们的经济走向正常的稳定的发展轨道，要下决心进行必要的正确的调整，并且必须认真解决各种经济体制问题。他指出："过去十多年来，我们一直没有摆脱经济比例的严重失调，……在总的前进的过程中都还需要有一段调整的时期，才能由不同程度的不平衡走向比较平衡。"①

从1979年3月到4月，连续召开了中央政治局会议、国务院财经委会议和中央工作会议，讨论1979年计划和国民经济调整的问题。1979年4月5日至28日，中共中央工作会议开了24天，足见议题之重要和统一认识难度之大。李先念代表中共中央和国务院在会上作了《关于国民经济调整问题的报告》，详细地说明了当前国民经济各种重大比例严重失调的情况和调整的必要性，批评和检讨了前两年经济工作中急于求成的倾向。他说："这两年多来，经济恢复取得了较快的进展，再加上全党全国人民又都有加快实现'四个现代化'的强烈愿望，在这种情况下，对顺利的一面看得多了，对问题和困难的一面看得少了。因而对经济发展的要求急了，步子迈得不够稳。现在看来，去年有几件事如果办得更审慎一些，更好一些，就能更有利于国民经济比例关系的调整。"②

具体表现以下四个方面：一是基本建设规模搞大了；二是引进工作搞急了；三是工业生产追求产值、产量而忽视提高质量、增加品种、降低成本；四是计划的编制在基建规模、生产指标、财政收支、利用外资等方面都安排得太大了，后来又发生了一些新情况。农副产品提价的幅度加大，减免农业税增多，劳动工资方面的开支增加。这就使财政预算赤字扩大到100多亿元。因此，对原计划不得不作必要的调整。会议正式通过了对整个国民经济实行"调整、改革、整顿、提高"的方针，并

---

① 邓小平文选(第二卷)[M]．北京：人民出版社，1994：161.

② 王均伟，李建军．争锋——从大跃进、洋跃进到软着陆[M]．北京：金城出版社，1998：76.

决定从1979年起用3年时间，认真搞好调整，同时进行改革、整顿、提高的工作。至此，国民经济进入新的调整时期。

## 二、新旧“八字方针”的不同

同20世纪60年代提出的“调整、巩固、充实、提高”的“八字方针”相比，新的“八字方针”呈现以下几个方面的特点：

第一，20世纪60年代初的那次调整，根据当时的情况，是先退后，再前进，大大降低各项生产指标，是面对困难局面的被动的调整。这次调整，总的来说是稳步前进的，就各个局部来看，是有进有退、有上有下，局部的退是为了整体的进。在调整过程中，不仅要求工农业生产保持一定的增长速度，而且要在调整中通过现有企业的整顿和经济管理体制的改革，使管理工作和经济效果达到更高的水平。因此，这次调整是主动地发现困难，分析产生困难的原因，并通过改革，积极探索具有中国特色的社会主义建设道路。因此，这次调整不单纯是纠偏，而且有改革和主动探索的特点。

第二，20世纪60年代初的那次调整，没有提出改革工业体制和国民经济体制的问题。这次在调整的过程中提出了改革的任务，要求运用经济手段来管理经济。过去，我们在分析经济发展缓慢、经济效益差的原因时，往往局限于急于求成所造成的重大比例失调，而对经济体制弊端的影响在认识上并不深刻。现在，通过对这一阶段经济运行实践的反思，可以对经济体制改革有一个比较清醒的认识。

第三，这次调整在经济工作指导思想等方面有了重大变化。强调把轻工业的发展放在重要的地位，要重视市场的作用，尽管认为市场只是起辅助作用，这体现了它的局限性，但这是20世纪50年代末期以后，首次公开肯定市场在工业发展中的地位。正式开始再次关注市场的作用并把它引入改革的实践中，它不仅给国民经济带来了活力，而且为社会主义市场经济改革目标的确立提供了丰富的实践素材。

新的“八字方针”的提出，标志着中国共产党在指导思想上实现了根本性转变之后，经济工作的指导思想也开始进行根本性的转变，为开始中国现代化建设新道路的改革探索奠定了基础。

## 第五节　新的经济发展战略的形成及特点

### 一、新的经济发展战略的形成

1978 年中国经济发展的状况说明，几十年来高速度、高积累、片面优先发展重工业的经济发展战略难以为继，需要从中国的实际出发，寻找现代化的新战略。

1978 年年底召开的中共十一届三中全会，恢复了党的实事求是的思想路线，果断地决定把全党的工作重点转移到经济建设上来，以邓小平为核心的中共中央领导集体在考虑中国现代化建设问题时，吸取历史的教训，强调首先要认清中国的国情，一切从中国的实际出发。

1979 年 3 月 23 日，邓小平在中共中央政治局会议上的讲话，就是从发展战略上提出问题的。3 月 30 日，邓小平在《坚持四项基本原则》的讲话中提出："现在搞建设，也要适合中国情况，走出一条中国式的现代化道路。"①邓小平概括了要使中国实现现代化至少必须看到的两个重要特点：一是底子薄；二是人口多、耕地少。邓小平指出的这两个特点就决定了中国进行现代化建设的起点是很低的，因此实现现代化的时间就会较长，中国只能在这个低起点的基础上有步骤、分阶段地去逐步实现现代化。

1979 年 3 月至 4 月间，中共中央政治局和国务院对于中国究竟怎样实现社会主义现代化进行了议论和研究。最初议论形成的认识，集中反映在李先念 4 月 5 日在中央工作会议上的讲话中。最后，大家一致赞成这样的观点：我们搞现代化，一定要从中国的国情出发。

---

① 邓小平文选(第二卷)[M]. 北京：人民出版社，1994：163.

1979年12月，邓小平在会见日本首相大平正芳时说，到20世纪末，我们实现中国式的“四个现代化”，“中国到那时也还是一个小康的状态”，达到“国民生产总值人均一千美元，也还得付出很大的努力”。① 1980年1月，邓小平在党中央召开的干部会议上的讲话中，把今后20年分为两个10年，初步提出分“两步走”达到“小康水平”的战略设想。这个战略构想，后来在五届人大四次会议和中共十二大报告中得到了肯定。中共十二大正式提出分两步走，到20世纪末翻两番实现小康社会的经济发展战略，并确定了中国经济建设的战略目标、战略重点、战略步骤和一系列正确方针。

20世纪末达到小康水平后，下一步的目标是什么呢？在中共十二大召开前夕，邓小平曾指出，实现小康社会的目标以后，“再花三十年到五十年时间，接近发达国家的水平，我们不是说赶上，更不是说超过，而是接近。”②1987年2月，邓小平更切实际地把接近发达国家水平改为“到下一世纪中叶我们建成中等发达水平的社会主义国家”。1987年4月，在接见匈牙利客人时，邓小平正式提出并阐述了分三步走的战略步骤，根据邓小平的设想，中共十三大报告正式提出，党的十一届三中全会以后，我国经济建设的战略部署大体分三步走。“第一步，实现国民生产总值比1980年翻一番，解决人民的温饱问题。这个任务已经基本实现。第二步，到20世纪末，使国民生产总值再增长一倍，人民生活达到小康水平。第三步，到21世纪中叶，人均国民生产总值达到中等发达国家水平，人民生活比较富裕，基本实现现代化。然后，在这个基础上继续前进。”③尤其需要指出的是，中共十三大报告首次对社会主义初级阶段的基本路线作了表述。这条基本路线可以概括为“一个中心，两个基本点，三个奋斗目标”。这“三个奋斗目标”即是：

---

① 邓小平文选(第二卷)[M]. 北京：人民出版社，1994：237.

② 邓小平文选(第二卷)[M]. 北京：人民出版社，1994：417.

③ 中国共产党第十三次全国代表大会公报[N]. 人民日报，1987-11-02.

富强、民主、文明。中共十四大报告在论述社会主义建设指导思想时又有新的概括，即：以经济建设为中心，把发展生产力摆在首要位置，促进社会全面进步，中共十四届五中和六中全会通过的文件中都表达了这个主要的指导思想：要努力实现社会主义物质文明建设和精神文明建设协调发展，实现经济发展和社会全面进步。这表明中国共产党在不断总结社会主义现代化建设实践过程中已经十分明确地制定了实现中国现代化的全面目标。

全国人大八届四次会议通过了《国民经济和社会发展"九五"计划和2010年远景目标纲要》，在党的十五大上，以江泽民同志为核心的领导集体又制定了21世纪前50年新的分"三步走"，基本实现现代化的战略目标。这就是：第一步，21世纪第一个10年实现国民生产总值比2000年翻一番，使人民的小康生活更加宽裕，形成比较完整的社会主义市场经济体制；第二步，再经过10年的努力，到建党100周年时，使国民经济更加发展，各项制度更加完善；到21世纪中叶中华人民共和国成立100周年时，基本实现现代化，建成富强民主文明的社会主义国家。这是对邓小平设计的第三步战略目标的深化。

中华人民共和国成立以后，如何在贫穷落后的中国，选择一条切合实际的经济发展战略，尽快实现国家的繁荣富强，中国共产党人经历了30个春秋的探索，它深刻地反映了中国共产党认识和把握中国社会主义现代化发展客观规律的长期性和艰巨性。

## 二、新的经济发展战略的特点

这个发展战略与以前的发展战略相比，发生了以下重要改变：

（1）修正了中国实现现代化的目标。从追求高度现代化转向追求适度现代化目标。基于中国底子薄、起点低、人口多、耕地少、80%是农民等基本国情，中国既不可能以比原来设想"更快的速度"实现"四个现代化"，也不可能在20世纪末实现"更高程度的现代化"。中国实现现代化的时间会很长，要分阶段去实现，到20世纪末只能达到发达国家20世纪70年代的水平。这就是邓小平提出的“中国式现代化”的重要概念。

(2)纠正了过去片面追求高速度的思想。新的发展战略注重按比例发展。不仅要求工农业按比例发展，而且要求基本建设规模必须同国家财力物力相适应。新的发展战略更加注重人民生活的改善。在计划安排上，先安排当年的生产和人民的衣、食、住、行，再安排基本建设。在原材料分配上也是先保证生活必需品生产的增长，再保障必要的生产资料生产的增长，剩余多少再用于基建。

(3)在实现发展战略的动力方面，提出了要处理好引进与自力更生关系的基本原则。在利用外资和引进技术方面，提出了必须控制引进规模，优化引进结构的基本要求。提出了引进的基点是先进的技术和专利，而不是成套设备，同时还要考虑国内的配套能力、消化能力；利用外资要充分考虑还本付息的能力。要考虑到中国劳动就业的巨大压力，不能一味追求新技术。现代化必须分清轻重缓急，合理安排，引进先进技术应着重考虑对增强国力和加强国防有关键作用的项目。对于只减少使用劳动力的新技术，减少引进或暂时不引进。1979年5月8日，《人民日报》发表文章说：“实现‘四个现代化’，要靠我们自力更生、艰苦奋斗干出来，不能靠‘买’来，不能靠‘借’来。”①中国领导人这个指导思想的转变，国外观察家很快注意到了。《华盛顿明星报》曾刊登评论文章说：“北京很快认识到，一个对尖端技术知识的进口吸引能力有限而且资金也有限的国家，是不能靠购买成为超现代化国家的……而是必须靠国内来完成大部分经济建设。”②

(4)科学地确立了实现发展战略的路径。大规模引进，包含着这样

① 加快实现四个现代化[N]. 人民日报，1979-05-08.

② 美国国会联合经济委员会. 毛主席以后的中国经济(第一卷)(上)[M]. 北京：中国财政经济出版社，1980：92.

一种的发展思路，即主要不是依靠现有企业的改造，而且通过引进成套设备建设新企业来加速现代化。“十年规划”的实践使主要领导人意识到这是一种成本过高的发展路子。于是，便确定了新的路径，正如李先念所讲的那样：“我们搞现代化，首先要用大力气发挥现有企业的作用，同时要逐年新建一些必要的项目。”①1979 年 6 月 27 日，姚依林在经济理论和财经政策研究工作座谈会上也提出了同样的认识：现有企业是我们的基地，是我们实现“四个现代化”的出发点。现在全民所有制企业共有 3000 亿多固定资金，260 万多台机床，基础不算小。中华人民共和国刚成立时我们只有 8 万多台机床。现在的问题是要尽快引进和掌握世界上先进的技术，同充分利用我国已有的基础结合起来，加快“四个现代化”建设进度。

这些认识的形成，是对过去 30 年的经济发展战略的最初反思和检讨，也是对这一时期的经济政策、经济体制、经济战略的重大修正。

## 小　　结

以“十年规划”为核心的新经济政策的运行在一定程度上改变了过去经济建设布局重点放在东北和东部沿海地区的区域经济结构，使其发展相对平衡协调，并为解决我国能源、原材料的不足作出了积极贡献；同时，通过大量引进国外的先进技术，在一定程度上缩短了与国外的技术差距。另外，由于这个经济发展规划及政策仍然强调重工业优先发展和大规模引进，其也给国民经济带来了一些消极的影响。主要表现在对农业、国民经济发展、财政经济、物价等方面的影响，正是基于考虑如何消除这些方面的不利影响，才会有后来新的政策的制定与实施。同时，我们更应该认识到，这一阶段通过“十年规划”的制定与实践，在

① 王均伟，李建军. 争锋——从大跃进、洋跃进到软着陆[M]. 北京：金城出版社，1998：105.

一定程度上克服了传统计划经济体制的弊端、优化了产业结构，并为突破传统计划经济体制找到了切入点，这一时期以“十年规划”为核心的新经济政策运行是在没有根本改变传统计划经济管理体制的背景下进行的，因此它不可避免地会受到传统经济体制的束缚，同时它的运行进一步激化了传统经济体制内在的固有矛盾，在客观上推动了改革开放的起步。

# 第四章 农村经济政策的进一步调整与改革

“十年规划”关于农村经济发展提出了很高的要求及目标：建立起稳固的农业基础。1980 年，基本实现农业机械化，全国粮食、棉花平均亩产达到“十年规划”要求的目标，缺粮省区实现粮食自给。1985 年全国人均粮食产量达到 800 斤，农业主要作业机械化程度达到 85%以上，按农业人口达到 1 人 1 亩旱涝保收、高产稳产农田，农林牧副渔业达到较高水平。粮食，由 1975 年的 5690 亿斤，增长到 1980 年的 6700 亿斤，1985 年 8000 亿斤。棉花，由 1975 年的 4760 万担，增加到 1980 年的 6000 万担，1985 年的 7200 万担。如何实现“十年规划”提出的目标？当时推进农业经济发展的方式与路径主要体现在三个方面：一是以“大会战”的形式大搞农田基本建设；二是继续提出 1980 年实现全国农业机械化的目标。

从当时中国国情来看，要在 1980 年实现农业机械化是脱离实际的，是不可能的。而且，从“文化大革命”结束后农村的实际情况看，农村工作的重点应放在清除“左”倾错误上，制定出符合农村实际的农业政策，让农民得以休养生息，同时调动他们的积极性，以恢复农业生产，而不是急于去实现农业机械化。因此，农村经济政策的进一步调整与改革就成为必然趋势。

# 第一节　农田基本设施的建设

为了推进“农业机械化”运动的发展，1977 年秋，中共中央和国务院召开了一次农田基本建设会议，这次会议强调推进农田基本建设的重要性，批评“有人以为农业现代化就不要搞农田基本建设了”“讲科学技术就不要大干苦干了”的想法是错误的。李先念说：“不兴修水利，就谈不上农业的高产稳产。”①会议决定：“今冬明春在全国范围内掀起农田基本建设新高潮，促进农业大发展。”②

于是，在全国掀起了治山治水改土的群众运动。1977 年 10 月底，全国已经铺开的工程达 39 万处，投入的劳动力达 8000 万人次之多。③在短短的 3 个月里，全国共调用了亿万农村劳动力进行开山劈岭，拦河筑坝，打井修渠，平地改土，共动用土石方达 130 多亿立方米，扩大和改善灌溉面积 3300 多万亩。仅据山东、湖北、四川、广西等 11 个省、自治区的统计，就有近百万干部下到工地，各地驻军也都积极参加了当地的农田基本建设。其中，广西壮族自治区在 1977 年、1978 年为进行农田基本建设共动用劳力 323 万人次，农用机械 22 万辆，共投资 120 多万元，全区增加旱涝保收田的 300 万亩，高产稳产农田 600 万亩，造田造地 50 万亩。④ 江西、福建、浙江、四川、贵州等省，完成的工程量分别相当于上一年同期的 2~9 倍。⑤ 各省都围绕着“十年规划”中的、到 1980 年按农业人口达到一人一亩旱涝保收、高产稳产农田这一目标，把主攻方向放在改善现有耕地，挖掘现有水利设施的潜力方面，四川省

① 掀起农田基本设施建设的高潮[N]. 人民日报，1977-10-07.

② 掀起农田基本设施建设的高潮[N]. 人民日报，1977-10-07.

③ 赵德馨. 中华人民共和国经济史(1967—1984)[M]. 郑州：河南人民出版社，1989：387.

④ 谢之雄. 广西壮族自治区经济大事记(1949—1985)[M]. 南宁：广西人民出版社，1986：279、288.

⑤ 农田基本设施建设再创辉煌[N]. 人民日报，1978-02-06.

主攻小型水利，大搞喷灌，已经建成3万多个喷灌蓄水池，喷灌面积达120多万亩。

这一时期国家农田水利基建投资也达到一个比较高的比例。从1952年到1987年国家对农业水利基建投资达644.83亿元，占农业投资的55%以上。其中1953—1957年为24.31亿元，占农业投资的57%，1958—1962年为96.64亿元，占农业投资的66%，1963—1965年为28.92亿元，占农业投资的38%，1966—1970年为70.14亿元，占农业投资的65%，1971—1975年为117.11亿元，占农业投资的62%，1976—1979年为132.15亿元，占农业投资的63%。①

## 第二节 “农业机械化”运动

### 一、“农业机械化”运动的提出

农业合作化之前，中国的农业生产基本上是手工劳动，既繁重又辛苦。1955年毛泽东在《关于农业合作化问题》的报告中，提出中国必须先有合作化，然后才能使用大机器。农村实现人民公社化之后，毛泽东又指出农业的根本出路在于机械化。农业机械化就是要把农业的手工劳动变为机械操作，使农业生产和农副产品加工机械化。农业机械化不仅可以提高劳动生产率，而且能把农民从繁重的体力劳动中解放出来。这是中国农业现代化的一个重要组成部分。

1977年1月，中共中央将国务院《关于1980年基本上实现农业机械化的报告》转发各地区、各部门执行。该报告要求1980年基本上实现农业机械化，使农、林、牧、副、渔等主要作业的机械化水平达到70%左右。其中，排灌动力机械拥有量，从1976年年底预计的5600万

① 马洪，等. 现代中国经济大事典[M]. 北京：中国财政经济出版社，1993：1460.

马力增加到1980年的7000多万马力，灌溉面积达到8.5亿亩；化肥年产量，从2800万吨增加到5500万~5700万吨，平均每亩施化肥70多斤；拖拉机拥有量，从40万台增加到65万台到80万台，手扶拖拉机从80万台增加到150万台，机耕面积达到8亿亩到9亿亩。报告重申，实现农业机械化，必须以各省、市、区自力更生为主。要坚持农机制造以地方为主、农机产品以中小型为主、农机购买以集体经济为主的方针。要求各地发扬自力更生、艰苦奋斗的精神，土法上马，因陋就简，由土到洋，由小到大，积极建设小钢铁、小煤炭、小水泥、小化肥、小机械“五小”工业。为了推行农业机械化规划，同年10月，国务院设立农业机械化领导小组，并要求各省、地、县迅速建立和健全农业机械化领导小组，以加快农业机械化工作的进度。1978年1月，国务院在北京召开第三次全国农业机械化会议。会议强调指出：1980年基本上实现农业机械化，是在20世纪内实现农业现代化，把我国建成社会主义的现代化强国的一个重大步骤。现在距离1980年只有三年时间了，全党动员，苦战三年，基本上实现农业机械化，是摆在我们面前的一项紧迫的战略任务。会议号召“全党坚持在农业问题上的根本路线，这就是：第一步实现农业集体化，第二步在农业集体化的基础上实现农业的机械化和电气化。”①会议确定：1980年全国农林牧副渔作业的机械化水平要达到70%左右；同1977年相比大中型拖拉机拥有量增长70%，手扶拖拉机拥有量要增长36%，排灌动力机械拥有量要增长32%；化肥年产量要增长58%。为了实现上述目标，1978年到1980年三年期间，国家供应农机制造和维修用的钢材，将比过去增加50%。

## 二、“农业机械化”运动的实践

### （一）通过大量资金的投入来推动“农业机械化”运动

这一时期国家通过财政支出、信贷、物价补贴等途径向农业投入资

① 第三次全国农业机械化会议开幕[N]. 人民日报，1978-01-23.

金，以此来推动“农业机械化”运动，从而推动农业的跃进。对农业资金投入的情况如表 4-1 所示。

**表 4-1　我国部分年份对农业资金的投入情况①**　（单位：亿元）

| | 财政支农资金 | 支农资金占财政比例 | 国家对农业贷款 | 贷款占国家信贷比例 |
|---|---|---|---|---|
| 1950 年 | 2. 74 | 4. 0 | | |
| 1956 年 | 29. 14 | 9. 5 | | |
| 1965 年 | 55. 02 | 11. 8 | 78. 2 | 11. 0 |
| 1976 年 | 110. 49 | 13. 7 | 90. 4 | 5. 7 |
| 1978 年 | 150. 66 | 13. 6 | 115. 8 | 6. 1 |

以上国家对农业投入的资金中，除了用于对外贸进口粮食、化肥等各种商品的补贴、对若干商品实行购销价格倒挂的差价和亏损补贴、对特定的农业生产资料补贴外，主要资金基本上都用在基本农田建设和发展农业机械上。

除国家大量投入外，农村集体经济组织为推动农田基本建设和“农业机械化”运动也投入了大量的资金。以江苏为例，20 世纪 60 年代省一级地方财力用于这方面的建设占 10%左右，这一时期增加到 70%左右。② 不仅省一级地方财政投入了大量的资金，而且社队集体经济组织也参与投资。以湖北洪湖县码头公社的洪林大队为例，在这一时期，利用多种经营的积累购置农业机械、化肥、农药及农田基本设施，合计投入资金达 27 万元。③

① 蒋伏心，左用章．中国现代化曲折三十年[M]．南京：南京出版社，1998：86.

② 要大力发展农业机械化[N]．人民日报，1978-07-31.

③ 宗汉．农业现代化的资金问题[J]．学术月刊，1979(6).

### (二)通过群众运动，大力发展小钢铁、小煤炭、小化肥等“五小”工业

为了迅速实现农业机械化，根据1977年中共中央批转国务院《关于1980年基本实现农业机械化的报告》要求以及第三次全国农业机械化会议的具体安排和部署，全国各地掀起了大力发展小钢铁、小煤炭的群众运动。

为了实现农业机械化，广西壮族自治区把地方机动财力的80%和外汇的90%以上，都集中到发展使用到小型钢铁厂和拖拉机厂以及一些支农工业方面。① 山东省为了实现农业机械化，大办小钢铁、小煤炭。到1978年年底，全省13个地、市已有9个相继办起了小钢铁，还有11个地市、40个县办起了小煤窑。烟台地区从1977年年初到1979年年初办起了包括采矿、选矿、烧结、炼铁、炼钢、轧材的小钢联。到1979年年底，小钢铁厂共生产铁24万吨、钢64000多吨，钢材47000多吨。这些钢铁70%用于农业机械。山东省在地方机动财力中，用于小钢铁、小煤炭、小农机厂等基本建设的投资占77%；省里的地方外汇，用于农业和支农工业的占70%；省里掌握的钢材和生铁1/3以上用于支农工业和农业。到1978年年底，全省已建设了一批拖拉机厂，能成批生产12、25、50马力的拖拉机，年生产能力3万台；农用内燃机方面，从1.6马力到12、25、50、100马力，年生产能力达到250万马力；化肥方面，除国家投资建的4个大中型化肥厂外，县县都有了小化肥厂，小化肥厂年产合成氨能力达到70多万吨。

在农业机械化运动的推动下，全国各地普遍建设了大量的小钢铁厂、小化肥厂、小农机厂。小钢厂的产量占全国钢产量的比重，1975年为6.8%，1977年上升到7.6%，1978年达到9.7%；小铁厂的产量占全国铁产量的比重，1975年为10%，1977年为12%，1978年上升到14.4%。②

---

① 《当代中国》丛书编辑部. 当代中国的农业机械化[M]. 北京：中国社会科学出版社，1991：67.

② 孙尚清、陈胜昌. 中国的产业结构[M]. 北京：人民出版社，1982：28.

据统计，1977 年全国新增化肥农药企业 630 个，比上年增长 9.2%，新增农机制造企业 757 个，比上年增长 7.7%。由于小化肥、小农机企业的大发展，形成对机床和小化肥生产设备的异常需求，加上社队工业的盲目发展，使得对机床的需求猛增，1977 年生产机床 19.87 万台，创造了中国机床生产的最高纪录。1977 年主要工业产品产量增长最快的产品是：农用化肥，增长 38%；拖拉机，增长 34.7%；手扶拖拉机，增长 33.5%；化纤，增长 29.9%；机床，增长 26.6%。① 这 5 种增长最快的产品中，除化纤外，都跟急于追求农业机械化有关。这些产品普遍存在专业化程度差、批量小以及质量低、消耗大、成本高、亏损多等问题。1978 年工业部门亏损了 40 亿元，“五小”工业就亏损了 22 亿元，占至一半以上，其中小钢铁亏损 9 亿元，小化肥亏损 6 亿元。由于“五小”工业的发展，不仅使产业结构更加不合理，而且还造成巨大的浪费。

### （三）大力发展农业机械

为了推动“农业机械化”运动，1977 年、1978 年农业部、农垦部开始在河北滦城、江苏无锡、友谊农场等地进行引进国外农机化技术的试点工作，并派人员外出考察农机化科技发展情况。1978 年 9 月在北京举办了有 12 个国家参加的国际农业博览会。②

在农业机械化运动的推动下，到 1978 年年底，全国已建立起人民公社农机管理站 4.6 万个；98%的县有了农机修造厂，40%的大队和 20%的生产队有了农机修理网点。农机技术人员的培训工作也有所发展。据统计，到 1978 年年底已恢复和建立的省属中等农机化学校达 25 所，在校学生 8619 人，地属中等农机化学校 113 所，在校学生 18572 人。③

---

① 孙尚清、陈胜昌. 中国的产业结构[M]. 北京：人民出版社，1982：27.

② 《当代中国》丛书编辑部. 当代中国的农业机械化[M]. 北京：中国社会科学出版社，1991：51.

③ 《当代中国》丛书编辑部. 当代中国的农业机械化[M]. 北京：中国社会科学出版社，1991：51.

在国家的政策影响、大量投资的推动下，农业机械得到了迅速的发展。据1978年年底统计，全国农村农业机械总动力保有量达到1.18亿千瓦(1.6亿马力)，比1965年增加了10倍多，机耕面积达到6.1亿亩，占总耕地面积的40%。农用排灌动力机械为7464.5万马力，排灌面积为6.73亿亩，化肥年施用量为1269.4万吨，拖拉机拥有量为744865混合台，手扶拖拉机有178.4万台，机耕面积为6.15亿亩。①具体情况如表4-2、表4-3所示。

**表4-2 我国农机数量及单位马力作业量②**

（单位：万马力、万亩）

| 年份 | 农机总动力 | 拖拉机总动力 | 机耕面积 | 每马力拖拉机耕地亩数 | 排灌动力 |
|---|---|---|---|---|---|
| 1970 | 2944 | 634 | 27333 | 43 | 1824 |
| 1977 | 13952 | 3287 | 57615 | 17 | 6004 |
| 1978 | 15975 | 3981 | 61005 | 15 | 6557 |
| 1979 | 18190 | 4809 | 63329 | 13 | 7122 |

**表4-3 1965—1978年农机产品增长对比表③**

| | 1965年 | 1970年 | 1978年 |
|---|---|---|---|
| 大中型拖拉机(台) | 9585 | 31964 | 113515 |
| 手扶拖拉机(台) | 3624 | 51384 | 324243 |
| 联合收割机(台) | 655 | 1348 | 4930 |
| 农用内燃机(万千瓦) | 205 | 538 | 2071 |

① 马洪，等. 现代中国经济大事典[M]. 北京：中国财政经济出版社，1993：63.

② 农业经济论丛[M]. 中国：农业出版社，1984：222.

③ 《当代中国》丛书编辑部. 当代中国的农业机械化[M]. 北京：中国社会科学出版社，1991：53.

续表

| | 1965 年 | 1970 年 | 1978 年 |
|---|---|---|---|
| 各类水泵(万台) | 10. 2 | 41 | 101 |
| 机动植保机械(部) | 943 | 24729 | 64900 |
| 手动植保机械(万部) | 240 | 279 | 256 |
| 粮食加工机械(万台) | 12. 63 | 19. 9 | 23. 1 |
| 油料加工机械(万台) | 0. 65 | 1. 39 | 1. 93 |

## 三、到“1980 年实现农业机械化”这一目标的不可能性

第一，它脱离了中国农业机械化水平的实际。1955 年毛泽东在《关于农业合作化问题》的报告中说：“估计在全国范围内基本上完成农业方面的技术改革，大概需要 4 个到 5 个五年计划，即 20 年至 25 年的时间。全党必须为了这个伟大任务的实现而奋斗。”①正式确定了实现农业机械化的目标及时间问题。然而，从 1955 年到 1977 年的 22 年中，中国农业机械化的进展极为缓慢，并没有像一开始想象的那样一帆风顺。究其原因，一是中国农村受到“大跃进”、人民公社运动和“文化大革命”的影响。在这 20 多年中，除了 1957 年和 1963 年之外，其他的年份，中国农村几乎都是处在生产关系的大变革和政治运动中，农业生产基本上是处于破坏与恢复的循环之中；1978 年，人均分配收入在 50 元以下、连简单再生产也难以维持的穷县仍然有 283 个，占全国县数的 12. 4%，穷队 137 万个，占全国总队数的 27. 2%。② 二是农业机械化供应的数量少且价格高，严重影响了农业机械化。1957 年之前，大中型拖拉机依靠进口，之后我国才开始生产大中型拖拉机。1964 年上海开始小批量生产手扶拖拉机。到 1977 年中国农业机械动力拥有量仍然很

① 毛泽东文集(第六卷)[M]. 北京：人民出版社，1999：438-439.

② 农业经济论丛[M]. 北京：农业出版社，1984：222.

少：以总播种面积来计算，1977 年中国每百亩拥有农业机械动力为 6.2 马力，而日本是 64.1 马力(1977 年)，联邦德国是 23.3 马力(1978 年)，苏联是 14.4 马力(1978 年)。这说明，1977 年的中国农业离机械化还很遥远。过去 20 多年没有为农业机械化的实现奠定起码的基础，而要在 1980 年实现这一目标，显然是难以做到的。

第二，资金问题是农业机械化的一个突出问题。中国的工业还不很发达，经济落后，生产技术水平低，国家不可能向农业提供更多、更好、更便宜的工业品，不可能有大量的投资和贷款，那么，其主要资金来源只有依靠社队自己的力量。也就是说，实现农业机械化的资金来源，主要是依靠农民自己的积累。那么，当时农民的收入和积累状况又如何呢？

据统计，1977 年，全国农村人民公社社员从集体分配的收入是 65 元(其中现金只有 12.8 元)，社员人均从集体分配的收入最低的还不到 20 元；人均口粮为 416 斤，其中约有 2 亿多农民的口粮还很少。这 2 亿多农民中，约有 1.3 亿人口日均吃粮不到 1 斤，也就是说，连温饱问题还没有解决。① 1977 年，中国人民公社三级积累的固定资产，每个劳动力平均只有 283 元，这同美国每个劳动力平均 4.1 万美元，实在相差太远。据初步测算，如果实现最低标准的机械化，每亩耕地约需投资 100 元，全国需投资 1600 亿～2000 亿元；如果按中等标准计算，每亩耕地约需投资 300 元，全国需投入 5000 亿元。

当时中国农业的积累状况如何？1977 年，每亩耕地年均积累不到 6 元。据调查，河北省栾城县每亩耕地平均每年的积累为 5～6 元；江苏省无锡县的积累率比较高，1971—1977 年每亩耕地平均每年也只有 11.6 元。为了采用田间机械耕作，除了耕作机械的本身——大量的配套农具之外，仅仅动力牵引机械即拖拉机一项，中型的每台就需 1.1

① 李安增. 中国当代史(1976—1982 年)[M]. 北京：新华出版社，2004：91.

万~1.4万元，手扶的每台也需1.2万斤稻谷。① 这和农民的收入和积累数字相比，显然是很不相称的。如果以每亩耕地每年所积累的6元全部用于农业机械化来计算，要实现最低标准的机械化，需要16~17年；要实现中等标准的机械化，大约还需要50年的时间。②

第三，使用农业机械在提高劳动生产效率、增加农民收入方面作用不明显。由于中国农机作业费用偏高，社员劳动报酬偏低，再加上当时的农业机械有些不定型、不配套，存在质次价高、维修困难、油料缺乏等原因，使得农业机械在提高劳动生产效率、增加农民收入方面作用不明显。上海郊区农业机械配备很多，每亩耕地有农业机械动力0.4马力，每亩用电量150度。从1965年到1979年，虽然稻谷单产量净增加了200多斤，农业总产值翻了一番，但支出却增加了一倍。撇开农产品提价因素，净收入几乎没有提高。湖北新洲县汪集公社新港大队，机器插秧比用手插节省7660个工，却多花12000元，每少花七八角钱的工分就要多花1.57元的机械作业费。如果把抢农时和质量差的因素双方抵消不计，成本净增加一倍。北京红星人民公社也有类似情况：1978年比1970年，由于推行机械化试点，粮食总产量由83.3万斤增加到124.5万斤，总开支占总收入的比例由31%增至57%，农业劳动力人均收入由149元减少到128元。③ 从农业再生产的角度来看，有了机械并不等于有了机械化。1979年与1965年相比，大中型拖拉机增加了8倍，小型拖拉机增加了420倍，大中型机引农具增加了5倍，小型机农具增加了300多倍。但耕地面积同期只增加了1.7倍。1965年每马力作业量达244标准亩，1979年只有171标准亩。机械的利用程度和使用效率下降了。

第四，实现机械化面临着农业劳动力难以转移的压力。有关资料表

① 农业经济论丛[M]. 北京：农业出版社，1984：221.

② 蒋伏心，左用章. 中国现代化曲折三十年[M]. 南京：南京出版社，1998：102.

③ 农业经济论丛[M]. 北京：农业出版社，1984：223.

明，实现初步农业机械化，农业劳动力可剩余50%~70%，实现高度机械化，可剩余90%的劳动力。如果剩余的劳动力涌向城市，需要再建500多座百万人口大城市。这显然是不可能的。再加上多年来，城市人口反向农村扩散，搞上山下乡，加剧了农村劳动力的过剩，从而更影响了农业机械化优势的发挥。日本也是人多地少，人均占有耕地0.65亩（1978年），但是日本从20世纪40年代末搞农业机械化，却取得了明显的经济效果。原因就在于日本工业发达，农业以外的行业吸收农业劳动力的能力强。据统计，日本农业劳动力占总人口的比例，1950年是21.7%，1960年是15.4%，1965年是12%，1970年是10%，1978年是6.4%。① 而中国1977年、1978年、1979年、1980年这几年，农业劳动力占总人口比例基本上在32%左右，这表明，中国农村吸收剩余劳动力的能力仍很低，社队企业到1979年年末吸收的劳动力只有2909.3万人，占人民公社劳动力总数的9.4%。

## 四、“农业机械化”运动对农村经济的影响

“农业机械化”运动的推进，对推动农村经济发展起到了一定的积极作用，具体表现在以下几个方面。一是在一定程度上改变过去投资片面侧重城市的状况。通过大量资金的投入来推动“农业机械化”运动。这一时期国家通过财政支出、信贷、物价补贴等途径向农业投入资金，以此来推动“农业机械化”运动。比如1978年与1965年相比，国家对农业贷款增加了37.6亿元，财政支农资金增加了95.64亿元，支农资金占财政比例增加了1.8%。② 这在一定程度上推动了农业经济发展。二是有利于培养农机技术人员。在农业机械化运动的推动下，到1978年年底，全国已建立起人民公社农机管理站4.6万个；98%的县有了农机

---

① ［日］长谷川庆太郎．中国现代化的幻想——从新的角度看日中关系［M］．王宗林，王辅基，张慧春，译．北京：生活·读书·新知三联书店，1981：37.

② 蒋伏心，左用章．中国现代化曲折三十年［M］．南京：南京出版社，1998：86.

修造厂，40%的大队和20%的生产队有了农机修理网点。农机技术人员的培训工作也有所发展。据统计，到1978年年底已恢复和建立的省属中等农机化学校达25所，在校学生8619人，地属中等农机化学校113所，在校学生18572人。三是大大增加了各类农业机械的供应量，在一定程度是降低了部分农民的劳动强度。1979年与1965年相比，大中型拖拉机增加了8倍，小型拖拉机增加了420倍，大中型机引农具增加了5倍，小型机农具增加了300多倍。1978年与1970年相比，大中型拖拉机增加了81551台，手扶拖拉机增加了272859台，联合收割机增加了3582台，农用内燃机增加了1533万千瓦，各类水泵增加了60万台，机动植保机械增加了40171部，手动植保机械增加了23万部，粮食加工机械增加了3.2万台，油料加工机械增加了0.54万台。①

要求迅速实现农业机械化，对农村经济和整个国民经济带来了不利的影响。第一，推动了农村人民公社基本核算单位从小队到大队过渡的浪潮，以便用更大的经营规模"适应"农业机械化的要求。结果侵害了农民的利益，打击了农民的生产积极性。第二，为了购买农业机械，公社、大队向小队平调资金，生产小队拼命增加积累，加重了农民的负担。湖南省桃源县为了发展农业机械，人均提留积累由1968年的10.5元提高到1978年的22.4元，但人均分配收入基本上没有提高，这就是说，积累的提高实际上是以收入的降低为代价的。新疆农村社队1977年、1978年平均每年在农业机械上的投入为9000多万元，其中，从社队三级提留的公积金平均每年就有6000多万元。第三，各地为了加速农机生产，大力兴办"五小"企业，增加贷款，这也增加了国家的负担。新疆皮山县卫星公社，许多队的劳动日价值还不到3角钱，而1979年拖欠贷款就将近18万元，每年利息600多元。黑龙江巴彦县振平公社1976年原本没有任何债务，而为了推行农业机械化，大办"五小"企业，

① 《当代中国》丛书编辑部. 当代中国的农业机械化[M]. 北京：中国社会科学出版社，1991：53.

不仅用完了1977年国家无偿拨给的十几万元，而且还贷款150多万元，到1980年还有80多万元没有还清。安徽嘉山县到1978年年底，社队三级所有的固定资产总值为2503万元，但拖欠贷款就有1815万元。① 为达到1980年实现农业机械化这个目标而推行的农业机械化运动，导致国民经济各方面关系都十分紧张。

同时，由于当时的一些小农机企业生产的盲目性很大，质次价高，很多产品销不出去，各类农机产品积压越来越多。据1979年年底统计，全国库存的农机产品60多亿元，其中长期积压的25亿元，需要报废的7亿元。② 显然，这种不顾客观实际，过急地要求大幅度增加农机产品，必然导致机械行业，特别是农机部门超前过猛发展，使产业结构的不合理性更加严重。

## 第三节 农村经济政策的进一步调整与改革

农田水利基础设施建设和"农业机械化"运动的推进一方面在一定程度上解决了农业灌溉问题，进一步缓解了农业发展资金问题，从而推动了农村经济发展。另一方面，它进一步激化了传统计划经济体制的弊端。因此，农村经济政策的进一步调整与改革就成为必然趋势。由此，在农村经济政策、农村土地经营制度、社队企业等方面的调整与改革逐步拉开了序幕。

### 一、农村经济政策进一步调整

农业是国民经济的基础，农业上不去，整个国民经济状况就难以真正好转，政治局面也难以真正实现安定团结。党的十一届三中全会后，党和国家开始调整农村经济政策，加快农业发展。具体表现在以下几个

---

① 农业经济论丛[M]. 北京：农业出版社，1984：223.

② 孙尚清，陈胜昌. 中国的产业结构[M]. 北京：人民出版社，1982：27.

方面：

第一，大幅度提高农产品价格。根据党的十一届三中全会精神，国务院决定从1979年3月起陆续提高粮食、棉花等18种农副产品的收购价格。据统计，1979年，全国农副产品收购价格总指数平均提高22.1%，为新中国成立以来提价幅度之最。由于提价，当年农民收入增加108亿元。①

第二，落实生产队的生产经营自主权。为改变农业生产中高度集中的计划管理体制，党的十一届三中全会强调要保护人民公社、生产大队和生产队的所有权与自主权，随后各地对农业生产管理办法作了调整和改进，主要体现在除了向生产队下达主要农产品的收购指标外，不再规定其播种面积和产量。生产队的生产经营自主权逐步落实，生产队在坚持社会主义方向，保证完成国家收购任务的前提下，可以根据本地和本队的实际情况因地制宜地安排种植，并强调发展多种经营。中共十一届四中全会提出：农业生产"可以在生产队统一核算和分配的前提下，包工到作业组，联系产量计算劳动报酬，实行超产奖励"②。这一决定虽然还不允许包产到户，但却放宽了农村政策，成为中国农村大规模经营体制改革的开端，为探索新的农村经营体制开辟了空间。

第三，允许农民经营家庭副业和适当扩大自留地，强调发展多种经营。为纠正"文化大革命"时期把农民的家庭副业和多种经营当作"资本主义尾巴"加以批判、限制和取消的错误做法，开始肯定农民群众的自留地和家庭副业的正当性和重要性，强调多种经营的方针。农民不仅可以经营家庭副业并适当扩大自留地，国务院还专门指示有关部门制定专门经济法规，以保证自留地及农民家庭副业的正常开展。

第四，恢复农村集市贸易。农村集市贸易是农民之间进行产品交换的传统形式。"文化大革命"时期，集市贸易被认为是"资本主义经济"

① 刘宋斌，等. 改革大潮[M]. 北京：中国青年出版社，2001：189.

② 中国共产党第十一届中央委员会第四次全体会议公报[N]. 人民日报，1979-09-29.

而受到严重摧残。党的十一届三中全会指出：农村集市贸易是社会主义经济的附属和补充，绝对不能把它们当作资本主义经济来批判。此后，农村集市贸易得到迅速恢复和发展。1979 年年底，全国农村集市贸易数量大体恢复到 1965 年的水平。① 农村集市贸易的恢复和发展，便利了农民群众之间的余缺调剂，扩大了城乡物资交流，促进了生产和商品流通。农业政策的调整，在国家统一计划的指导下，保证了农民在生产经营中的自主权，调动了农民群众的积极性和主动性，对农民产生了巨大的鼓舞作用，有力地促进了农村经济的发展。同时，也为农村经济体制改革做了必要的准备。

## 二、农村改革取得突破性进展

我国的经济体制改革是从农村开始并率先取得突破的。农村经济体制改革的主要内容和最重要成果之一，是推行了以家庭联产承包为主的责任制，这是农民群众的伟大创造。它在农村的兴起和推行经历了一个逐步发展的过程。

### (一)农村改革面临歧义

凤阳县梨园公社小岗村、肥西县山南公社等首先搞起了“包产到户”的责任制。与此同时，四川省一部分地区也搞起了“分组作业，定产定工，超产奖励”的生产责任制。然而，这种改革遇到了很大阻力。从中央到地方，对于“包产到户”的认识还不统一，很多人反对，一些老同志也想不通，有的人甚至公开表示不同意安徽“包产到户”的做法。万里回忆说，农村这场改革斗争太激烈了。中央各部委和各省领导中很少有人支持。江、浙一带反对最坚决，苏皖边界一些地方对着安徽用大喇叭广播，还竖起了“坚决反对安徽的分田单干风”的大标语。为什么会这样？人民公社规定的体制是“三级所有，队为基础”，并写进了宪

① 刘宋斌，等. 改革大潮[M]. 北京：中国青年出版社，2001：190.

法。所以，生产队是最小的生产单位，不能突破这个界线。此外，1978年12月中共十一届三中全会通过的《关于加快农业发展若干问题的决定(草案)》和《农村人民公社工作条例(试行草案)》两个文件，虽然都肯定了包工到组、联产计酬的管理方式，但也做出了“不许包产到户”“不许分田单干”的规定。所以，在当时，“包产到户”是违反宪法、违反两个“不许”规定的，遭到很多人的反对。1979年3月15日，《人民日报》发表甘肃省某机关干部的来信，批评“分田到组”“包产到组”的做法，认为这会搞乱“三级所有，队为基础”的体制，搞乱干部、群众的思想，挫伤积极性，给生产和农业机械化造成危害。《人民日报》还加了编者按，也说要坚决纠正“分田到组”“包产到组”所谓的错误做法，给各地“包产到组”特别是“包产到户”的带头人造成了很大的压力。针对这种批评，安徽省委和第一书记万里明确支持农民的试验，并指示省农委给《人民日报》写信，回答那位读者来信提出的问题。1979年3月30日，《人民日报》发表了安徽省农委的《正确看待联系产量的责任制》的来信，并加了《发扬集体经济的优越性，因地制宜实行计酬办法》的编者按。这个编者按虽然承认3月15日的来信和编者按“有些提法不够准确”，“今后应注意改正”，但仍然坚持“不准搞包产到户和分田单干”。在这前后，农业部组织了几个调查组，到全国各地进行调查，同时又召集了不同范围的讨论会。1979年5月20日，《人民日报》又发表了《调动农民积极性的一项有力措施》的文章，但只肯定了“包产到组”。关键时刻，邓小平公开表示了支持。1980年5月31日，邓小平在讲话中肯定了安徽凤阳、肥西的做法，为农村生产责任制定了调。

### (二)“包产到户”遍地开花

中国的改革开放，是以农村土地“包产到户”，实行联产承包责任制为起点而轰轰烈烈全面展开的。由此，中国很多省份涌现出了各自的“包干到户”“包产到户”第一村。这说明以吃“大锅饭”为特征的集体经济，确实已面临着极大的瓶颈，从中折射出对传统计划经济体制改革的必要性和迫切性。

一提到“包产到户第一村”，人们首先想到的肯定是安徽凤阳的小岗村。的确，凤阳小岗村为改革开放所起到的作用，是具有代表性和先锋意义的。1978 年 11 月 24 日深夜，在小岗村一间简陋的茅草屋里，一个史无前例的“包产到户”计划，经过 18 户村民反复商量，终于要付诸行动了。虽然是一群文化程度不高的农民，但他们清楚地知道，在当时的政治环境下，他们的这个举动意味着什么，会产生怎样严重的后果，但是为了能吃饱饭，他们已经把生死置之度外了。

请看他们当晚写下的“生死契约”，就知道他们实行“大包干”的决心有多大、多强：“我们分田到户，每户户主签字盖章，如以后能干，保证完成每户的全年上缴和公粮，不再伸手向国家要钱要粮；如不成，我们干部坐牢杀头也甘心。大家社员也保证，把我们的小孩养活到十八岁。”①从这封“生死契约”里，我们完全能够感觉到改革之路迈出第一步时的纠结和艰难，好在他们果断地迈出去了，而且得到了预想的结果！

1. 安徽“包产到户”第一村——小井村

就在小岗村 18 户村民在“包产到户”的“生死契约”上按下猩红指印的前两个多月，小井村的“包产到户”已经悄无声息地开始了。

1978 年，肥西县从春到秋持续大旱，61.1 万多亩田地受灾，受灾人口达 48 万多。为了不上演集体大逃荒的悲剧，山南镇人民在外号“汤大胆”的区委书记汤茂林的主持下，冒着坐牢甚至杀头的危险，以小井村为中心秘密实行起了“包产到户”以自救。“包产到户”的及时实施，让大灾之年的肥西没有出现一例家破人亡的惨剧。“包产到户”让老百姓终于看到了吃饱饭的希望，小井村成了安徽的又一个“包产到户”典型村。

① 冒死按下红手印分田到户 小岗村拉开我国农村改革序幕[EB/OL].[2019-01-21]. https://www.sohu.com/a/282703170_411871.

2. 浙江“包产到户”第一村——狄家村

1979 年秋天，长兴县长城公社狄家村 24 亩油菜地因天气恶劣面临绝产，油菜苗冻死了一多半。农民要吃油，国家硬性的油料任务要完成，当时狄家村生产大队队长徐预群在无计可施的情况下，偷偷地把 24 亩油菜地分给了村里 165 户农户，并在国家任务的 24 亩之外，悄悄增加到了 40 亩，让村民自主经营。结果当年的油菜籽亩产破天荒达到了 300 多斤，比生产队时的三倍还多。当时长兴县长城公社把这种经营形式叫“包产到劳”。“包产到劳”虽然成效显著，但在全面实行的过程中，还是遭遇了不少波折，基层领导还是经受了不小的政治考验。

3. 海南“包产到户”第一村——高隆陈村

1976 年的冬天，对于海南文昌市文城镇高隆陈村来说，等同于万物复苏的春天。一直想方设法要把村民带出贫困的生产队长陈明清，这天当着全体村民宣布：要把生产队的 13 亩番薯地承包到户，让群众自己经营。他知道这样做的危险性，但他决心已下，再不这样做会饿死人的！后来文城镇高隆陈村的农民开始吃饱肚子了，陈明清的名字，也理所当然地镌刻进了海南改革开放史册。

4. 重庆“包产到户”第一村——葛兰乡八一大队十三生产队

1979 年，长寿县葛兰乡八一大队(南中村前身)十三生产队队委会集体决定，把土地承包给农民，他们的目的简单而明了，就是为了老百姓有口饭吃。当年实行“包产到户”的十三生产队以平均亩产 650 斤以上粮食的事实，证明了“包产到户”的科学性和可行性，葛兰乡八一大队十三生产队被载入重庆的改革史册。

5. 广东“包产到户”第一村——潭葛村

吴堂胜的名字，在广东湛江地区海康县(今雷州市)北和公社潭葛村家喻户晓。因为他是率先为吃不饱肚子的农民主动找出路的领导干部之一，是广东省改革开放的先行者之一，他推行的“包产到户”开始于 1977 年 11 月，比安徽小岗村整整早了一年多。由于得到时任湛江地委书记林若与原海康县县委书记陈光保等领导的大力支持，北和公社潭葛村的“包产到户”之路似乎要平顺一些，但仍遇到了不小阻力，而吴堂胜仍堪称广东省改革先驱。

6. 山西“包产到户”第一村——上后背村

1979 年，一个工分只有 2 毛钱的分红，“吃粮靠返销，花钱靠救济”的山西省阳曲县泥屯乡上后背村的十几户农民，在山穷水尽之时，在队长王吉富的秘密主持下，签字画押，把 300 多亩耕地分到每家每户耕种，一年时间就摘掉了村民头上紧箍了 20 多年的穷帽子，成为太原市“包产到户”第一村。

7. 江苏“包产到户”第一村——垫湖村

垫湖村，地处苏北的宿迁市泗洪县上塘镇，因地势造成土质贫瘠，庄稼广种薄收，曾是全县有名的贫弱村。1978 年，这个村的 30 多户农民在苏道永的带领下，私下将集体 260 多亩土地包产到户，经过精心营务，秋后家家都取得了意想不到的收成，不仅吃饱了肚子，改变了“黄粘土，水不淌，十家九户都缺粮，扯把稻草就当床”的凄惨面貌，而且为全县乃至全省的老百姓探索出了一条生存之路，赢得了“江苏农村改革第一村”的美誉。

8. 甘肃“包产到户”第一村——红崖湾

12 户人家共 53 个村民，在中国的乡村版图上，红崖湾可能是最小的村之一。但就是这样一个不起眼的小村，从 1949 年到 20 世纪 70 年代末，从未给国家缴过一粒公购粮、年年吃返销的“烂包村”，于 1978 年的秋天，在陇西县县委书记张自强和碧岩公社党委书记袁志茂的许可指导下，秘密点燃了“包产到户”的星火，以敢为人先的担当和勇气，率先为定西地区乃至整个甘肃省，及时摸索出了一条农村发展之路，帮老百姓实现了吃饱肚子、穿暖衣服的“最高理想”。从此，红崖湾村被人们称为“大西北的小岗村”。

9. 陕西“包产到户”第一村——南郑铁匠街

1982 年 1 月 1 日，中央发出第一个关于农业问题的“一号文件”，明确指出“包产到户是社会主义生产责任制”。而早在 1979 年 9 月，当时的南郑县红茶人民公社铁匠街生产队在该队负责人李云山等的主持下就已经开始了分地分田、包产到户，这种壮举仅仅比安徽凤阳小岗村的秘密分田晚了半年多。一年后，这种来自基层的探索得到中央和各级地方党政组织的肯定，从而揭开了陕西农村改革开放的历史序幕。

### （三）农村改革取得成功

改革会影响国民经济的大局，所以必须选择经济关系相对简单、传统体制控制比较薄弱、改革最容易见成效的农村改革作为起点。改革前夕，农业几乎吸收了我国80%的劳动力，占用了相当部分的土地资源，但长期以来农民的温饱问题并没有得到很好的解决。所以，进行经济体制改革，如果不把农民的劳动积极性和创造性调动起来，不首先解决农民的温饱问题，城市改革就很难获得物质支持，整个国民经济也很难持续高速发展，社会也就不容易安定。同时，农村生产关系单纯划一，改革操作起来相对比较简单，容易在短期内收到成效。

1977年11月，以万里为第一书记的安徽省委制定了《关于当前农村政策的几个问题规定》，其主要内容有六条：①搞好公社的经营管理；②减轻社队和社员的负担；③分配要兑现；④粮食分配要兼顾国家、集体、个人之间利益；⑤尊重生产队的经营自主权；⑥允许和鼓励社员经营自留地、家庭副业。1978年上半年四川省委也制定了《关于目前农村经济政策几个主要问题的规定》，对基本核算单位生产队向大队过渡抱慎重态度，要求：以粮为纲，开展多种经营；积极兴办社队企业，发展养猪养牛事业；允许和鼓励社员经营少量自留地和正当的家庭副业。这几条规定都是从“农业学大寨、普及大寨县”的传统思路之外寻找农业出路。其基本精神都是要松绑，给生产队以自主权，给农民以经营自留地、家庭副业、集市贸易和多种经营的自由。而少数穷极的农民利用这种已经松动的政治空气走得更远，开始秘密地搞起过去反复批判过的“包产到户”，如有名的安徽凤阳小岗村。尽管他们只是为了找一条生活出路，但这也同时说明，20世纪70年代末中国走上改革之路，具有深刻的内在根源。

从 1978 年开始，在重建农业生产责任制的基础上，农村开始实行了使劳动的数量和质量直接与产量挂钩的包工到组、联产计酬责任制。1978 年初夏，广东省已有 41.7%的生产队实行了这种责任制。同年冬，安徽省实行这种责利制的生产队比例达到了 61.6%，四川省为 57.6%，贵州省为 52%，北京郊区约占 1/4。① 包工到组、联产计酬责任制成为这一时期农业改革的主要形式。

中共十一届四中全会提出：农业生产“可以在生产队统一核算和分配的前提下，包工到作业组，联系产量计算劳动报酬，实行超产奖励”②。这一决定虽然还不允许包产到户，但却放宽了农村政策，成为中国农村大规模经营体制改革的开端，为探索新的农村经营体制开辟了空间。在邓小平的支持下，由安徽省凤阳县小岗村率先发起的、以家庭联产承包责任制为主要内容的农村改革在全国迅速发展起来。

在几年农村改革实践的基础上，1980 年 10 月，中央召开全国农村工作会，讨论进一步放宽农业政策，并形成了《全国农村工作会议纪要》。到 1980 年年底，全国有 50%的生产队实行了包产到户责任制，安徽已经达到了 70%，全国粮食产量达到了 31822 万吨，是中华人民共和国成立以来的第二个高产年，许多地区一举解决了多年没有解决的温饱问题。③ 1982 年 1 月 1 日，中共中央将这个纪要作为 1982 年中央 1 号文件批转全党。这就是从 1982 年到 1986 年连续 5 年 5 个中央“1 号文件”中的第 1 个 1 号文件。1982 年元旦，中共中央批转的《全国农村工作会议纪要》指出，目前实行的各种责任制，包括小段包工、定额计

① 马洪，等. 现代中国经济大事典[M]. 北京：中国财政经济出版社，1993：152.

② 三中全会以来重要文献选编(上)[M]. 北京：中央文献出版社，2011：162.

③ 程中原，王玉祥，李正华. 1976—1981 年的中国[M]. 北京：中央文献出版社，1998：377.

酬、专业承包联产责任制、联产到劳、包产到组到户和包干到户等，都是社会主义集体经济的生产责任制，不论采取什么形式，只要群众不要求改变，就不要变动。该纪要提出要坚持两个“长期不变”，即土地生产资料公有制长期不变，生产责任制长期不变。该纪要还对“双包”责任制社会主义经济的性质从理论上作了说明和阐释，对“双包”责任制的作用及优越性进行了深入分析。这个文件的制定和下发，对于肯定和巩固家庭联产承包责任制，巩固和发展农村经济体制改革的成果有着重要意义。为进一步完善农村的联产承包责任制，1982 年中央“1 号文件”正式肯定了“包产到户”姓“社”不姓“资”，认为联产承包责任制“是马克思主义农业合作化理论在我国实践中的新发展”①。1983 年 1 月 2 日，中共中央发出了第 2 个中央“1 号文件”，即《关于当前农村经济政策的若干问题》。文件总结了党在这个问题上的最新认识成果，认为联产承包责任制是马克思主义农业合作化理论在我国实中的新发展。据此，文件进一步肯定了联产承包责任制是社会主义集体所有制经济中分散经营和统一经营相结合的经营方式。这种统分结合的经营方式具有广泛的适应性。

由此，全国农村改革更加迅猛地发展起来。1983 年，联产承包责任制在我国农村地区达到高潮，全国实行家庭联产承包责任制的农户占农户总数的 95%，1984 年达到 98%。② 家庭联产承包责任制将土地的经营权交给农民，极大地调动了农民的生产积极性，使农业生产在短时间内发挥了难以想象的创造力。从 1979 年至 1984 年，粮食生产连续 6 年增产，改变了多年来农副产品短缺的局面，经济作物也大幅度增产。农业经营方式的改变、粮食产量的迅速增加、农村集贸市场的恢复、经济作物多种经营的推广，大大改变了农村的面貌，农村改革获得了空前的成功。

---

① 十二大以来重要文献选编(上)[M]. 北京：人民出版社，1986：253.

② 陈文斌，黄道霞. 邓小平农村改革与发展的理论和实践[M]. 北京：中共党史出版社，1998：41.

家庭联产承包责任制的广泛实行，改变了人民公社管理过分集中、经营方式过于单一，平均主义严重、吃大锅饭的弊端，冲击着人民公社“政社合一”的体制。伴随着农村中各种生产责任制的推行，党和政府决定对这种“三级所有，队为基础”“政社合一”的人民公社体制进行改革。全国范围内经营体制的变化也带动了基层行政体制的改革，至1984年年底，全国各地建立了9.1万个乡(镇)政府，92.6万个村民委员会。① 自此，人民公社退出历史舞台，中国的农村改革取得了突破性成功。

农村改革的成功，不仅解决了广大农民的温饱问题，而且为后来的城市改革提供了物质支持和宝贵经验。1984年召开的十二届三中全会标志着“以农村为重点的改革转向以城市为重点的全面改革”。1987年，根据农村改革的经验，承包经营责任制在全国范围内广泛实行，成为工业企业经营管理制度的基本形式。这一举措进一步扩大了企业的经营自主权，减少了政府的行政干预，在一定程度上强化了企业的利益激励机制，企业开始具有自我积累、自我发展的能力。但是，承包经营责任制没有解决企业包盈不包亏的问题，亏损企业照样吃国家的“大锅饭”；企业为了多创利润多留利，往往采取拼设备、吃老本的方法追求产值最大化，这种重眼前利益、轻长远利益的行为十分不利于企业的长远发展。在邓小平发表“南方谈话”以后，国有企业改革进入转换经营机制和着力进行制度创新的阶段。1993年，党的十四届三中全会提出建立现代企业制度是国有企业改革的主要方向。从此开启了国有企业改革的攻坚战，即进入了邓小平提出的“制度上、组织上的重大改革”阶段。实践证明，农村改革的成功不仅为后来城市经济体制改革的整体推进起到了示范和奠基作用，而且也为我国进一步深化市场取向的改革目标提供了实践基础。

---

① 赵德馨. 中华人民共和国经济史(1967—1984)[M]. 郑州：河南人民出版社，1989：467.

## 三、农村工业迅速发展

农村工业在当时主要是社队企业。社队企业在“大跃进”时期曾得到迅速发展，但后来由于种种原因，社队企业的地位若明若暗，特别是中央于1962年的“公社和生产大队一般地不办企业”规定制约了社队企业的发展，再加上在“文化大革命”时期不断受到“左”倾思潮的冲击，如在1975年“农业学大寨”中，以大批判开路，搞所谓“大批(资本主义)促大干(社会主义)”，“堵不住资本主义的路，迈不开社会主义的步”的批判运动，把发展社队企业视为“抓钱丢纲”的资本主义进行了批判。不仅如此，更受到产品经济管理体制的约束，使得社队企业的商品流通、原材料的采购等处处受到限制，阻碍了社队企业的发展。

“文化大革命”结束后，为了落实“十年规划”，实现农业机械化的宏伟蓝图，在农村开始了在传统体制下向工业化发动的一次最大规模的冲击。

### (一)凸显社队企业在实现“四个现代化”中的重要地位

为了推动社队企业的发展，当时一方面利用报刊、杂志、电台等宣传社队企业发展的情况、成就、地位和作用。1978年，国家计委主任薛暮桥到无锡等地调查后，在全国计划会议上与各省的主要领导人座谈时指出，社队企业有三大作用：一是对农业生产的发展起到了巨大的推动作用；二是使农民的生活得到了相当大的改善；三是正在改变农村人民公社的经济结构，逐步向着工农结合、亦工亦农的方向发展。① 1978年4月，《人民日报》发表社论，号召“社队企业要有一个大发展”。6月23日，中共中央又在《关于转发湖南省湘乡县委报告的批示》中指出“人民公社集体经济要壮大，社队企业必须有一个大发展”，为社队企

① 薛暮桥．当前我国经济若干问题[M]．北京：人民出版社，1980：115.

业的发展提供了强大的社会舆论。另一方面，通过举行展览会、展销会来推动技术的交流与合作。1978 年 12 月，农林部在北京举行的全国社队企业展览会，不仅吸引了全国各地社队企业单位的代表来交流，而且还吸引了来自联邦德国、澳大利亚、英国、意大利和日本等参加农机展览的代表团和一些海外人士。

（二）为社队企业的发展给予政策上的扶持与帮助

为了推动社队企业的发展，农业部当时建立了人民公社社队企业管理局，全国各省、自治区、直辖市除西藏外都建立了省一级社队企业管理机构。同时，为推动社队企业的迅速发展，中共十一届三中全会还发布了《中共中央关于加快农业发展若干问题的决定（草案）》和《农村人民公社工作条例（试行草案）》这两个文件，为社队企业的发展制定了一系列优惠政策。第一，税收优惠。直接为农业生产服务和社员生活服务的社队企业，可根据实际情况，由当地政府审查批准，免征工商税和所得税；小铁矿、小煤矿、小水泥、小电站，从 1978 年起，免征工商所得税 3 年，此后新办的，从开办起免税 3 年。社队企业及社队企业管理部门的供销机构和专业公司按照 20% 的税率征收。第二，奖售补贴。对社队企业的某些产品，国家和有关部门进行奖售、补贴和预购，保证兑现。第三，资金扶持。① 为此，各省市为推动社队企业的发展制定了一系列措施，如江苏省为推动社队企业的发展采取了一系列的扶持政策与措施。一是在税赋上，按照国家规定，结合本省情况，实行更加优惠的减免税政策。二是从地方财政上给予支持。当时一次性拨出 5000 万元作为基金，以无息贷款方式帮助社队办企业。不少地、市、县从当地财政和农业贷款中给予支持。三是在计划工作上明确提出把社队工业的发展纳入各行业的具体发展规划中，并对社队工业所需原材料做出必要的

① 马洪，等. 现代中国经济大事典[M]. 北京：中国财政经济出版社，1993：70.

安排。四是城乡工业以九种形式(即产品脱壳，零部件扩散，来料加工，工艺性粗加工，定点收购，供应设备和边角下料，培养技术力量，建立附属车间，大专院校和科研机构与社队工业结合研究新工艺、试制新产品)进行协作。据不完全统计，1978 年江苏省无锡县有 942 个社队企业与无锡市的 513 个国营工厂挂钩，承接各种加工任务共 1140 个品种约计 1.5 亿元，使城市工业也相应得到了发展。①

(三)社队企业的迅速发展

1977 年和 1978 年，社队企业在国家的引导和积极扶持下，以较快的步伐向前发展。根据有关统计，到 1976 年年底，全国社队企业有 111.5 万个，当年产值达到 243.5 亿元，其中社办工业产值为 123.9 亿元。到 1978 年年底，全国已有 94.7%的公社和 78.7%的大队办起社队企业，共办企业 152.4 万个，比 1976 年增加 40.9 万个，社队企业总收入 431.4 亿元，占人民公社三级经济总收入的 29.7%；比 1976 年增长 58.4%；社队工业产值 385.3 亿元，占全国工业总产值的 8.7%，比 1976 年增长 58.2%；安置农村劳动力 2826.5 万人，占农村总劳动力的 9.5%。② 向国家缴纳税金 22 亿元，纯利润 88 亿元，工资总额 86.64 亿元，并拥有一批先进技术设备和技术人员，全国社队企业固定资产原值达 229.6 亿元。在 1978 年，发展最快的江苏省社队企业产值达到 70.1 亿元，山东省 60.7 亿元，河北省 41.2 亿元。这时全国已有无锡、绍兴等 59 县的社队企业总收入或总产值达到上亿元，发展情况如表 4-4 所示。

① 《当代中国》丛书编辑部. 当代中国的乡镇企业[M]. 北京：当代中国出版社，1991：61.

② 《当代中国》丛书编辑部. 当代中国的乡镇企业[M]. 北京：当代中国出版社，1991：58.

**表 4-4　1976—1978 年全国社队企业发展情况①**

| 项目 \ 年度 | 1976 年 | 1978 年 | 1978 年比 1976 年增长(%) |
|---|---|---|---|
| 社队企业数(万个) | 111.5 | 152.4 | 36.7 |
| 社队企业总收入(亿元) | 272.3 | 431.4 | 58.4 |
| 社队企业总收入占人民公社三级总收入(%) | 23.3 | 29.7 | |
| 社队工业总产值(亿元) | 243.5 | 385.3 | 58.2 |
| 其中：社办工业总产值 | 123.9 | 224.1 | 80.9 |

(四)社队企业发展中面临的体制上的障碍

社队企业要获得大发展，必须要有相应的市场机制的支撑，因为其产供销主要是靠市场调节。而当时全国经济的运行基本上由高度集中的计划实行调节，市场调节的功能和机制都发育得很不健全，因而社队企业在理论上、政策上经常处于一种合理不合法的地位，还没有条件和可能通过市场，把大量规模小的企业有效地引向专业化社会化生产，加之当时存在的城市办工业、农村搞农业的二元经济结构，又制约着地处农村的社队工业企业广泛发展同城市大工业的联系，也没有条件和可能在较大的范围内，通过同城市大工业发展协作配套与各种形式的经济联合，使较多的社队工业企业向小而专、小而精、小而联发展。因此大多数企业基本上处于各自为政的分散状态。许多企业为了在夹缝中求生存，不得不搞多种经营和多品种生产，不少企业甚至还是跨行业的综合厂。据 1978 年的统计资料，当年全国平均每个社队企业的从业人员有 18.5 人，仅拥有固定资产原值 1.56 万元，净值 1.19 万元。创造的经济收入也有限，平均每个企业发展水平才达到 3.23 万元，人均创收入

① 《当代中国》丛书编辑部. 当代中国的乡镇企业[M]. 北京：当代中国出版社，1991：59.

1774元。① 即使社队企业发展水平最高的江苏省，全省平均每个企业的从业人员也达到近43人，拥有固定资产原值2.72万元，净值2.21万元，年经济收入8.23万元，人均创收1936元。作为社队企业骨干的社办工业企业，当年全国平均每个企业只有从业人员39.8人，拥有固定资产原值4.16万元，年工业总产值11.6万元，全员劳动生产率2920元。

总之，这一时期的社队企业，不但规模小、技术起点低，而且相当散，企业的素质普遍不高。尤其是一些必须保持适度规模和集约化经营的行业，其能源和原材料消耗，一般都比技术先进的国有大中型企业要高，产品质量也较差。

中国的农村工业诞生于1958年，是由“大跃进”时期的社队企业发展而来的，此后的20年间经历了曲折的发展历程。十一届三中全会以后，全党全国工作重心的转移为农村工业的发展提供了良好的宏观经济环境。农村政策的放宽和调整，使农民获得了生产经营的自主权，为社队企业的迅速成长壮大创造了有利的社会环境，带动了农村工业的“异军突起”，成为农村改革中继家庭联产承包责任制后农民的又一个伟大创造。1978年召开的党的十一届三中全会，纠正了党在指导思想上的“左”的错误，对社队企业的认识也逐步深化并加以扶持。

1979年7月，国务院在充分论证研究的基础上颁发了《关于发展社队企业若干问题的规定(试行草案)》，这是新中国成立以后党和国家用法规的形式颁发的第一个发展社队企业的指导性文件，体现了对社队企业的重视和肯定。同年9月，中共十一届四中全会明确提出：“社会企业要有一个大发展。……国家对社队企业，分别不同情况，实行低税或免税政策。”②这些指示和政策的贯彻落实，使社队企业真正获得了重

① 《当代中国》丛书编辑部. 当代中国的乡镇企业[M]. 北京：当代中国出版社，1991：63.

② 三中全会以来重要文献选编(上)[M]. 北京：中央文献出版社，2011：167.

生，开始迅猛发展起来，并在发展中不断完善。1979—1983年，社队企业的年均增长率普遍高于全国社会总产值和全国工农业总产值的增速，已经发展成为国营工业的重要补充。到1983年年底，社队企业总数为134.6万个，职工3234.6万人，比1978年净增408.1万人。1978年社队企业总收入431.4亿元，1983年增加到928.7亿元，增长了115.3%，平均每年净增99.56亿元，年递增率为16.6%。① 由于社队企业的迅速发展，为适应社队企业进一步发展的需要，1984年3月，中共中央、国务院将社队企业更名为乡镇企业。邓小平将乡镇企业的迅猛发展称为“异军突起”。1984年，党的十二届三中全会决定进一步深化改革，对乡镇企业的经营形式及相关政策随之逐步放开，乡镇企业的发展进入了一个全新的、异军突起的阶段。

这些改革措施使全国广大农村的面貌在短短几年间焕然一新，广大农民的积极性、创造性得到充分发挥，之前没有解决的农民温饱问题开始得到有效缓解，改革的成果坚定了人们改革的信念，也为经济体制改革由农村转向城市积累了经验教训。

农村改革是中国历史上的标志性事件。这场改革不仅极大地促进了农业的发展、思想的解放，更拉开了全面改革的序幕。中国农村改革经历了自发状态、自觉行动和上下互动三个历史阶段，积累了丰富的历史经验。其启示是：加强和改善党的领导，是改革大业成功的组织保证；尊重和激发人民的创造精神，是改革大业成功的坚实基础；保持和维护党和人民的血肉联系，是改革大业成功的强力纽带。作为改革开放的序曲和先声，安徽的“包产到户”和“包干到户”，有着十分重要的历史意义。

## 小　结

农田水利基础设施建设和“农业机械化”运动的推进，一方面在一

① 《当代中国》丛书编辑部. 当代中国的乡镇企业[M]. 北京：当代中国出版社，1991：101.

定程度上解决了农业灌溉的硬件问题，并在一定程度上降低了农民的劳动强度，进一步缓解了农业发展面临的资金问题，从而在一定程度上推动了农村经济发展；另一方面，它进一步激化了传统计划经济体制的弊端。因此，农村经济政策的进一步调整与改革就成为必然趋势。由此，在农村经济政策、农村土地经营制度、社队企业等方面的调整与改革逐步拉开了序幕。特别是家庭联产承包制的探索使农村出现了前所未有的新局面。这种新局面的特点之一，就是我国农业开始由自给性生产，向专业化、商品化、社会化生产转变，这是具有历史意义的转变。随着家庭承包责任制的普遍推行，劳动效率大大提高，这就推动了广大农民利用剩余劳力和资金去发展多种经营，分工分业，从事商品生产。在这之后全国农村先后涌现的大批专业户、重点户，就是农村商品生产蓬勃发展的一个标志。我国农村新局面的特点之二，是农工商综合经营已成为一种发展趋势。随着专业户、重点户的大批涌现和获得经营效益，他们纷纷筹集资金，扩大经营领域。不仅在农副产品中实行专业经营，还在林牧渔业中从事专业经营；不仅进行单户经营，还在农工商领域进行合股经营。我国农村新局面的特点之三，是联合承包制加快了农业机械化的进程。在刚刚实行包产、包干到户责任制时，有些人曾说“这下农业机械化完了”。可是许多省区的实践结果恰恰与这种“预言”相反。安徽省的怀远、五河、固镇等县，在实行“包干到户”责任制以后，手扶拖拉机、小四轮拖拉机成倍增加。所以说，中国改革开放的逐步推进有其内在的必然性。

# 第五章　城市工业的发展及经济体制改革

党中央和政府在改革传统的经济体制时，同样也走农村包围城市的道路。党的十一届三中全会以后，经济政策的调整与经济体制改革的重心在农村，其主要内容是建立和完善家庭联产承包责任制，这一时期有关城市经济体制、国有企业等方面的改革还处于局部的、小范围的试验阶段。以城市为中心推进全面经济体制改革是在中共十二届三中全会之后开始的。

## 第一节　城市工业的迅速发展

这一时期为了落实"十年规划"和实现"四个现代化"发展目标，党和政府进行的资源动员、重点布局、重点工程的技术设备的引进和具体工作的推进，在客观上推动了城市工业的发展。

### 一、以石油、天然气为原料的新兴产业迅速发展

以天然气、石油为原料的新兴石油化学工业项目，在1976年以前虽然有所建设，但已经建成投产的都是规模较小、技术比较落后的项目。这一时期，开始大规模地进行以石油、天然气为主的新兴工业建设。1976年至1980年，累计化学工业完成的基本建设投资达167.86亿元，占同期工业基本建设投资总额的13.6%。其中，主要是在1977

年、1978年进行的。

### (一)重点进行了化学肥料工业的建设

一方面，这一时期重点进行了于1973年引进13套生产装置的大化肥厂的建设。为了促进农业的增产，中华人民共和国成立后就十分重视化肥工业的建设。但到1975年，中国化肥工业采用的原料基本上仍然是煤，建设的项目规模也依然是以小型为主。1975年年底，全国规模小、技术落后、物耗高、亏损严重的小型化肥厂达1000多个，中型化肥厂不到20个，已经建成投产的大型化肥厂一个也没有。为了提高化肥工业的投资效果，改变化肥工业的落后面貌，1973年，从美国、荷兰、日本、法国引进了13套日产1000吨合成氨和1620~1740吨尿素的成套生产装置，并于1974年、1975年开工建设。其中，原设计以天然气为原料的10家大化肥厂中有9家先后在这一时期建成投产。另外3家原设计以轻油为原料的大化肥厂，即广州石化总厂化肥厂、安庆石化厂和南京栖霞山化肥厂，分别于1978年年底、1982年和1981年建成投产。

另一方面，这一时期又进行了以“二十二项工程”中4套30万吨合成氨生产装置为重点的化肥工业的建设。这4套引进设备中3套以油为原料，1套以煤为原料。4套生产装置分别安排在浙江镇海、新疆乌鲁木齐、宁夏银川和山西潞安。其中，山西潞安化肥厂以煤为原料。1980年，在调整基本建设过程中，这4个项目先后缓建，以后又陆续恢复建设。

### (二)重点进行了有机化工原料和合成材料工业的建设

这一时期，在有机化工原料和合成材料工业方面，一方面以1973年引进的“四烯工程”和化学纤维为重点，进行了上海石化总厂一期工程、辽宁辽阳石油化纤总厂和四川维尼纶厂的建设。同期，为了保持有机原料与合成材料的适当比例，在建设上述4个大型石油化工项目的同时，还相应在吉林化学工业公司新建了一个以生产有机原料为主的石油化工联合企业。另一方面，还进行了以 1978 年引进的 4 套 30 万吨乙烯生产装置为重点的化工建设。其中一套是针对大庆油田的油气资源长期以来没有得到充分合理利用的状况，建设 30 万吨乙烯及其配套的石油化工装置。还有一套安排在山东齐鲁石油化工公司，依托老厂，以 250 万吨胜利油田的原油为基础材料生产有机原料和化纤原料。另外两套 30 万吨乙烯及相应的配套加工装置安排在南京和上海。在上海 14 套装置分 3 个点进行建设，即主体 30 万吨乙烯等 8 套装置建在上海石化总厂，即上海石化总厂三期工程，烧碱和氯产品装置建在吴经化工联合公司，其余的聚苯乙烯和丁苯橡胶装置建在上海高桥石油化工公司。

### （三）重点进行了四川天然气和川汉输气管道的建设

四川天然气建设工程主要包括：①气田的勘探和开发；②气田的地面建设；③四川省内输气干线的建设；④通信工程；⑤泸州长江大桥等项目。计划总投资 22.1 亿元。

川气出川工程是一项艰难复杂、规模宏大、耗资巨大的特大型工程。川汉输气管道工程主要包括：①从四川合江县到湖北黄石市，全长 1156 公里、管径 1020 毫米的输气管道和到岳阳化肥厂的输气支线；②为能通过大型管拖车，相应建设一条川汉管道公路，新建、改建公路共 865 公里；③供电工程；④生产调度专用通信线路等项目。此外，与川气出川工程同步配套安排建设的项目还有：①新建湖北沙市钢管厂，安装进口的和国产的各一套 1020 毫米制管机并进口生产 1020 毫米管道用的钢卷板，以生产川汉输气管道用的大口径管道；②引进成套设备建设南京汽轮机厂，生产输气管线的主要配套设备——大马力燃气轮压缩机组；③以出川的天然气为原料，引进成套设备建设湖北枝江化肥厂和湖南岳阳化肥厂等。1976 年 9 月一期工程总体设计得到批准后，工程建设全面铺开。可由于四川天然气估计产量与实际产量存在很大的误差，天然气产量连省内各方面的需要都满足不了，更无气可输出川外。不得已，1978年9月，在国家计委的建议下，国务院最终决定停建川汉输气管道工程。到1978年年底停建，此项工程累计完成基本建设投资2.53亿元(不包括善后处理等投资在内)，占计划总投资的14.1%，造成了巨大的浪费。①

## 二、大力发展电子工业

中华人民共和国成立以来，由于种种原因，电子工业发展比较缓慢。为了推动整个国民经济的发展，这一时期重点进行了集成电路、计算机、彩色电视机等方面的建设。当时，主要在北京、甘肃、四川、贵州、湖南、江西、河北、辽宁、陕西等省、市进行了数字电路、模拟电路等900个品种的建设项目，初步建立了微电子体系。1978年，在原有的小规模研制、生产的基础上，有重点地引进制造电子计算机及软件的先进技术，改造了15个项目；并成套引进设备新建了华南计算机公司的索拉计算机(HN-3000系列)生产线和湖南建南机器厂的磁记录生产设备等，逐步建立起新兴的电子计算机工业部门。

彩色电视机部门的建设也是这一时期电子工业部门的建设重点。陕西彩色显像管总厂、无锡江南无线电器材厂线性集成电路生产线、华东电子管厂消气剂生产线以及彩色电视机及为其配套的生产线都是在这一时期建立的。这大大推动了中国电子技术的发展。

## 三、能源工业的发展

为了推进“十年规划”的实施，这一时期加强了能源工业的建设。在煤炭工业中，进口的43套综合采煤机的投入使用，提高了采煤作业的机械化水平。电力工业中，重点进行了年发电30万千瓦的内蒙古元宝山发电厂、32万千瓦的天津北大港电厂、25万千瓦的唐山陡河发电

① 《当代中国》丛书编辑部. 当代中国的基本建设[M]. 北京：中国社会科学出版社，1989：228.

厂建设。此外，在岩溶地区修建了第一座大型水电站——乌江渡水电站。

## 四、钢铁工业的发展

这一时期重点进行了武钢一米七轧机工程建设。这项工程分别从联邦德国和日本引进成套设备和生产技术，1977 年 9 月经国家建委批准，其投资总额为 38.9 亿元(其中从国外进口设备等的费用为 6 亿美元)，投资规模超过了以往武钢基建投资的总和。由于项目决策时正处于“文化大革命”时期，当时冶金工业部在决策时，决定与一米七轧机工程配套的炼钢厂采用 50 吨转炉，而否定了采用 150 吨转炉的意见(当时国内已具备设计、制造 150 吨转炉的能力)。结果炼钢厂建成后，年生产能力只有 150 万吨，与轧机不配套，限制了一米七轧机生产能力的发挥，影响了它达到设计产量的时间和经济效益，后遗症严重。这不能不说是一个失误。此外，在电力安排上，一米七轧机满负荷商场共需电力 24 万千瓦，其冲击负荷达 12.2 万千瓦。设计要求电网容量应为冲击负荷的 20 倍。这就需要一个 250 万千瓦以上的电网。不得已，当时只好采取了湖南、湖北电网“四厂一并”，即丹江黄龙滩电站增加水电 15 万千瓦，黄石电厂增加水电 15 万千瓦，青山电厂增加火电 40 万千瓦，荆门电厂增加火电 22.2 万千瓦，同时在丹江水电站与河南电网连通运行。一米七轧机工程效益的发挥尽管由于上述配套建设上的问题而受到较大影响，但到 1981 年正式交付生产前的试生产阶段中，已累计生产钢材 347.2 万吨，为国内轻工市场和各行各业的生产和建设提供各种急需的成品钢材 247.8 万吨。

## 五、农机工业的迅速发展

1976—1978 年，特别是 1978 年，为了实现农业机械化，农机工业的建设规模急剧扩大。三年中，集中安排了 14 个大中型拖拉机建设项目，其中有 5 个是年产万台以上的拖拉机制造项目。其他项目和小型农机建设项目也随之全面铺开。1978年，为完成第三次全国农业机械化会议提出的1980年“与1977年相比，大拖拉机拥有量增长70%，手扶拖拉机拥有量增长36%，排灌动力机械拥有量增长32%，化肥拥有量增长58%”的任务，全国被分为七大片组织实施拖拉机专业化协作生产，安排洛阳拖拉机厂产品改型，等等，进一步铺开了农机工业的基本建设项目。1978年农机工业完成的基本建设投资比上年增长了21.9%，成为三年中的高峰。这两年也是新中国成立后农机工业建设规模迅速扩大的时期。但是，由于建设项目的决策，依据主观愿望多，考虑客观条件少，致使不少建设项目建成投产后，产品需求量不大，能力得不到充分发挥，成为亏损企业，增加了财政的负担。

### 六、机械工业的重点建设

这一时期，在加快农机工业发展的同时，重点进行了机械工业的建设，其中主要有3个轮机厂，即南京汽轮机厂、杭州汽轮机厂和沈阳鼓风机厂；3个轴承厂，即哈尔滨轴承厂、洛阳轴承厂和海江轴承厂，以及与之配套的其他厂；2个工具厂，即重庆工具厂和汉江工具厂；2个机床厂，即天津第一机床厂和南京机床厂；2个电工材料厂，即南京电瓷厂和东方绝缘材料厂；以及北京油泵油嘴厂和生产汽车摩擦片的杭州制动材料厂，等等。

同期，为了配合能源工业的跃进，还进行了8立方米电铲、大马力推土机、重型汽车、60万千瓦发电设备、原子能发电设备、超高压输变电设备等生产建设。为国防建设配套进行了生产航空锻件、越野车等建设项目。此外，在集中力量建设第二汽车制造厂的同时，还对北京、上海、长春、济南等地的现有汽车厂进行了扩建或改建。

## 第二节 经济体制改革的动力

改革的酝酿直接动力来源于领导层追求现代化的强烈愿望，这种愿望因内外部的压力而强化。内部的压力主要是长期未能摆脱贫困，外部的压力主要是与发达国家的差距越拉越大。当然，经济体制改革的酝酿也得益于经济理论上观念的重大突破、实践的推动以及国际交往的扩大拓展了人们的视野，为反思中国经济体制弊端，探寻改革之路提供了多样性的参照物和丰富的思想资源。

## 一、经济体制改革的内在动力

1978 年国务院召开的务虚会以研究加快“四个现代化”建设的速度问题为主题。希望通过迅速实现“四个现代化”来摆脱贫困。会议提出要组织国民经济新的大发展，要以比原来设想更快的速度实现“四个现代化”。围绕这个主题，会议在总结中华人民共和国成立以来经济建设经验教训的基础上，大胆地涉及不利于经济发展的问题，如对不重视经济管理、以政治干预经济等错误做法提出了批评和检讨；大胆地提出了改革生产关系和上层建筑的意见，强调要按经济规律办事，提高经济管理水平，发展农村多种经营，发挥经济手段和组织的作用，实行专业化，发展合同制，贯彻按劳分配的原则，扩大企业的经济自主权。会议要求有关部门尽快提出贯彻上述原则的具体措施。

这一时期理论上的一个重要成果就是明确了体制评价的生产力标准。以这个标准衡量，传统体制的弊端暴露无遗。生产力长期停滞和徘徊，是中国决定进行改革的主要推动力。从 1957 年到 1978 年国有企业经济效益呈现整体下降趋势，使国家财政困难日益严重，财政收入甚至几年都出现负增长。靠财政支持国有企业发展的工业化道路遇到了国家财政能力的制约，再也走不下去了。① 过去 20 多年，中国走的是一条高速度、低效率，高投入、低产出，高积累、低消费的道路，它在“文化大革命”以后就难以为继了。改善生活成为当时人民的迫切要求，促

① 赵凌云. 1978—1998 年间中国国有企业改革发生与推进过程的历史分析[J]. 当代中国史研究，1999(5)：199-218.

使决策者另辟新路，实行战略调整和体制改革。1978年9月，邓小平在视察东北三省时明确指出："要按照国际先进的管理方法、先进的经营方法、先进的定额来管理，也就是按照经济规律管理经济。一句话，就是要革命，不要改良，不要修修补补。"①正是由于存在经济体制改革的内在动力，邓小平把改革提高到革命的高度上来。

## 二、经济体制改革的外在动力

经济体制改革的外在动力就在于通过对外部世界的了解所获得的新的认识。1978年春，以李一氓为团长，于光远、乔石为副团长的代表团对南斯拉夫进行了访问考察。回国后，代表团在给中央的报告中提出：斯大林试图把苏联经济体制模式强加给南斯拉夫是导致苏、南关系恶化的主要原因，并认为南斯拉夫不失为社会主义国家，这种观点得到了中共中央的肯定。这意味着，在社会主义模式的多样性问题上，中共中央的观点有了变化。这个认识的变化对于党内在思想上摆脱苏联模式的束缚起了作用。②

访欧代表团的报告中关于法国农场主不能把自己的农场随便传给儿子经营的例子给人留下了很深的印象。为了保证农场的经营，法国政府规定，儿子要经营父亲的农场，必须取得农业学校的毕业证，还要在其他的农场实习两年，考核合格后才能继承。这使大家认识到资本主义国家有些好的制度，值得借鉴。③ 这对"腐朽资本主义"的传统观念是一个冲击。这些考察为中国领导人进行经济体制改革提供了另一种视角。

给改革开放决策以巨大推力的，是1978年兴起的外出考察潮。其实，外出考察从1977年就开始了。1977年年初，第一机械工业部部长

① 邓小平文选(第二卷)[M]. 北京：人民出版社，1994：136.

② 陈敬. 经济理论20年——著名经济学家访谈录[M]. 长沙：湖南人民出版社，1999：9.

③ 陈敬. 经济理论20年——著名经济学家访谈录[M]. 长沙：湖南人民出版社，1999：10.

项南对美国的农业机械化进行了考察。1977 年 9 月，冶金部副部长叶志强带一批专家到日本考察，催生了引进成套设备建设宝钢的重大项目。这一项目于 1978 年 1 月由国务院正式批准。1977 年 12 月底，由国家经济委员会主任袁宝华、对外贸易部部长李强率领的代表团赴英、法，重点考察了欧洲的企业管理。1978 年，出现了第一次外出考察高潮。由中共中央直接派出的考察团至少有四个：一是 1978 年 3 月 31 日至 4 月 10 日，以李一氓为团长，于光远、乔石为副团长的中央代表访问团访问了南斯拉夫和罗马尼亚；二是 3 月 28 日至 4 月 22 日，以上海市委书记林乎加为团长的赴日经济代表团；三是 4 月 10 日至 5 月 6 日，以国家计委副主任段云为团长的港澳经济贸易代表团；四是 5 月 2 日至 6 月 6 日，以国务院副总理谷牧为团长的赴西欧五国（法国、瑞士、比利时、丹麦、联邦德国）代表团。这四个代表团都是直接由中央派遣，每个代表团回来后都写了报告，并向中央领导人汇报。这些报告除了提供引进技术和利用外资的可行性论证，还提供关于被考察国家及地区经济发展和管理经济经验的说明。考察代表团给中央的总结报告中提出了三个强烈印象：一是没有想到当代世界现代化会发展到如此程度，中国与发达国家及地区之间的发展差距会如此之大。像日本、联邦德国这样的国家，国民经济已经高度现代化了，工业生产广泛采用电子计算机，高度自动化；农业机械化程度很高；整个西欧高速公路形成一个网络，劳动生产率高出中国相同性质企业十几倍甚至几十倍，超出中国人的想象。二是西方发达国家及地区有许多好的东西。这些国家及地区经济之所以迅速发展，有一些共同的经验，包括：强调竞争，强调优胜劣汰，十分重视企业管理；大胆引进新技术，把世界上的先进东西拿到自己手上；从政府到公司都投入大量资金进行科学研究，开发新技术、新产品，推动科学技术迅猛发展；重视发展教育事业，培养科技人才；同时充分利用国外资金，等等。三是让出访者没有想到的，还有发达国家及地区普通人的生活水平。西欧五国工人的工资都相当高，城市人均住房达 20～30 平方米，农民的生活水平同工人相差无几，公害也得到了很好的治理，社会保持稳定。

在 1978 年最初酝酿改革开放问题时，并没有太大的分歧发生。当然，如果没有经济理论的拨乱反正，启动改革不可能获得这么大的推动力。而如果没有大批人员外出考察感受到的挑战和机遇，中国领导人也不会有这么强烈的紧迫感，要达成改革共识也许会困难得多。

## 三、经济体制改革的现实推动

### (一) 国务院务虚会

1978 年由李先念主持召开了国务院务虚会，从 7 月 6 日至 9 月 9 日，断断续续开了两个多月，到会的有几十个人。参加会议的主要是国务院各重要部门的负责人，国务院副总理余秋里、康世恩、耿彪、谷牧、王震、陈慕华全都参加。会议的主题是研究加快中国“四个现代化”建设的速度问题。会上在发展速度和引进成套设备方面表露出急于求成的情绪，提出要组织“国民经济的新的大跃进”。然而，这次会议的意义在于它对经济管理体制改革问题进行了大胆、广泛的讨论。在国务院务虚会上有几份材料受到注意：一份是南斯拉夫考察报告；一份是谷牧访问西欧五国报告；还有一份是胡乔木、于光远、马洪以国务院研究室名义写的《按照客观的经济规律办事，加快实现“四个现代化”》一文。会上的一些发言很有见解，如姚依林引用列宁的一句话“在狼群中要学会狼叫”，说明要了解资本主义，在于善于和他们打交道，很有说服力。① 这次会议虽然是务虚，不作决议，但 9 月 9 日李先念的总结报告，集中了会议的主要成果。报告提出，要实现现代化，必须勇敢地改造一切不适应生产力发展的生产关系和不适应经济基础要求的上层建筑。放手发挥经济手段和经济组织的作用。报告批评说：“我国已经不

① 陈敬. 经济理论 20 年——著名经济学家访谈录[M]. 长沙：湖南人民出版社，1999：10.

止一次改革经济体制，并取得了许多成效。但是在企业经济管理体制方面，往往从行政权力的转移着眼多，往往在放了收，收了放的老套中循环，因而难以符合经济发展的要求。”①报告还提出：“我们现在要进行的改革，一定要同时兼顾中央、地方和企业的积极性，努力用现代化的管理方法管理现代化的经济。”②要坚决摆脱墨守行政层次、行政区划、行政权力、行政方式而不讲经济核算、经济效果、经济效率、经济责任的老框框，掌握领导和管理现代化大生产的本领，尊重客观规律。③ 胡乔木等撰写的《按照客观的经济规律办事，加快实现“四个现代化”》一文吸收务虚会的议论，修改后发表在当年10月6日的《人民日报》上，在国内外引起重视，被看成中国改革的重要信号。于光远评价说，国务院务虚会“可以看作党的高级领导人开始重视改革的一个具有标志性的事件”④。

### （二）计划会议

在国务院1978年9月召开的全国计划会议上，明确提出要改变不适应生产力发展的生产关系，改变不适应经济基础的上层建筑，改变工农业企业的管理方式和管理方法，使之适应于现代化大经济的需要。会议进一步明确提出经济工作必须实行“三个转变”：从上到下，都要把注意力转到生产发展和技术革命上来；从那种不计经济效果、不讲工作效率的官僚主义的管理制度和管理方法，转到按照经济规律办事，把民主和集中很好地结合起来的科学管理的轨道上来；从那种不同资本主义

---

① 李先念．李先念论财政金融贸易（下）[M]．北京：中国财政经济出版社，1992：376.

② 李先念．李先念论财政金融贸易（下）[M]．北京：中国财政经济出版社，1992：376.

③ 李先念．李先念论财政金融贸易（下）[M]．北京：中国财政经济出版社，1992：376.

④ 陈敬．经济理论20年——著名经济学家访谈录[M]．长沙：湖南人民出版社，1999：10.

国家进行经济技术交流的闭关自守或半闭关自守状态，转到积极地引进国外先进技术、利用国外资金，大胆地进入国际市场。①"三个转变"思想的提出，标志着关于经济体制必须改革的酝酿已经成熟。

(三)中央工作会议

1978年11月10日召开的中央工作会议提出了经济体制改革的主要目标和具体步骤。改革的主要目标，多数人认为，首先应该改革统得过死的计划体制，其次是改革不合理的管理体制。管理体制的改革分为两步。第一步，一方面扩大企业权力，使企业的领导和职工在关心自身利益的同时，也关心自己工厂的产品。另一方面，使各省、市、自治区都能有适当的机动财力，使之把农业搞活、人民生活搞好有必要的物质条件。第二步，按照方便生产、按照经济规律办事的原则，进行经济管理体制的改革。陈云特别强调要给各省、市、自治区一定数量的真正的机动财力。

(四)主要领导人的推动

结果朝鲜访问的回国途中，邓小平在东北和天津等地反复地谈到中国必须改革。他认为，中国的体制基本上是从苏联来的，是一种落后的东西，"有好多体制问题要重新考虑"。他认为，引进先进技术设备后，一定要按照国际先进的管理和经营方法来管理，要在技术上、管理上来一个革命，"现在我们的上层建筑非改不行"。② 1978年9月18日，在听取中共鞍山市市委负责人汇报工作时，邓小平提出要用先进技术和管理方法改造企业。他认为，引进先进技术设备后，一定要按照国际先进的管理方法、先进的经营方法、先进的定额来管理，也就是按照经济规

① 《当代中国的经济管理》编辑部. 中华人民共和国经济管理大事记[M]. 北京：中国经济出版社，1986：319.

② 中共中央文献研究室. 邓小平思想年谱(1975—1997)[M]. 北京：中央文献出版社，1998：77~83.

律管理经济。他提出了扩权的改革思路，强调要加大地方的权力，特别是企业的权力。这是中国经济体制改革起步阶段的重要指导思想。邓小平提出要打破平均主义，要鼓励先进。1978 年 9 月 20 日，在天津发表讲话时，他又说：我们过去是吃大锅饭，鼓励懒汉，包括思想懒汉，管理水平、生活水平都提不高。现在不能搞平均主义了。他在视察黑龙江时指出：改革首先要解决体制问题。我们决心下了，体制改革得比较适应，行动比较快，有效率了，剩下的就是技术水平、管理水平问题。一个企业管理得好不好大不一样。管理也是技术。①

更准确地说，许多问题的解决是在中共十一届三中全会之前召开的中央工作会议上，邓小平那篇著名的讲话《解放思想，实事求是，团结一致向前看》就是在 1978 年中央工作会议闭幕会上作的。他在谈到中国改革的紧迫性时说，“如果现在再不实行改革，我们的现代化事业和社会主义事业就会被葬送”②。三中全会公报写道：“实现四个现代化，要求大幅度地提高生产力，也就必然要求多方面地改变同生产力发展不适应的生产关系和上层建筑，改变一切不适应的管理方式、活动方式和思想方式，因而是一场广泛、深刻的革命。”③从这一时期的有关公报及有关讲话可以看出，当时有关经济体制的改革主要体现在通过放权让利来调动积极性的改革。全会公报指出：“现在我国经济管理体制的一个严重缺点是权力过于集中，应该有领导地大胆下放，让地方和工农业企业在国家统一计划的指导下有更多的经营管理自主权”，“充分发挥中央部门、地方、企业和劳动者个人四个方面的主动性、积极性、创造性”。④ 这实际上重申了毛泽东 1956 年《论十大关系》中关于“调动积极性”的经济哲学。

需要说明的是，1978 年在改革开放的大方向上酝酿已经成熟，不

---

① 用先进技术和管理方法改造企业[N]. 黑龙江日报，1998-12-23.
② 邓小平文选(第二卷)[M]. 北京：人民出版社，1994：150.
③ 三中全会以来重要文献汇编(上)[M]. 北京：人民出版社，1982：5.
④ 三中全会以来重要文献汇编(上)[M]. 北京：人民出版社，1982：6-7.

是指个别领导人，而是指多数领导人。

## 第三节　城市经济体制改革的初步探索

早在20世纪50年代中国社会主义经济体制建立之初，中国传统经济体制暴露出的弊端就引起了毛泽东和其他党的高层领导人对改革传统经济体制的关注与思考。20世纪50年代，中国共产党对经济体制改革探索的成果主要是党的八大及其前后提出的富有宝贵价值的改革思想。但是由于党对于如何进行社会主义建设毕竟经验不足，加上长期以来在对社会主义的理解上形成了若干不适合实际情况的固定观念，中国共产党在党的八大及其前后提出的有关经济体制改革的思想与主张，在实践中没有正确地实施。直到党的十一届三中全会才在新的历史条件下重新开始全面探索对中国传统经济体制的改革。

### 一、十一届三中全会启动经济体制改革

“文化大革命”结束后，中国共产党在决定工作重心转移的过程中，也开始了对中国经济体制改革的酝酿和实践。十一届三中全会前后，陈云、李先念、邓小平等党和国家领导人对如何改革传统经济体制提出了一些设想。这些设想和探索对中共十一届三中全会确立经济体制改革方针产生了重要影响。“文化大革命”结束后，李先念分工主持国务院的日常工作。他在极力扭转国民经济严重停滞、倒退和濒临崩溃边缘的局面，积极领导国民经济的恢复和发展的同时，对改革传统经济体制也做出了大胆的、可贵的探索。1978年7—9月，在讨论怎样加快现代化建设的国务院务虚会上，李先念在总结中华人民共和国成立29年来经济建设的经验教训的基础上，不同寻常地提出了改革经济管理体制、实行对外开放政策的思想主张。如此深刻、大胆的思想主张，已不是李先念个人的一般设想，而是当时中央部分领导成员对中国未来发展道路的重

大谋略。李先念在国务院务虚会议上的讲话，后来成为中共十一届三中全会讨论的文件之一，在思想上、理论上为党的十一届三中全会经济体制改革的重要方针的确立做了必要的准备。

党的十一届三中全会标志着中国经济体制改革的起步。党的十一届三中全会在决定把全党工作重点转到经济建设上来时就着重指出，为了实现社会主义现代化，必须对经济体制进行改革，会议制定了一系列的经济政策，其中《中共中央关于加快农业发展若干问题的决定(草案)》和《农村人民公社工作条例(试行草案)》等涉及了农村经济改革。根据党的十一届三中全会的精神，1979 年 4 月召开了中央工作会议，对经济体制改革的方向、步骤作了原则规定。会议确定，鉴于在最近几年内，国民经济以调整为中心，城市改革只能在局部领域进行，要认真调查研究，搞好试点；改革要扩大企业自主权，增强企业活力，实行严格的经济核算，认真执行按劳分配原则，划分中央和地方的管理权限，精简行政机构，更好地运用经济手段来管理经济。根据这次会议精神，1979 年 3 月 14 日，国务院财政经济委员会正式成立，其职能为研究制定财经工作的方针政策和决定财经工作的大事的决策机关，下设四个调查研究小组，体制组由张劲夫、房维中负责(后由薛暮桥负责)；结构组由马洪、孙友余负责；技术设备引进组由汪道涵负责；理论方法组由于光远负责。一些理论工作者和实际工作者进行了调查研究。这为经济体制改革的顺利进行提供了组织保障。此后，城市经济体制改革试点在局部范围展开。

李先念 1979 年 4 月 5 日在中央工作会议上的讲话中，专门谈到了关于改革经济管理体制的问题。他认为，“我们现行的经济管理体制，弊病很多，非逐步改革不可”。“必然要对计划、物资、财政金融、劳动工资、价格、税收基本建设等方面的管理体制和制度进行必要的改革。”“在进行这些局部改革的同时，要认真调查研究，搞好试点，做好准备，提出比较全面的改革方案，经中央批准后，到条件成熟时再着手准备”。① 1979—1980年，经济工作的重点虽然重在调整，但在李先念的具体主持下，仍然进行了改革统收统支的财政体制，扩大企业的自主权，调整物价，实行基本建设投资改革，改变国家统得过死的状况，实行计划经济为主、市场调节为辅等多项改革措施。

党的十一届三中全会后，在邓小平的建议和推动下，国务院成立财经委员会，由陈云当主任，主持全国财经工作。陈云在领导经济调整的同时，对经济体制改革也予以了极大关注。1979年3月陈云在《计划与市场问题》一文中指出，“社会主义经济有计划按比例发展，是马克思分析资本主义后提出的设想，是完全正确的”②。陈云又指出，在建立计划经济体制的过程中，由于没有根据已建立的社会主义经济制度的经验和本国生产力发展的实际情况，对马克思的原理加以发展，导致了缺点；只有“有计划按比例”这一条，没有在社会主义制度下还必须有市场调节这一条，所谓市场调节，就是按价值规律调节，在经济生活的某些方面可以用“无政府”“盲目”生产的办法来加以调节。此后，他还指出，计划是宏观控制的主要依据，计划包括指令性计划和指导性计划，两种计划方法不同，但都要运用各种经济调节手段。他的这些观点，在20世纪70年代末80年代初，对推动全党解放思想，突破过度集中的计划经济体制，曾产生过广泛而深刻的影响。陈云预计，在今后经济调整和体制改革中，实际上计划经济和市场调节这两种经济的比例的调整，将占重要地位。不一定计划经济部分增加越多，市场调节部分所占的绝对数额就越缩小，还可能是都相应地增加。陈云的这个预计是很准确的。改革中，对计划和市场关系的探索，占了很重要的地位。后来，陈云把这一思想概括为计划经济为主、市场调节为辅。

陈云的这些认识，对在当时条件下解放思想，改革经济体制，重视

① 房维中. 在风浪中前进——中国发展与改革编年纪事(第一分册)[A]. 内部资料，2004：98.

② 陈云. 计划与市场问题[EB/OL]. [2012-09-10]. http://www.china.com.cn/guoqing/2012-09/10/content_26747590.htm.

市场调节，以冲破高度集中的计划经济体制的束缚，起到了积极作用。虽然受历史局限性的影响，陈云将计划与市场的关系比喻为“鸟”和“笼子”的关系，但是随着经济实践的不断发展，中国共产党对计划与市场关系的认识也在不断深化与发展。在党的十四大上，中国共产党提出了社会主义市场经济体制的改革目标模式。作为改革开放的总设计师，党的十一届三中全会前后，邓小平不仅在全党工作重心转移方面起到了关键性的作用，而且在全党工作重心转移的过程中对中国经济体制改革也做出了可贵的探索。在邓小平经济理论中，最高创造性、最有影响力的论断是社会主义也可以搞市场经济。邓小平首次提出社会主义也可以搞市场经济，是 1979 年 11 月 26 日。从那时到 1992 年年初发表“南方谈话”，在改革开放的 14 个年头中，邓小平围绕市场经济问题发表了多次重要讲话。

邓小平第一次论述社会主义也可以搞市场经济，是在 1979 年 11 月 26 日会见美国不列颠百科全书出版公司编委会副主席吉布尼和加拿大麦吉尔大学东亚研究所主任林达光时提出的。他在谈话中明确提出，“说市场经济只存在于资本主义社会”，“只有资本主义的市场经济，这肯定是不正确的。社会主义为什么不可以搞市场经济，这个不能说是资本主义。……市场经济，在封建社会时期就有了萌芽。社会主义也可以搞市场经济。”“这就是社会主义的市场经济。”①第二次论述，是在 1980 年 1 月 16 日，他在中共中央召集的干部会议上讲话，指出要实行“计划调节和市场调节相结合”。第三次论述，是在 1982 年 10 月 14 日，他同国家计委负责同志谈话时强调：“计划与市场的关系如何解决？解决得好，对经济的发展就很有利，解决不好，就会糟。”②

总之，李先念、陈云、邓小平等人在党的十一届三中全会前后对中国经济体制改革的探索，代表了当时党的高层领导人对改革传统中国经

---

① 邓小平文选(第二卷)[M]. 北京：人民出版社，1994：236.

② 邓小平文选(第三卷)[M]. 北京：人民出版社，1993：17.

济体制的认识和看法。党的十一届三中全会全党进一步统一认识，正式迈开了中国经济体制改革的步伐。因此，中共十一届三中全会在中国社会主义现代化建设的历史进程中具有里程碑意义，不仅仅因为党的十一届三中全会后全党的工作重心发生了转移，同时也因为中国市场化取向的经济体制改革也正式迈开了步伐。

## 二、城市经济体制改革的初步探索

这一时期城市的改革是在党中央、国务院的领导与推动下进行的，并且主要的对象是国营企业。从最初的扩大企业自主权、经济责任制、利改税到城市综合试点改革，这是一个“摸着石头过河”的探索历程。

### (一)扩大企业自主权

1978年邓小平在中央工作会议上《解放思想，实事求是，团结一致向前看》的报告中提出：“现在我国的经济管理体制权力过于集中，应该有计划地大胆下放，否则不利于充分发挥国家、地方、企业和劳动者个人四个方面的积极性，也不利于实行现代化的经济管理和提高劳动生产率。应该让地方和企业、生产队有更多的经营管理的自主权。”①在城市，进行了以“放权让利”为核心的扩大国有企业自主权的改革。扩权内容最重要的有两条：一是在利润分配上，给企业一定比例的利润留成；二是在权力分配上，给企业一定的生产计划、产品购销，资金运用的权力，以打破企业是政府机关的附属物、吃国家“大锅饭”的体制。其基本思路是希望把企业经营好坏与企业和职工利益挂钩，以调动企业和职工的积极性。在放权让利、适当引进市场机制以搞活企业的思路指引下，1978年10月，首先在四川对6家企业进行扩权试点：企业在完成国家计划的前提下，可以增加生产市场需要的产品，或承接来料加

① 邓小平文选(第二卷)[M]. 北京：人民出版社，1994：145.

工；可以在全面完成国家计划的情况下，实行利润留成或提取企业基金；企业可以不需要上级批准任命中层干部；可以销售商业部门不收购的产品和试销新产品，等等。当年 12 月，国务院同意财政部的报告，决定从 1978 年起，国营企业试行企业基金制度，根据企业完成的产量、品种、质量、利润四项指标的高低对完成供货合同的企业，按工资总额的 3%~5%提取企业基金，用于举办职工集体福利基金。1979 年 4 月中共中央工作会议提出对国民经济实行“调整、改革、整顿、提高”的方针，我国经济体制的实质性变革从此开始起步。以此为契机，从而推动了对国有企业“放权让利”的改革。

1979 年 5 月，国家经委、财政部等六个单位，在北京、天津、上海选择了 8 个企业，进行扩大企业自主权的试点。许多地方和部门积极性很高，纷纷效仿。1979 年 7 月，国务院连续颁布了扩大企业经营管理自主权、实行利润留成、开征固定资产税、提高折旧率和改进折旧费使用办法、实行流动资金全额信贷 5 个文件。在中央的推动下，1979 年年底，试点企业扩大到 4200 个。1980 年 6 月又发展到 6600 个。约占全国预算工业企业数的 16%，但产值和利润分别占 60%和 70%左右。① 这些在高度集中的计划体制下进行的经济体制改革的探索，极大地调动了工人的劳动积极性，为后来的改革积累了一定的经验。

1981 年前后，国务院及有关部委发布的《国家经委、财政部关于国营工业企业利润留成试行办法的通知》《国家经委关于扩大企业自主权试点工作情况和今后意见的报告》。其中对扩大企业自主权和发挥市场机制作用作了明确规定，从而推动了国营企业的扩权工作。1984 年 5 月 10 日，国务院颁布《国务院关于进一步扩大国营工业企业自主权的暂行规定》。该规定从十个方面扩大了企业自主权。即：扩大了生产经营计划权、产品销售权、产品定价权、物质选购权、资金使用权、资产

① 李东方：改革开放的起步[EB/OL].［2018-01-29］. http://cpc.people.com.cn/nl/2018/0129/c223633-29793341.html.

处置权、机构设置权、人事劳动权、工资奖金使用权、联合经营权等，以上规定的颁布实施，标志扩大企业自主权改革的一个阶段结束，但作为国营企业改革的重要方面，扩大企业经营管理自主权的改革是现代企业制度中的重要内容。它为企业创造了一定的独立经营和自主发展的条件，通过扩权让利，国家把占利润总额 7.5%的收入，提留给企业用于发放福利与奖金，兼顾了国家和企业的利益，调动了企业的生产积极性。

### (二)探索经济责任制

扩大企业自主权着重解决的是国家和企业之间的利益分配关系，还没有解决国家和企业之间的权、责、利关系，也没有解决企业和职工以及职工与职工之间的经济关系。随着企业扩权让利的推进，经济责任方面的问题又凸显出来，因此，改革很自然地推进到这一层面。1981 年，国家确定 100 家企业实行“一定(定产量)、一包(包利润)、两多(企业多超多留，职工多超多得)、三不变(扩权办法、考核计划、奖励方案不变)”的经济责任制，改变了过去吃“大锅饭”导致的生产效率低下的状况。

实行经济责任制的目的是为了更好地处理国家和企业的责任和权力关系，尤其是分配关系，解决企业经营好坏一个样、吃国家“大锅饭”的问题。因此，实行经济责任制强调企业权、责、利相统一，促进了扩大企业自主权改革的完善与发展，对推动企业改革的逐步深化起到了积极作用。在此基础上，又逐步发展为多形式、多层次的经济承包。其中比较有代表性的是企业对主管部门的承包，包括扭亏增盈、科研新产品开发、基建项目等承包。为了规范这类经济承包形式，各主管部门在这方面作出了具体规定。

扩大企业自主权和实行经济责任制的政策，在一定程度上改变了高度集中的计划经济管理体制下企业生产经营权受到严重束缚的状况。扩大企业自主权改革和实行企业经济责任制的各项措施对增强国有企业活力起到了很大的推动作用。这一时期的改革有一个很明显的特点是注重调动企业和劳动者生产的积极性，这就找到了改变旧体制的正确路径，为改革的全面推进提供了前提和基础。

### （三）调整国家与企业的分配关系，实行两步利改税

这一时期对国有企业改革的基本思路就是进一步调整国家与企业的分配关系，采取的主要措施就是实行两步利改税。

1. 第一步利改税

第一步利改税是指对国有企业上缴利润实行税利并存的收缴制度，这是对国家与企业分配关系改革的重大转变。针对国有企业，国家先征收一定比例的所得税和地方税，然后对税后利润采取多种形式在国家和企业之间进行分配。通过这种方式理顺国家、企业和职工三者之间的分配关系，从而达到调动企业和职工生产积极性的目的。

1981 年 8 月，国务院批准了《关于改革工商税制的设想》。1982 年 11 月，国务院向第五届全国人大五次会议提交了《关于第六个五年计划的报告》，报告中提出了今后三年税制改革的主要任务就是对国有企业实行利改税。财政部于 1983 年 2 月向国务院提交了《关于国营企业利改税试行办法（草案）》，并于 3 月对《关于国营企业利改税办法（草案）》进行了修改，并对如何征收提出了具体规定。1983 年 4 月 24 日，国务院批转了财政部《关于全国利改税工作会议的报告》和《关于国营企业利改税试行办法》。1983 年上半年，国务院选定沙市作为全国进行企业利改税工作的试点之一。6 月，第一步利改税作为城市经济体制改革的一项重点举措在湖北省全面开始实行。到 1983 年年底，湖北省有 4959 家国营企业实行了第一步利改税。

第一步利改税把“三大改造”以来形成的国营企业向国家上缴利润的制度改为缴纳企业所得税制度。即把国营企业上缴的利润改按 55% 的比例上交所得税，税后利润与企业分成，分别按固定比例、定额包干、递增包干和调节税四种方法再上交。第一步利改税是对国家和国营

企业分配关系的重大改革，它打破了长期以来国有企业吃国家“大锅饭”的局面，比较好地处理了国家、企业和职工个人三者的利益关系，扩大了企业财权，调动了企业生产经营的积极性，但它同时也存在一些需要进一步改革完善的地方，比如：税种比较单一，企业之间利润的留成缺乏统一的标准，国家与企业的分配关系还未理顺等，因此，第二步利改税的推出有其必然性。

2. 第二步利改税

第二步利改税是在第一步利改税基础上，进一步对国家与国营企业的分配关系进行改革，旨在通过合理确定税目、税率，规范国家与企业的权、责、利关系，逐步增强企业活力。1984 年 5 月 15 日，国务院向六届全国人大二次会议提交的《政府工作报告》中提出，从 1984 年下半年开始在全国推进利改税第二步改革。8 月 10 日，财政部向国务院提交了《关于在国营企业推行利改税第二步改革的报告》和《国营企业第二步利改税试行办法》。经国务院提交给六届全国人大七次会议通过并于 9 月 18 日颁布《中华人民共和国国营企业所得税条例(草案)》和《国营企业调节税征收办法》，同意《国营企业第二步利改税试行办法》从 1984 年 10 月 1 日起实行。

第二步利改税是把过去的工商税收改为产品税、增值税，按照不同产品的销售利润情况为依据分别定率计征，这在一定程度上缓解了由于价格扭曲造成企业苦乐不均的矛盾，与第一步利改税相比有较大进步。但是，由于外部体制改革不配套和当时历史条件的局限性，利改税未能摆脱旧体制的束缚，存在明显的问题：一是不同企业采取不同的调节税，难以做到平等税赋，造成实际上“鞭打快牛”的现象，在价格严重扭曲的背景下税收限制了对宏观经济的调控作用；二是政企不分，不可能从根本上理顺国家与企业之间的权、责、利关系，同时，由于缺乏对企业有效的约束机制，导致出现企业投资“饥渴症”，加重了国家财政的压力，因而就有了承包经营责任制的推出。

### (四)突破单一的公有制经济结构，推动非公有制经济的发展

当时发展多种所有制经济形式的主要动因是解决城镇待业人员的安置问题。由于“文化大革命”期间多年国民经济停滞不前，国有企业又因体制和政治原因无法容纳更多的人员就业。以湖北省为例，到1979年湖北省待业人员已达30多万，其中回城青年十几万，留城青年10万多。为了解决这个问题，1980年8月10日至20日，湖北省委召开三届十六次全体会议。会议就放宽政策、积极改革提出了12条意见，其中包括：扶持集体所有制企业的发展；在保持社会主义公有制占优势的前提下，允许城镇存在个体经济；充分发挥市场调节作用等条款。1980年10月5日至10日，湖北省委在武汉召开劳动就业工作会议，提出劳动就业要打破城镇劳动力全部由国家包下来的老框框，要在国家统筹规划和指导下，实行劳动部门介绍就业、自愿组织起来就业和自谋职业相结合的方针，大力发展自负盈亏的集体所有制经济，适当发展不剥削他人的个体经济。由于政策的松动和改变，在这之后一批集体经济、个体经济逐渐发展起来。

由于就业压力越来越大，1981年，湖北省需要安置的城镇就业人员共约38万多人。为确保做好这项工作，湖北省委、省政府决定，正确处理经济调整与劳动就业的关系，大力扶持城镇集体经济的发展，继续鼓励和扶持城镇个体经济的发展，进一步打开就业门路。在1981年11月9日至15日湖北省政府召开的劳动就业工作会议上，在就业情况通报中指出：截至目前，解决了13万人的就业，主要安排在集体企业和个体劳动岗位(共占73%)。会议进一步要求树立集体经济、个体经济为就业的主渠道的观点，积极鼓励、促进、扶持集体经济、个体经济的发展，加强统筹规划，把劳动就业与经济调整结合起来，大力发展商业、服务业，改善产业结构和所有制结构，以安置更多的城镇待业人员。同时，武汉市人民政府决定开放汉正街小商品市场，发展个体私营经济。1982年8月28日，《人民日报》为此发表了《汉正街小商品市场

的经验值得重视》的社论。

正是在这样特定的背景下，湖北的集体经济和个体经济得到了迅速的发展，在这一过程中，中外合资企业和外商独资企业也从无到有地发展起来。1979 年 1 月，五届全国人大二次会议通过了《中华人民共和国中外合资经营企业法》，这个企业法给外商来华投资办企业以法律上的支持。根据该企业法和中央的相关政策，湖北省委、省人民政府也制定了关于外商投资办厂的政策和规定，其主旨思想就是对中外合资经营企业进一步放宽政策，提供方便和优惠，从而推动了外商独资企业特别是中外合资企业的发展。1981 年 11 月 12 日，湖北省与美国俄亥俄州达成协议，合资经营湖北派克密封件厂，1983 年 10 月 8 日，中外合资企业湖北派克密封件厂建成投产。该厂主要采用美国先进的密封技术生产各种密封设备，其中 74%的产品外销美国、加拿大、联邦德国等发达国家。它的成立和投产，实现了全国机械工业和湖北外商投资企业零的突破。1984 年 1 月，中德武汉长江啤酒有限公司成立，这是武汉市第一家中外合资经营的大型企业。

### （五）对国有企业试行股份制改革

经营责任制的实行使企业改革从单纯的放权让利深入到企业经营方式的改革，促进了企业机制的转变，随着整体改革的不断推进和深化，承包制的局限性也逐渐暴露出来，比如：政企不分，企业还不能真正成为自主经营、自负盈亏的商品经济主体，产权不清晰，难以完全走向市场等。承包经营责任制这些弊端的存在，使它在改革进程中释放出其积极的历史作用之后，必然会被一种新的形式——股份制所取代。

股份制是国有企业改革的突破性深化，它奠定了现代企业制度的基础，是一项涉及经济、社会与政治方面的基础性制度建设。在当时试行股份制，主要缘于两个方面的因素：一是十一届三中全会后，我国农村的一些社办企业为了解决发展资金问题采用了资金入股、股份合作、股金分红的办法，使企业规模越来越大，企业经营充满活力；二是借鉴了国外的经验。针对当时国有企业政企不分、缺乏活力的问题，世界银行驻中国办事处主任林重庚建议用国外股份制的办法来解决。国外关于股份制经验的借鉴和农村改革的成效，使企业股份制改革得以进行。1984年4月，国家经济体制改革委员会在江苏省常州市召开了城市经济体制改革试点工作座谈会。会后下发的《座谈会纪要》指出，对城市集体企业和国有小企业要进一步放开，搞活的办法是"允许职工投资入股，年终分红"。在这份纪要的影响下，1984年7月25日，我国第一个股份公司——北京天桥百货股份有限公司诞生了。10月，《中共中央关于经济体制改革的决定》发布，给股份制的试行以政策性支持。该决定指出，全民所有制经济是我国社会主义经济的主导力量，但是全民所有制的巩固与发展不应以限制和排斥其他经济形式和经营方式的发展为条件。坚持多种经济形式和经营方式的共同发展，是我们长期的方针，是社会主义前进的需要。这段论述，虽然没有直接提出支持股份制改革，却给了股份制探索者以勇气。1985年10月，我国第一家证券公司——深圳特区证券公司成立，它专门从事股票的发行、转让和管理工作。此后，沈阳、上海、北京、广州等地也先后成立了证券交易市场。

### （六）城市经济体制改革的试点

在农村推行家庭联产承包责任制的同时，城市经济体制改革也开始起步。但是，由于城市经济体制改革涉及面广，工作难度远比农村复杂，所以在1984年十二届三中全会以前，城市经济体制改革一直处于试点和探索阶段。城市经济体制改革试点工作的一个重要内容，就是邓小平在"北方谈话"中所强调的扩大企业自主权和在企业内部实行责任制。1978年10月，四川省在重庆钢铁公司、成都无缝钢管厂、新都县氮肥厂、四川化肥厂、南充织稠厂、宁江机床厂6个地方国营工业企业中，首先开始进行扩大企业自主权的试点。这种尝试调动了企业职工的积极性和创造性，收效明显。1979年年初，四川省的试点范围扩大到

100个企业，大多效果显著。根据四川省的试点经验，1979年5月，国家经济委员会、财政部等有关部门在北京、上海、天津选择首都钢铁公司、天津自行车厂、上海柴油机厂等8个大型国有企业进行扩大企业自主权的改革试点，实行党委领导下的厂长负责制等措施。① 这些改革措施得到了企业和职工的热烈拥护和大力支持，经济效益和职工收入都有了明显提高。因此，这些措施得以在全国多个地区推行。到1979年年底，全国试点企业扩大到4200个，1980年发展到6600个，约占全国预算内工业企业总数的16%、产值的60%、利润的70%。② 通过扩权试点，增强了企业的经营观念和市场观念，使得生产迅速发展，利润大幅度增加。例如，南京市的22个试点企业，1980年1月至5月，工业产值同比增长22.9%，利润同比增长19.9%。广州市的34个试点企业，1980年1月至5月，工业产值比上年同期增长17.7%，利润同比增长21.9%。③

为了解决就业问题并进一步发展生产力，1982年8月，中共中央召开全国劳动就业工作会议，提出要鼓励并尊重个体经济和个体劳动者。此后，在我国城镇中，自1956年年底社会主义改造完成以来几乎绝迹的个体经济开始逐步恢复。到1982年，全国城镇集体和个体劳动者的人数比1978年增长了35.6%；从1978年到1982年新增的就业人员中，35.8%从事集体和个体经营，而且主要是充实到原来比较薄弱的商业、饮食、服务等第三产业；从1978年到1982年，城镇集体企业安置就业人员共1237.9万人，城镇个体经济安置就业人员147.1万人。④ 这些集体和个体经济的发展，为扩大商品交换、满足社会需要起到了重

① 刘宋斌，等. 改革大潮[M]. 北京：中国青年出版社，2001：224-225.

② 《当代中国》丛书编辑部. 当代中国的经济体制改革[M]. 北京：中国社会科学出版社，1984：176.

③ 王洪模，等. 改革开放的历程[M]. 郑州：河南人民出版社，1989：259-260.

④ 王洪模，等. 改革开放的历程[M]. 郑州：河南人民出版社，1989：270.

要作用，成为国营经济的重要补充。

为进一步取得城市改革的经验，党中央、国务院自1981年起，陆续对一些中小城市和大城市进行经济体制的综合配套改革试点。1981年10月，经国务院批准，湖北省新兴的轻纺工业城市沙市开始进行经济体制改革试点；1982年3月，国务院决定在江苏省常州市进行中等城市的经济体制综合改革试点；1983年2月，党中央、国务院批准在重庆市进行经济体制综合改革试点，为此，决定将重庆市作为国家计划单列市，给予相当于省一级的经济管理权。除了这3个城市以外，1984年，国务院又确定武汉、沈阳、大连、哈尔滨、西安、广州等城市作为计划单列市，进行经济体制综合改革。到1984年，全国进行城市经济体制改革试点的大中城市已达58个。①

总的来看，这一阶段的城市经济体制改革试点工作，不仅促进了经济的发展，而且在探索新的经济管体制方面积累了宝贵的经验。这些试点工作在一定程度上触及了长期以来存在的决策过于集中、政企不分、分配中的平均主义等主要弊端。但是，城市经济体制改革是一项复杂艰难的系统工程，不可能一蹴而就。所以，这一阶段的改革又是初步的、试探性的，也正是这一时期的改革和发展，为以后大规模的、以城市为中心的经济体制改革做了充分的准备。

## 第四节　城市经济体制改革的特点与绩效

历史发展对全面经济体制改革提出迫切要求的同时，也为它提供了有利条件。主要是：安定团结的政治局面日益巩固；国民经济调整已走上正轨，第六个五年计划主要指标提前完成，为全面改革提供了一个较为宽松的环境；党和政府对改革中的某些规律性的东西有了进一步的认识，在理论上取得了突破性的进展；改革开放的初步实践和成就，使更

① 国家统计局. 成就辉煌的20年[M]. 北京：中国统计出版社，1998：128.

多的人看到了改革带来的变化和好处，改革成为亿万群众的迫切愿望和要求。这一时期经济体制改革的一个显著特点就是采取具体措施，调动人们的工作积极性，而且这一时期经济体制改革也取得了明显的成绩。

## 一、城市经济体制改革的特点

如前所述，这次经济体制改革的一个显著特点就是要调动人们的积极性。怎么调动积极性？当时采取的措施有两点：一是将更多的决策权下放；二是给予生产单位和个人更多的利益。邓小平把这称为"经济民主"。这种放权让利的改革在 1958 年和 1970 年曾经进行过两次尝试，就"放权"和"让利"原则这一点来说，这一时期改革的基本思路同 1958 年有类似之处。但是，这一原则的应用范围扩大了：1958 年改革的特点是中央与地方的行政性分权，而这次改革则更加注重扩大企业的自主权；1958 年改革主要在国有部门中进行，而这次改革大大扩大了范围，特别是在农村中进行并扩大到对外经济关系。① 与调动积极性的经济哲学相一致，邓小平还提出了一个经济政策：允许一部分人"收入先多一些，生活先好起来"。首次把利益驱动而不是"革命精神"作为经济发展的主要动力，以承认差距的方法来激励进取，增加财富总量，达到最终惠及全体的目标。这对崇尚平均主义的传统社会主义观念来说，是一个大胆突破，确如邓小平所说，这是一条能够影响全局的"大政策"，就是这么一条，把人们积蓄已久的利益动机和致富欲望调动起来，不仅为经济发展注入了新的动力，而且成为经济改革的驱动力。

这次经济体制改革的另一个显著特点就是把市场经济与放权让利结合起来。针对要求消灭商品货币关系的"左"倾观点，许多经济学家在 1978 年国务院务虚会上提出应更多地发挥价值规律的作用。例如，孙冶方重提"千规律，万规律，价值规律第一条"；薛暮桥提出应当为长

① 张卓元. 中国十年经济改革理论探索[M]. 北京：中国计划出版社，1991：7-8。

途贩运平反，要利用市场活跃流通，等等。① 李先念在国务院务虚会作总结时提出了“计划经济与市场经济相结合”的口号。邓小平为1978年12月中央经济工作会议闭幕讲话所准备的手写提纲中强调，“权力下放，自主权与国家计划的矛盾，主要从价值法则、供求关系(产品质量)来调节”②。后来，李先念在同陈云谈计划与市场问题的时候，陈云提出，我们应该“在计划经济的前提下搞点市场经济作为补充，不是小补充，而是大补充”。他还说，“国内要竞争一下”。③ 计划经济与市场调节结合的观点，对突破传统的单一计划经济体制具有重大意义，成为改革起步和最初方案设计的主要依据。

## 二、城市经济体制改革的绩效

这一时期城市改革全面展开，企业实行了以厂长负责制为主的各种经营承包责任制，加快了改革开放的步伐，取得了显著成效。这一时期城市改革的初步探索在一定程度上改变了原有的经济体制格局，在发展有计划的商品经济的过程中改革开始从多角度冲击传统的计划经济管理体制，为新时期社会主义市场经济体制这个改革目标的确立提供了丰富的实践素材。其具体表现在以下几个方面：

一是改变了单一的所有制结构，以公有制为主体，个体、私营、外资以及其他非公有制经济成分得到了一定程度的发展；在国有和集体所有这两种公有制主要实现形式以外，出现了合作经济、法人间相互参股的股份制经济以及公有制企业为依托的中外合资经济等新形式。

二是初步改变了过去那种国有国营、统收统支的企业经营方式，使企业的生产经营自主权有所扩大，进一步增强了企业自我改造、自我发展的能力，为培育具有独立的生产能力和合格的经营能力的市场主体创

① 吴敬琏. 二十年来中国的经济改革和经济发展[J]. 百年潮，1999(11).

② 中共中央文献研究室. 邓小平思想年谱(1975—1997)[M]. 北京：中央文献出版社，1998：98.

③ 陈云年谱(下卷)[M]. 北京：中央文献出版社，2000：236.

造了条件。

三是对内对外开放有了一定的进展，传统的城乡隔绝、地区封锁的半封闭型的经济，开始向利用区际与国际分工的开放型经济转变。

四是这一时期城市改革的初步探索推动了非公有制经济特别是"三资企业"的发展。"三资企业"是指实行股份式经营的中外合资经营企业，实行契约式经营的中外合作经营企业和外商独资经营企业。以湖北省为例，湖北省兴办"三资企业"始于1984年，当年中外合资经营项目中，黄石有4项，外商实际投资达262万美元；襄樊有3项，外商投资协议额为62万美元；沙市兴办起一家合资企业。随着湖北城市改革的全面展开，"三资企业"逐步发展起来，到1986年湖北已有"三资企业"8家，产值也由1985年的0.04亿元发展到1986年的0.28亿元，分别比上一年增长了2倍和6倍。通过发展"三资企业"，引进了一批国外资金，从而推动了城市经济的发展，同时也有助于弥补建设资金的不足。这一时期湖北城市经济发展处于起步阶段，基础设施的建设以及对原有企业的技术改造都需要大量的资金，资金短缺矛盾十分突出，而推动"三资企业"的发展为解决这个矛盾开辟了新渠道。

## 小　　结

这一时期无论是农村还是城市的改革探索有一个明显的特点：以产权制度改革和产权关系调整为核心和主线。改革者也许并没有意识到最初的以"放权让利"为内容的改革就是产权改革，当时也没有产权理论作为指导。但是，这场改革实质上就是权利关系的调整。这种选择也许是制度变迁的内在力量的推动和人们的本能选择。无论是农村改革，还是城市改革，或者二者相关的改革，都是以责、权、利关系及其制度的调整为核心和主线。农村改革主要包括：家庭联产承包责任制度的推行，农产品流通体制改革，乡镇企业的建立、发展和改革，在家庭联产承包制基础上的股份合作制改革，农业产业化等。考察这一过程，我们发现每一步改革的实质都是“产权制度改革”或“产权关系的调整”。城市国有企业改革实际上从一开始就是产权制度改革，因为放权让利、利改税、承包经营责任制、租赁经营责任制、股份制等改革，本质上都是调整企业和政府的产权关系。公司治理结构的改革，实质也是企业的利益相关者责、权、利的界定和调整。

# 第六章　对外开放政策的形成与发展

党的十一届三中全会确立国民经济对外开放的基本方针。党和政府选择了由点到带，由沿海到内地，由地理开放到体制性开放的对外开放推进路径。首先，创办经济特区，作为沿海对外开放的“点”，在此基础上，开放沿海14个港口城市、海南岛，形成沿海开放带。其次，大幅度扩大对外开放区，将对外开放政策从沿海扩展到内地。再次，在地理意义上的对外开放的基础上，1986年，正式向“关税和贸易总协定”申请恢复关税，开始迈向体制性对外开放的进程。

## 第一节　对外开放政策的形成与主要内容

党的十一届三中全会结束后，中央和地方都积极思考，寻找对外开放的突破口，研究对策。这时，人们发现，世界上许多国家和地区发展经济的成功经验特别是设置经济特区的做法值得借鉴。这些经济性特区，一般都是从本国(地区)内划出一定区域，在对外经济活动中采取更加开放的政策，用减免关税等优惠办法吸引外商进行经济贸易活动和投资，以达到特定的经济目的。正是基于这样的认识，推动了以特区的成立为起点的对外开放政策的形成。

### 一、对外开放政策的形成

1979年年初，中共广东省委第一书记习仲勋到汕头传达中共十一届三中全会精神。他在从汕头回来后向省委汇报时提出建议：广东应当拿出一个地方率先对外开放，最好从汕头开始，在汕头建立一个像台湾那样的出口加工区。广东省委、省政府经过研究后初步决定，先在深圳、珠海两地试办出口特区，并希望中央给广东放权，抓紧当前有利的国际形势，让广东充分发挥自己的优势，在“四化”建设中先行一步。

对广东省委负责人的这一重要建议，中央高度重视，邓小平首先表示赞成和支持。邓小平向中央倡议批准广东省的这一要求。中央工作会议讨论了这一重大问题，并形成了《关于大力发展对外贸易增加外汇收入若干问题的规定》，其中“试办出口特区”在规定中的第一节提出：在沿海少数有条件的省市，划出一定的地区，如广东省深圳市、珠海市、汕头市，福建省厦门市，上海市崇明岛等单独进行管理，作为华侨和港澳商人的投资场所。这次会议后，中共中央、国务院派当时主管这方面工作的中央书记处书记、国务院副总理谷牧带领国务院有关部门的10多位负责干部组成的工作组前往广东、福建进行深入细致的调查研究，与此同时，广东、福建两省分别进行了方案制订工作。1979年7月15日，中共中央、国务院批转广东省委和福建省委关于对外经济活动实行特殊政策和灵活措施的两个报告。中央指出：关于出口特区，可先在深圳、珠海两市试办，待取得经验后，再考虑在汕头、厦门设置的问题。

受党中央、国务院委托，国务院副总理谷牧于1980年3月24日至30日，在广州召开广东、福建两省会议。检查总结中央关于特殊政策、灵活措施和试办特区的执行情况，讨论研究当前的问题和措施。会议指出，经济特区的管理，在坚持四项基本原则和不损害主权的条件下，可以采取与内地不同的体制和政策，特区主要是实行市场调节。这次会议还纳了与会者的建议，将“出口特区”改名为“经济特区”。

1980年5月16日，中共中央发出《关于〈广东、福建两省会议纪要〉的批示》发布，同意会议纪要，也就代表认可和正式确认了“经济特区”这个名称。这个名称比“出口特区”更具丰富的内涵，它表明中国要办的特区是兼营工、商、农、牧、住宅、旅游等多种行业的综合性特区，而不是单一经营工业的出口加工区；是经济特区，而不是政治特区，只是在经济上采取更加开放的特殊政策和灵活措施去吸引外资的一种特殊形式。

1980 年 8 月 26 日，第五届全国人民代表大会常务委员会第十五次会议审议批准建立深圳、珠海、汕头、厦门四个经济特区，并批准公布了国务院提请审议的《广东省经济特区条例》。这标志着中国经济特区的正式诞生。

## 二、对外开放政策的主要内容

20 世纪 70 年代以来，国际间交往日益频繁，进行社会主义现代化建设，坚持独立自主政策是必要的，但是绝不能把自己孤立于世界之外，特别是经济建设。因为社会化大生产本身不仅需要国内交换和国内市场，而且需要扩大的国际交换和国际市场。只有坚持对外开放，发展国际交往，拓展对外贸易，引进国际上的资金、资源、市场、技术和先进经验，才能加速社会主义现代化建设。邓小平“北方谈话”顺应时代潮流和世界大势，经过十一届三中全会迈开了中国对外开放的脚步。

第一，将对外开放确立为国策。在邓小平等人的倡导和支持下，党的十一届三中全会提出在自力更生的基础上积极采用世界先进技术和设备，同世界各国开展平等互利的经济合作，由此明确了实行对外开放的方针。随着改革开放实践成效的显现，党和政府对改革开放的认识也不断加深。1981 年 11 月，五届人大四次会议指出：“实行对外开放政策，加强国际经济技术交流，是我们坚定不移的方针。”1982 年 12 月，对外开放政策载入宪法，我国的对外开放政策作为基本国策最终确立下来。1984 年 10 月，中共十二届三中全会将对外开放确定为我国的“长期基本国策”。至此，对外开放成为我国现代化建设中坚定不移的前进方向。

第二，建立沿海经济特区。对外开放的起步，是从批准广东、福建两省实行特殊政策开始的。我国东部沿海地区在近代以来现代工业和商品经济就相对比较发达，人口素质较高，又具有毗邻港澳的地理优势，有着比较优越的条件率先进行开放，可运用特殊政策，吸收国外资金和技术，发展对外贸易，参与国际竞争。在邓小平的倡导下，我国的对外开放从沿海地区兴办的经济特区起步。根据国际上一些国家发展经济的成功经验，1979 年 7 月 15 日，中共中央、国务院决定在广东、福建两地试办出口特区。随着实践中出口特区的向好发展，1980 年 5 月，党中央、国务院批准并转发了《关于〈广东、福建两省会议纪要〉的批示》，决定将“出口特区”更名为“经济特区”。“经济特区”比“出口特区”的内涵更加丰富，它表明我们要办的特区是兼营工业、商业、农牧业、住宅、旅游等事业的综合性的经济特区，不是单一的经营工业的出口加工区。1980 年 8 月，国务院提出的《广东省经济特区条例》和《福建省厦门经济特区条例》获得批准，开始着手在福建省的厦门和广东省的汕头、珠海、深圳设置经济特区。同年 8 月，第五届全国人大常委会批准在广东和福建两省设置经济特区，实行特殊灵活的对外开放政策。1981 年 11 月，国务院召开沿海 9 省、市、自治区对外经济贸易工作座谈会，会议认为沿海和内地之间，在经济上应有合理分工，发挥所长，使整个经济发展得更快，沿海地区要面向国际市场，这是发展沿海地区经济的正确方针，是对外开放政策的一个重要部署。这为经济特区的进一步发展开辟了更为广阔的空间。1984 年 5 月，中共中央、国务院决定进一步开放秦皇岛、大连等 14 个沿海港口城市，同时在这些城市兴办经济技术开发区。1985 年 2 月，开辟长江三角洲、珠江三角洲等 5 个经济开发区。1988 年 4 月，中央决定兴办海南经济特区。

第三，引进国外技术和资金。早在 1977 年，邓小平就提出“下决心向外国借点钱搞建设，要抓紧时间”①。1978 年 12 月，十一届三中全

① 中共中央文献研究室. 邓小平年谱(1975—1997)(上)[M]. 北京：中央文献出版社，2004：335.

会认为积极吸收和利用外资是改革开放政策的重要组成部分。从经济长期发展的角度看，这为解决社会主义现代化建设中的资金短缺问题提供了一条思路。1978 年 12 月 15 日，对外贸易部部长李强在香港向世界宣布取消两个禁区，“基本上国际贸易上惯例的做法都可以干。”①1979 年 1 月，邓小平指出，现在搞建设“可以利用外国的资金和技术”②。邓小平提出引进外资为社会主义现代化建设服务的思想，打破了传统的“既无外债、又无内债”的国际国内收支平衡观。由此，我国利用外资政策发生重大转变，这一禁区被打破。利用外资必须有相应的法律保障。1979 年 7 月 1 日，五届全国人大二次会议通过了《中华人民共和国中外合资经营企业法》，并于同年 7 月 8 日正式公布实施。这是新中国第一部利用外资的法律，也是改革开放的重要标志之一。这不仅有利于吸引外资，而且向全世界显示了中国对外开放政策的连续性和坚定性。从 1980 年开始，我国接受外国政府和国际货币基金组织、世界银行等国际经济组织和机构的贷款，在利用外资方面迈出了新的步伐。1979—1985 年，我国通过各种形式实际使用外资 217. 9 亿美元，建立中外合资企业 2342 个，中外合作经营企业 3822 个，外商独资经营企业 121 个，引进国外技术 1 万多项。此外，“六五”期间(1981—1985 年)还在 88 个国家和地区签订建设各类工程项目的合同 2681 项，成交额达 48. 8 亿美元。③ 这在实现企业的技术改造、促进产品升级换代、吸收国外企业的经营管理经验、提高产品质量、扩大出口创汇等方面发挥着日益重要的作用。

### 三、对外开放政策形成的主要原因

“文化大革命”结束后，为了了解世界各国的经济发展状况，国务

---

① 黎青平. 新时期对外开放政策的确立[J]. 当代中国史研究，1999(6)：195.

② 邓小平文选(第二卷)[M]. 北京：人民出版社，1994：156.

③ 孙健. 中华人民共和国经济史(1949—90 年代初)[M]. 北京：中国人民大学出版社，1992：291.

院和各部委领导人纷纷外出参观考察，看到世界经济和科技近 20 年发生的巨大变化，感到我国比世界先进水平落后 10 年、20 年甚至更远，产生了强烈的紧迫感。同时从日本、德国、法国等国的经济起飞，特别是从新加坡、韩国、中国香港、中国台湾等国家和地区的经济发展中受到启发，认为别的国家 8 年、10 年能将经济搞上去，我们也可以再快点。这时，一些国家的政府和财团表示愿意给中国提供巨额借款。于是，在经济建设中，形成了大规模的引进国外技术装备和举借外债的现象。这推动了对外开放政策的形成，究其原因可以从以下几个方面来看：

（一）中外现状差异形成的压力

要实现国富民强就必须发展生产力，要发展生产力就必须对外实行开放、对内实行改革，而对外开放思想的主要内容之一就是要学习国外先进的管理经验，引进国外的先进设备、技术和资金。为此，1978 年上半年我国派出代表团先后考察了日本和欧洲一些主要国家。

1978 年 3 月 28 日至 4 月 22 日，由上海市革命委员会副主任林乎加率领中国经济代表团对日本进行了考察、访问。这支代表团是应日本经济团体联合会、日本国际贸易促进协会等有关经济贸易团体的邀请前往日本参观访问的。

1978 年 5 月 2 日，国务院副总理谷牧带领代表团前往法国等西欧国家进行友好访问。从 5 月 2 日到 6 月 6 日，历时 5 周、行程 2 万多公里，先后访问了法国、瑞士、比利时、丹麦、联邦德国 5 国 15 个城市，会见了有关政界人士和企业家，参观了工厂、农场、城市设施、港口码头、市场、学校、科研单位和居民区，收集了大量的资料信息。①

代表团参观了电力、冶金、机械、公路、机场、港口等所有先进的

① 中共中央文献研究室. 回忆邓小平（上）[M]. 北京：中央文献出版社，1998：155.

工艺和设施。他们参观了机械化程度高、船舶在码头停留时间短的法国福斯新港、比利时安特卫普港、丹麦哥本哈根港和埃斯堡港、联邦德国不莱梅港；参观了联邦德国、比利时、丹麦的火力发电站，瑞士、法国的水电站，以及法国、联邦德国、比利时的核电站。

代表团还参观了西欧的工厂、企业，对他们广泛使用电子计算机进行自动控制、生产调度、产品质量检查、辅助设计等留下了深刻的印象。法国的戴高乐机场，用电子计算机调度飞机起降。在联邦德国不来梅的集装箱码头，集装箱的运入、贮存和运出情况，全部通过电子计算机来反映。瑞士的班维尔发电站，装机容量为 2500 千瓦，完全由电子计算机控制。比利时的一个高自动的炼锌厂，其化学反应过程全部由电子计算机控制。

在农业方面西欧的发达国家对农业科研和农业生产的技术培训十分重视。瑞士规定，只有经过一定劳动和考核及格的农业学校毕业生才能取得经营独立农庄的资格。丹麦建立了全国性农业科研单位和农业生产单位的联络网。农业科研单位聘请的农业顾问，经常为农民提供如何改进农业生产的意见。农业科研成果也通过这个网络加以推广。

这两支代表团走出国门，通过与出访国家的接触，亲眼看到了国际社会的这种巨大变化，加深了对西方发达资本主义国家的了解，也看到了我国与西方发达国家的差距，深感加快发展的必要性和紧迫性。他们已经意识到，发达国家要进行产业升级、转移旧产业，这为我国加快发展提供了机遇，同时也认识到知识和科技正成为最重要的生产因素。中国的发展，不仅要依靠一直以来所取得的成绩和积累的建设经验，也要解放思想，借助和学习别国的先进技术和经验。

对当时的中国来说，改革的动因更可能是来自于中外现状的比较。从哪些方面进行改革？当时的领导者们比较关注的是行政效率、企业管理、分配制度等问题。如何提高管理水平、提高经济效益自然成为对外开放政策形成的重要原因。

### (二)借鉴他人发展经验是对外开放政策形成的另一个重要原因

1978年6月，赴港澳经济考察组提出了一个十分新颖的建议：利用宝安(即今深圳)和珠海毗邻香港和澳门的地域特点，把宝安和珠海建成具有相当水平的工农业结合的生产基地和对外加工基地，建成吸引港澳游客的游览区，使其成为新型的边防城市。比如在宝安、珠海搞出口基地，那里的工资问题、工厂摆法问题要研究，加工订货、进料加工、来料加工等原则要定下来，具体问题还要研究，最好搞个文件，经过讨论，发下去执行，首先在上海、广州、北京、天津把来料加工搞起来。这实际上是后来建立深圳、珠海经济特区的最早酝酿，也是对外开放实施“两头在外”战略的最初萌芽。

1978年8月，我国访问团访问罗马尼亚、南斯拉夫。通过参观了解到罗马尼亚、南斯拉夫的同类工厂、企业同中国相比，规模、设备都不如中国，但效率比中国高出很多，企业还挤出一部分产品出口换外汇，而中国的企业不仅自我管理的权利太小，而且经营管理水平也有问题。我们关门自己搞，既不引进外国先进技术，又由国家垄断出口，企业产品不能进入国际市场去接受外国消费者对产品质量的裁判。最吸引访问团成员的是南斯拉夫的农工联合企业，其不仅搞农业、牧业、畜业，而且搞加工，还有自己的销售网点。访问团成员还对罗马尼亚、南斯拉夫吸收国外投资和贷款的经验颇有兴趣。看到罗马尼亚、南斯拉夫对外经济合作完全放开，搞补偿贸易，吸收外国投资，合作经营，生产协作等，并没有损害国家主权，他们自然就想到我们禁止吸收外国贷款的政策的合理性问题，这对改变过去禁止吸收外国贷款政策起到了积极的推动作用。这次访问取得了很大的成果，开阔了眼界，有助于解放思想，找到了我国与外国相比在经济建设方面的差距。这种源于经验而不是理论推导的改革意识，比过去的某种“理论”更实在，也更具张力。

1977年初，项南(时任第一机械工业部党的核心小组成员兼农机局局长)向中央汇报考察美国农业机械化的情况。项南一边汇报，一边放映拍摄的纪录片，通过项南的汇报大家了解到美国农业生产的发达，其农业机械化的先进程度令人感到惊诧。尤其是美国的农场主一家种1600多亩地、一年生产150万斤粮食的事实给大家留下了深刻的印象。项南感慨地说："我们总在说要缩小三大差别。实际上，我在美国看到的真实情况是，美国的城乡差别、体力劳动与脑力劳动差别比我国小。"他因此向中央建议，搞"四个现代化"，应该借鉴资本主义的先进经验。

从实施大规模引进，到主张走出去看西方、开眼界，再到支持办出口基地及实施加工订货、来料加工、进料加工以及吸收外国贷款和进一步提出改革上层建筑和管理体制来看，是应该肯定的。这一时期，开放和改革已经提上了日程。同后来的改革开放相比，这时的改革开放当然还是浅层的，不少措施甚至还在酝酿之中，但改革本来就是一个渐次推进、梯度升级的过程。

### (三)解决大规模引进计划和外汇不足这对矛盾的需要

1977年7月17日，国家计委向国务院提交了今后8年引进新技术和成套设备的计划，提出在"五五"时期的后三年和"六五"时期，除抓紧1973年批准的"四三方案"中在建项目尽快建成投产外，围绕着长远规划的目标和任务，再进口一批成套设备、单机和技术专利。该计划规定今后8年的引进目标是：

(1)在支农方面，主要进口以粉煤和重油为原料的两套大型化肥装置，以天然气或裂解尾气为原料的两套化肥装置，以及生产高效低毒农药的四套中间体原料装置等。

(2)在轻工业方面，主要进口三套大型石油化工设备，北京30万吨乙烯生产装置，四套纤维合成和关键设备装置，两套年产200万平方米的合成革装置，三套合成洗涤用品原料生产装置。

(3)进口一批面料、动力、原材料工业方面的新技术和关键设备，如地震探船、数字地震仪、石油勘探设备、年产千万吨的露天煤矿成套设备、60万千瓦和90万千瓦的原子能电站、年产1200万吨的采矿设备等。这些设备共需外汇65亿美元，国内配套工程的基本建设投资需要400亿元人民币。

特别是随着引进规模的进一步扩大和引进速度的加快，外汇不足成了一个严重的问题。当时中国的外汇储备很有限，1978年仅有15.57亿美元。为解决矛盾，中国政府采取了发展出口创汇、发展非贸易创汇，以及采取延期付款、分期付款、补偿贸易等灵活方式，引进技术设备，减少现汇的支出。在当时，中国政府主要采取了延期付款的做法。1977年签订的引进技术设备合同220项，成交金额30多亿美元，其中26个大型成套项目，43套综合采煤机组，费用占80%以上，而其中40%的金额采用的就是延期付款的办法支付的。由于引进规模与外汇不足的矛盾进一步激化，为了缓解矛盾，自1978年中国政府开始重视引进外国技术，然后用这些技术生产的产品支付进口的补偿贸易方式。为了大力发展加工装备和补偿贸易，国务院于1978年7月15日颁布《开展对外加工装备业务试行办法》，有力地推动了这种贸易方式的发展。根据上海、广东、广西、北京、山东、浙江的不完全统计，1978年7月到1978年年底这5个月内，共同外商签订加工装备和补偿贸易合同698项，其中加工装备合同661项，补偿贸易合同37项。当这些方式还不能满足庞大引进计划需要的时候，引进外资也就提上了议事日程。

## 第二节　打破利用外资的禁区

在"文化大革命"期间，中国政府对于利用外国贷款和直接投资两种引进外资形式，是不允许的。"文化大革命"结束后的一段时期也是如此。当时普遍认为中国是社会主义国家，不能允许外国资本家来开发资源，也不能允许与外国资本搞什么联合经营。1978年5月中国社会科学院经济学所编写出版的《"四人帮"对马克思主义政治经济学的篡改》一书还表示："我们既不允许外国资本家同我们办合资企业，更不允许把领土领海主权租让给外国。”①1978年4月22日当时的对外贸易部部长李强明确指出，以下几种做法在“四人帮”干扰时我们不能做，现在可以做，包括：①补偿贸易；②来料加工、来样加工；③用外国商标牌号定牌；④协作生产；⑤寄售；⑥分期付款、延期付款。但向外国借款和与外国举办合资企业，是不做的。②

为了实现在20世纪末建设成为现代化强国的目标，这一时期，中国对外经济政策方面突破了许多禁区，特别是从引进国外先进技术和设备发展到引进外资是当时引进工作中最突出的变化，它为新时期中国大规模对外开放奠定了重要的基础。

## 一、利用外资的禁区被打破

在1978年8月召开的国务院务虚会上，李先念等就提出了利用外资问题。在9月召开的全国计划工作会议上确定了经济工作上的三个转变，其中一个转变就要求“从那种不同资本主义国家进行经济技术交流的闭关自守或半闭关自守状态，转到积极地引进国外先进技术、利用国外资金，大胆地进入国际市场”③。这就为利用国外资金扫清了障碍。11月11日，李先念在会见外国客人时明确表示：可以贷款买设备，或外商出资金、设备来建工厂，我们用产品偿还，还可以考虑合股经营工厂。在此基础上，同月召开的中共中央工作会议就正式明确地提出：要善于利用国际国内有利形势，吸收外国资金技术。④ 1978年12月15日，对外贸易部部长李强在香港向世界公布了中国利用外资政策的重大

---

① 李正华. 中国改革开放的酝酿与起步[M]. 北京：当代中国出版社，2001：272.

② 李正华. 中国改革开放的酝酿与起步[M]. 北京：当代中国出版社，2001：272.

③ 《当代中国的经济管理》编辑部. 中华人民共和国经济管理大事记[M]. 北京：中国经济出版社，1986：320.

④ 中共中央党史研究室第三研究部. 邓小平与改革开放的起步[M]. 北京：中共党史出版社，2005：236.

转变。他说："不久以前，我们在对外贸易上，还有两个禁区。第一，政府与政府之间的贷款，不干，只有银行与银行之间的商业贷款。现在不是了。第二，外商在中国投资不干。最近我们决定把这两个禁区取消了，基本上国际贸易上惯例的做法都可以干。"①12 月 25 日中国政府公布了接受国外政府贷款和允许外商来华投资的利用外资政策。与此同时，中共十一届三中全会批准的《1979、1980 两年经济计划的安排》，提出了党的经济工作的指导思想要实现重大转变，积极引进国外先进技术，利用外国资金，大胆地进入国际市场。引进外资的禁区被彻底打破。

## 二、利用外资的禁区被打破的原因

在这一时期，利用外资的禁区被打破，可以从以下几个方面来分析：

### （一）政治上，正逐步摆脱"左"的错误思想的影响

"文化大革命"结束后，在对外经济政策方面继续坚持"两个不允许"，说到底是在思想上没有摆脱"文化大革命"时期"左"的关于社会主义和资本主义错误观点的束缚。1978 年随着真理标准问题的讨论在全国的开展，人民思想不断得到解放，"左"的阵地越来越小。9 月 16 日，邓小平在《高举毛泽东思想旗帜，坚持实事求是的原则》的讲话中，肯定了利用外资的必要性。他说："毛泽东同志在世的时候，我们也想扩大中外经济技术交流，包括同一些资本主义国家发展经济贸易关系，甚至引进外资、合资经营等等。但是那时候没有条件，人家封锁我们。后来'四人帮'搞得什么都是'崇洋媚外'、'卖国主义'，把我们同世界隔绝了……经过几年的努力，有了今天这样的、比过去好得多的国际条

① 李正华. 中国改革开放的酝酿与起步[M]. 北京：当代中国出版社，2001：274.

件，使我们能够吸收国际先进技术和经营管理经验，吸收他们的资金。”①正是由于在政治上逐步地摆脱“左”的错误思想的影响，这就为突破“禁区”扫清了思想上的障碍。

(二)经济上，大规模引进与外汇不足的矛盾越来越突出

当时为了解决外汇不足问题，中共中央采取出口创汇、来料加工和补偿贸易等措施，但在当时却收效甚微。因为中国当时出口的主要是初级产品，出口附加值小，通过这样的出口短期内不可能增加很多外汇。来料加工、补偿贸易虽然有既引进技术设备又不要现汇支付的好处，但这种形式引进的技术设备不仅有限，而且很难引进急需的技术设备。对此，美国国会联合经济委员会就曾断言：“如果不寻找国外长期贷款，那么，中国当时提出的特大规模投资和工业发展规划，以及随之而来的对进口方面的巨大需求，都是不可能实现的。”②

(三)这一时期西方发达国家经济发展缓慢、资本过剩，剩余资金急需寻找出路

1978年4月，当时的对外贸易部部长李强在访问联邦德国时，联邦德国联邦经济部主管部长狄特马就说：只要中方肯接受，联邦德国经济界可以给中国提供的不仅是4亿马克，而且是40亿马克的贷款，政府愿意担保。同年10月，邓小平访问日本，日本政府也提出向中国政府贷款的问题。一些外国公司和商人则要求中国允许他们来中国投资办厂或与中国共同开发资源。美国商人提出：中国石油资源丰富，可以由中美合资共同开发，美方提供技术、设备、资金。港澳同胞、海外华侨华人对投资的积极性更高，他们到处询问向国内投资的问

---

① 邓小平文选(第二卷)[M]. 北京：人民出版社，1994：127.

② 美国国会联合经济委员会. 毛主席以后的中国经济(第一卷)(上)[M]. 北京：中国财政经济出版社，1980：87.

题。有的还从海外来到北京，如美籍华人陈宜远就到北京询问有关投资问题，后来他投资兴办的北京建国饭店成为中国最早批准的中外合资企业之一。

## 三、大规模借用外资

利用外资是“文化大革命”结束后提出的一项加快现代化建设的重要举措，标志着中国的对外政策发生可喜的变化。“资金不够，可以举外债”，如果中国既积极又谨慎地利用外资，是可以加快社会主义现代化建设的。

1978年我国匆忙地从日本、美国和联邦德国引进22个大中型项目，用汇总额为78亿美元，按照合同规定，必须用现汇支付款项。1978年中国出口总额为97.5亿美元，而进口总额达108.9亿美元，不仅没有顺差，而且还入超11.4亿美元。在当时要用进出口顺差来支付引进技术设备的货款当然是不现实的，于是，只好用借款。

当时借款的主要来源有两个方面：一个是由中国银行吸收的海外存款；另一个是从欧洲金融市场上的贷款，两项共51亿美元。1978年引进技术设备用汇总数是78亿美元，后来与外商协商，减少部分订货，所用外汇数减为75亿美元。偿付了51亿美元后，剩下的24亿美元将在到货时全部用结余的外汇偿付。

## 四、利用外资的经验教训

由于当时缺乏经验以及其他方面的原因，这一时期在利用外资问题上积累了一些经验教训：

首先，对于高利贷性质的贷款只能是短期少量地借用。这一时期引进的设备基本上是用现金支付，其主要来源是当时从欧洲市场上的贷款，其利率极高，年利息率一般为15%~16%，最高达18%。这些贷款又是“疲软”的欧洲美元，从日本、联邦德国引进设备时，还要把欧洲美元折算成当时比较坚挺的日元和马克。由于引进过急，缺乏经验，未能很好地利用国际市场上资本剩余的条件。

其次，利用外资要考虑国内的偿还能力。1978 年引进的技术设备于 1979 年和 1980 年陆续交货，对当时中国的外汇收支造成极大的压力。1979 年和 1980 年是中国国际收支最困难的时期，1980 年中国外汇收支逆差高达 13 亿美元。这两年只好大幅度减少签订新的引进合同，以渡过难关。经过 1981 年和 1982 年两年的努力，我们所借 51 亿美元的高利贷性质的借款于 1982 年年底还清。①

最后，在利用外资时应注意提高资金的利用率。如果非借用外资不可，不但要注意借款的方式，而且还要注意外资使用的效益。对于借用的外资，应该像邓小平一再强调的那样："只能用在最关键性的项目上。"②

## 第三节　技术设备引进中的经验与教训

当然，不可否认，这一时期对外开放也存在很多问题。比如，在技术设备引进方面，当时除了摊子铺得太大之外，关键是没有同时进行改革经济管理体制的积极大胆的尝试，没有从改变束缚生产力发展的生产关系上去解决根本问题。因此，这一时期的经济政策的调整与改革不可能从根本上解决计划经济体制的弊端，有一定的历史局限性，但正是这一时期的理论与实践探索为后来的全面改革开放和社会主义市场经济目标的确立提供了路径探索和丰富的实践素材。

### 一、技术设备的引进对经济发展的积极作用

为了统一领导新技术设备的引进工作，1978 年 5 月 17 日，国务院决定成立以余秋里为组长、顾明为副组长的引进新技术领导小组。该领

① 把"八字方针"落实到位[N]. 经济参考报，1983-03-17.

② 三中全会以来重要文献选编(上)[M]. 北京：人民出版社，1982：602.

导小组的主要任务有四：第一，根据发展“十年规划”和在20世纪末实现“四个现代化”的宏伟目标，在调查国内外情况的基础上，研究三年、八年或更长时间的引进新技术的方向、重点，搞好综合平衡，统筹提出新技术和成套设备的引进计划；第二，研究向党中央、国务院提出有关引进新技术和成套设备的方针、政策和建议，包括工艺技术路线，引进方式的政策，国别政策等；第三，组织引进计划的实施，进行督促检查，总结交流这方面的经验。第四，组织有关方面研究、消化和发展引进的新技术等。①

技术设备的引进对经济发展的积极作用主要体现在技术进步上。经济开放度低，就不能引进大量的技术，从而使经济增长中科技进步的含量降低，技术进步在中国经济发展中具有特别重要的作用。1949—1962年主要从苏联、东欧等国引进技术，以156项重点工程为中心，共引进400多个项目；20世纪六七十年代，中国经济发展基本上处于封闭状态，技术进步缓慢，但也从日本、西欧国家引进了一些技术；1972—1976年，共引进200项左右；1977—1978年成为中华人民共和国成立以来最大规模地对外开放、引进国外先进技术设备的时期，仅仅1978年就签订了1200多个技术引进合同，成交额达78亿美元。这一时期中国引进的技术主要是西方发达资本主义国家20世纪六七十年代的成熟技术，引进的项目是第三次产业革命的新兴产业或传统工业部门的先进技术，因而进一步提高了工业技术水平，逐步形成了部门比较齐全的工业体系。因此，技术设备的引进有利于中国建立门类齐全的国民经济体系，较大幅度地提高了工业技术水平，为推动了国民经济的发展起到了积极性的作用。如表6-1所示。

---

① 张旭东. 1976—1978：中共对外引进政策的恢复与突破［EB/OL］.［2019-10-12］. http://cssn.cn/dsdj/dsdj_shzygmhjssq/201910/t20191012_5013080.shtml.

表 6-1　技术设备的引进对经济发展的贡献（%）①

| | |
|---|---|
| 1952—1957 年 | 27.28 |
| 1958—1965 年 | 8.24 |
| 1965—1976 年 | 4.10 |
| 1976—1980 年 | 31.47 |

## 二、引进中的经验教训

这一时期，比较集中地建成了一批 20 世纪 70 年代中期动工的引进项目，同期，又仓促签订了一大批引进成套设备和单机的项目。在沿海有条件的地区兴建了一批重点项目。如宝钢、上海石化总厂二期工程、浙江镇海化肥厂、南京仪征石化总厂，等等。由于缺乏经验和急于求成，在引进项目的建设中出现了一些需要总结的教训。

第一，在建设项目的安排上过于集中。1973 年签约引进的项目在 1975 年、1976 年已经出现了这样的问题，致使有的建设项目延长了工期。但 1978 年年底又重复了同一错误，集中引进、同时开工，造成以后年度投资高峰的同时到来，结果不得不采取停缓建的办法予以调整。

第二，引进成套设备的规模过大。要将这些项目全部建成，估计需要 600 亿元人民币的投资。1978 年全国已有基建项目 65000 个，总投资规模为 3700 亿元，如果再加上这批引进的项目，基本建设投资的规模将大大超过国家所能负担的能力。在引进的所有项目中，上海宝山钢铁总厂的规模最大，设计能力为年产铁 650 万吨，钢 670 万吨，钢材 422 万吨，商品铁坯 122 万吨。宝钢是 1977 年 11 月仓促决定投资兴建的，其投资在建设过程中又不断增加。1978 年 3 月估计要用外汇 25 亿美元，1979 年 5 月又改为需要外汇 48 亿美元，再加上国内投资 70 亿元

① 李京文，郑友敬. 技术进步与产业结构概论［M］. 北京：经济科学出版社，1988：72~76.

人民币，全部折合人民币214亿元，约等于上海全部固定资产投资的总数。同时，引进技术设备所需的外汇，大大超过中国的外汇支付能力。引进技术设备用的外汇，归根结底要用出口商品所换来的外汇进行偿付。1976年中国出口额为68.6亿美元；进口额为65.8亿美元，1977年中国出口额为75.9亿美元，进口额为72.1亿美元。1976年和1977年两年的进出口额和进出口的顺差额都是很少的，说明1978年的引进规模超过了外汇支付能力，引进规模太大，在这种情况下，所需外汇的相当一部分只有靠举借外债来解决。

第三，对引进工作的要求过急。其根源在于"十年规划"中的某些高指标，为了实现高指标，就必须"抢建"。1958年为了实现高指标，主要是依靠"小土群"；1978年为了实现高指标，主要依靠引进一大批国外技术设备。为了"抢建"，急于引进，对于引进工作的要求必然过急，从而产生了极其不良的后果。一是对国内外缺乏认真的调查研究，特别是对国内可行性的研究不够，造成引进的设备成为一堆废物。如山东推土机项目，是在没有扩初设计的情况下，仓促与外商签订合同，进口两条铸钢生产线，耗资2300万美元。设备到货后，却因山东推土机厂条件差，无法安装，造成设备积压。湖北十堰第二汽车制造厂引进的四条铸造线，是在未认真核算需要的情况下盲目决定进口的，耗资1600万美元，结果，设备到货后长期被搁置，不能投入使用。又如海红轴承厂，原来是为生产从英国引进的斯贝发动机而配套建设的项目，1978年动工建设时，要求限期建成，十分紧迫。后来又决定不再生产这种发动机，海红轴承厂被迫停建，这时已完成基本建设投资4124万元，加上引进斯贝发动机耗费的外汇，造成了很大的损失。①

二是与外商谈判吃了亏。例如，宝山钢铁总厂的谈判就是这样。宝钢炼铁炼钢一共需要引进19项大工程，谈了两个月只谈成了两项，双

① 《当代中国》丛书编辑部. 当代中国的基本建设[M]. 北京：中国社会科学出版社，1989：236.

方都很着急，结果我方接受了日方的“一揽子”交易。这么一来，估价大约高出了30%。引进的项目几乎包括了整个主体工程和配套工程，甚至一些辅助工程，如交通运输、港口建筑与设施，也都由日本商人承包了。这明显地脱离了中国的具体情况，一则这时已经与20世纪50年代不同了。20世纪50年代国内制造设备的能力比较差，即便如此，当时在引进成套设备时，还争取了比较大的国内制造份额。到了70年代后期，国内制造设备和施工能力已大大提高，这时采取“一揽子”交易，显然是不恰当的。二则中国外汇支付能力比较差，国内能施工和制造的商品，就应该从国内购买，而不应该全部从国外购买，否则，就大大增加了用汇的数量。

第四，与国内具体情况脱节。1978年大规模引进成套设备时，没有全面地与国内的具体情况联系起来考察，因此出现了与国内具体情况脱节的地方。其一，没有考虑到能源的消耗问题。当时，中国的能源很紧张，全国有20%~30%的工业设备因为缺乏电力、能源而无法发挥作用。但1978年引进的项目中，大部分是能源消耗大的钢铁、化工等项目，而属于能源开发的煤炭、发电、石油等基础项目很少；至于投资少、见效快的项目就更少。1978年在没有可靠的国内原油资源的情况下，却又一次大批引进石油化工建设项目。这样便加剧了燃料、动力供应方面的紧张状况。其二，没有处理好建设新厂与改造老厂的关系。1978年，中国工业企业有34.8万个，其中有大中型企业4400个。并且绝大多数企业的技术设备比较陈旧。但当时并没有从指导思想上认识到改造这些企业的重要性，不是采取“先挖掘、后新建”的方针，而是热衷于搞大、洋、新。如果多引进一些关键设备，对老企业进行技术改造，不但收效快，而且可比建一个新厂的投资节省一半到2/3。其三，重复引进。“文化大革命”期间，曾经引进了13套化肥的生产设备，1978年又要引进4套化肥的生产设备。综合采煤设备方面，1973年签约进口了43套，1978年又急忙签约进口了100套。

# 小　结

在这一时期大力引进西方先进的技术设备、国外资金的方向是正确的，无论是在引进设备的规模、技术含量还是利用外资的数量上，政策上表现出一定的胆量，可以说是当时最大规模的对外开放，这对后来改革开放的进一步扩大起了促进作用。特别是经济特区的成立是"文化大革命"结束后开天辟地的大事件。经济特区大胆探索新的经济体制和运行机制，为全国的经济体制改革积累了经验，提供了借鉴，成为改革的试验区，具有鲜明的中国特色和强烈的时代特征。建立经济特区时，国家允许在经济特区实行与内地有区别的经济管理体制，使经济特区摆脱旧体制的束缚，实行以市场取向为特征的体制创新和"特事特办"的改革先行的原则。主要内容包括：经济特区建设以吸引外资为主，探索建立多种经济成分并存的所有制结构；经济特区的经济活动实行计划经济与市场经济相结合的原则，充分发挥市场调节的作用。另外，经济特区注重改革的超前性，如外资政策、土地出让权政策、服务领域的商业零售、外资银行、保险等对外开放政策都是先在特区试验，取得经验后逐步推广。这就为探索中国特色社会主义市场经济体制、推进马克思主义中国化提供了丰富的实践材料。

# 第七章　经济工作方法的创新

这一时期中国的经济建设尽管在初期经历了波动，但是，伴随思想路线的端正、经济理论的拨乱反正和正确的经济工作指导思想的确立，经济工作方法有了新的特点：既有对过去通过政治运动、群众运动来推进经济工作方法的坚持，也有注重学习国外经济发展经验、实行先局部试验后全面推广的经济工作推进方法、用经济手段推进经济工作等工作方法上的创新。

## 第一节　对过去的经济工作方法的坚持

中国共产党在过去的革命战争年代形成的通过阶级斗争、群众运动来推进各项工作的方法，在革命战争年代被实践证明是行之有效的，但是，随着历史条件的变化，随着人民政权的建立和巩固，在社会主义制度条件下习惯沿用这种工作方法不仅不会有实际效果，反而会对人民群众的生产积极性带来重大打击。

### 一、通过政治运动来推进经济工作

“文化大革命”结束后，在当时提出了“两个凡是”的思想，反映到经济建设中，就是用“抓革命”(包括打击阶级敌人和促进思想革命化)来“促生产”。邓小平当时曾多次指出：“揭批‘四人帮’，是当前和今后一个时期各项工作的纲。抓不好这个纲，是非就不明，阵线就不清，班子就配不好，作风就不能转变，团结就没有良好的基础，工作也搞不上去。总而言之，不破掉这些坏东西，就不能立新东西。”①于是，在全国便开展了轰轰烈烈的、历时一年的批“四人帮”促生产运动，这场运动分为三个阶段：

1976 年 12 月 10 日，中共中央批发了《王洪文、张春桥、江青、姚文元反党集团罪证(材料之一)》，在全国范围内开展了揭批“四人帮”斗争的第一个战役。

1977 年 3 月 6 日，中共中央发出《王洪文、张春桥、江青、姚文元反党集团罪证(材料之二)》，在全国开始了揭批“四人帮”斗争的第二个战役。

1977 年 9 月 23 日，中共中央又发出《王洪文、张春桥、江青、姚文元反党集团罪证(材料之三)》，通过群众运动从思想、路线、组织等方面进行第三个战役的揭批斗争。

一方面，通过揭批“四人帮”，有利于恢复被“文化大革命”弄乱的经济、生活秩序，有利于人们对“左”的错误有一定程度的认识，从而为全党把工作重点转移到以经济建设为中心的社会主义现代化建设轨道上来创造了必要的前提；但是，另一方面，由于历史条件、思想认识等多方面的局限，人们把经济困难的原因仅仅归责于“四人帮”的干扰破坏②，掩盖了经济体制、经济运行中存在的弊端与矛盾。于是，在当时很自然地提出了通过跃进的方式把“‘四人帮’造成的损失夺回来”。特别是在当时提出要通过揭批“四人帮”来达到“抓纲治国”的目的，这就对工、农、商各战线、各行业形成一种政治压力，如果不积极按照中央的部署推进“农业学大寨”“工业学大庆”运动，就有被划为“四人帮”帮凶的可能或者可能被认为有发展资本主义的倾向。

① 邓小平文选(第二卷)[M]. 北京：人民出版社，1994：122.

② 美国国会联合经济委员会. 毛主席以后的中国经济(第一卷)(上)[M]. 北京：中国财政经济出版社，1980：48.

## 二、通过群众运动来推进经济工作

在这一时期，为了实现“十年规划”中关于1980年实现农业机械化这个目标，在农村大规模地开展了群众性的兴修农田水利、“农业机械化”运动，在城市轰轰烈烈地进行了“工业学大庆”运动。

在1977年中共中央和国务院召开了农田基本建设会议后，各省市就调集了大量的人力物力来推进这一运动的进行。仅据山东、湖北、四川、广西等11个省、自治区的统计，就有近百万干部下到工地，各地驻军也都积极参加了当地的农田基本建设。其中，广西壮族自治区在1977年、1978年为进行农田基本建设共动用劳力323万人次。① 据初步估算，为了进行农田基本建设，当时全国动用农村劳动力达1亿多人次。在生产手段比较落后的情况下，在某些工程建设上(如农田水利建设)可以采用类似群众运动的方式、大会战的方式进行。但总的来讲，社会主义现代化经济建设是一项十分复杂的工程，用搞群众运动的方式是很难奏效的。如“农业机械化”运动就说明了这一点。

为了迅速实现农业机械化，根据1977年中共中央批转国务院《关于1980年基本实现农业机械化的报告》要求以及第三次全国农业机械化会议的具体安排和部署，全国各地掀起了大力发展小钢铁、小煤炭的群众运动。到1978年年底，全省13个地、市已有9个相继办起了小钢铁，还有11个地市、40个县办起了小煤窑。烟台地区从1977年年初到1979年年初办起了包括采矿、选矿、烧结、炼铁、炼钢、轧材的小钢铁联合企业。结果浪费了大量的人力物力，不仅使产业结构更加不合理，而且还造成巨大的浪费。由于当时要求各县市都要修建农机企业，使得农机的生产不仅具有很大的盲目性，质次价高，很多产品销不出

① 谢之雄. 广西壮族自治区经济大事记(1949—1985)[M]. 南宁：广西人民出版社，1986：279、288.

去，而且由于产品规格不同，造成农机的使用成本过高。

## 三、通过会议、谈话推进经济工作

通过召开会议、领导人谈话等方式来推进经济工作，这是过去常用的一种方法，也是被实践所证明的行之有效的一种工作方法，因为，通过这种方法有助于统一思想、达成共识、提高认识，也是我们应该坚持的工作方法。比如，1978 年 7 月 6 日至 9 月 9 日国务院务虚会召开，在这次会议上不仅对经济管理体制改革问题进行了大胆的讨论，而且形成共识：要实现现代化，必须勇敢地改造一切不适应生产力发展的生产关系和不适应经济基础要求的上层建筑，放手发挥经济手段和经济组织的作用。在企业经济管理体制方面，要从过去放了收、收了放的老套循环中解放出来，努力用现代化的管理方法来管理现代化的经济。坚决克服墨守行政层次、行政区划、行政权力、行政方式而不讲经济核算、经济效果、经济效率、经济责任的老方法，掌握领导和管理现代化大生产的本领，尊重客观经济规律。于光远说，“这次国务院务虚会起了开拓视野启发人们思想的作用”，“如果说我们的党正视经济体制中的问题，重视改革，发轫于这次务虚会，未始不可”。①

国务院于 1978 年 9 月召开的全国计划会议上，进一步明确提出经济工作必须实行“三个转变”。“三个转变”思想的提出，说明在一点上达成了共识：经济体制必须改革，从而为经济政策的调整与改革指明方向和路径。

邓小平 1978 年发表的“北方谈话”中，提出了解放思想、恢复实事求是的思想路线，率先提出了党和国家工作重点转移的命题，为党和国家结束徘徊局面、开启新的现代化征程指明了方向。此外，对改革与开放的必要性和紧迫性分别进行了多方面的初步阐述。1978 年 9 月 16 日

---

① ［日］长谷川庆太郎. 中国现代化的幻想——从新的角度看日中关系［M］. 王宗林，王辅基，张慧春，译. 北京：生活 · 读书 · 新知三联书店，1981：53.

邓小平在视察吉林时指出："我们要坚持按劳分配的原则，不能再搞平均主义。"①9月20日，邓小平在视察天津时同样谈到这个问题，他强调要发挥物质刺激的调剂作用，调动人民的积极性和创造性，从而改善人浮于事和官僚主义发展的局面。

此外，在管理体制方面，他强调要打破既有的僵化的管理方式，学习西方先进的管理体制，实行考核制。在教育体制、科研体制等方面也初步提出了一些理论思考。邓小平的以上思想不仅推动了经济体制的改革，也在一定程度上促进了国际交流和对外开放。在发表"北方谈话"之前，四川、安徽等地已经从实际出发，对现行农村政策和农业管理体制进行了大胆的调整，但是遭到了严重质疑。邓小平发表"北方谈话"，提出全国调整农业经济政策，恢复小自由，这种认识推动了中共十一届四中全会形成的决议：农业生产"可以在生产队统一核算和分配的前提下，包工到作业组，联系产量计算劳动报酬，实行超产奖励"②。这一决定虽然还不允许包产到户，但却放宽了农村政策，成为中国农村大规模经营体制改革的开端，为探索新的农村经营体制开辟了空间。到1980年年底，全国有50%的生产队实行了包产到户责任制，安徽达到了70%，全国粮食产量达到了31822万吨，是中华人民共和国成立以来的第二个高产年，许多地区一举解决了多年没有解决的温饱问题。

## 第二节　经济工作方法的创新

这一时期，中国共产党在经济工作方法上有了显著的改进。具体表现在以下几个方面：

① 1978年黑龙江之行[EB/OL].[2018-05-10]. http://cpc.people.com.cn/nl/2018/0510/c69113-29977994.html.

② 三中全会以来重要文献选编(上)[M].北京：中央文献出版社，2011：162.

第一，注重与其他国家进行多方面的交流与学习，以此来推动经济工作。

早在 1977 年 9—10 月间，针对中国经济管理体制上存在的问题，邓小平就多次谈到，我们不但要学习世界先进的科学技术，还要吸收世界先进的管理方法。我们的管理制度主要是学习苏联的。现在看来，有成功的地方，也有不好、落后的地方，成功的要坚持，不好的要改变。从 1978 年起，我国开始改变了“文化大革命”以来党政领导人很少出国访问，特别是到西方发达资本主义国家访问的状况。仅 1978 年，就有 13 位副总理和副委员长以上的党和国家领导人，先后 21 次访问了 51 个国家。其中包括李先念、邓小平、汪东兴、邓颖超、王震、谷牧、方毅等。国务院主持经济工作的领导人、一些部门和地方主要负责人。1978 年 4 月，国务院副总理谷牧率领中国政府经济代表团出访西欧国家的前夕，邓小平要求他们详细地做一番调查研究，看看人家的现代工业发展到什么水平了，也看看他们的经济工作是怎么管的，资本主义的先进经验，我们应当把它学回来。

放眼世界，中国共产党和中国人民开始警醒起来，意识到了中国经济发展与世界的差距。1978 年 11 月到 12 月召开的中共中央工作会议，大会向会议代表印发了《罗马尼亚、南斯拉夫的经济为什么能够高速度发展》《苏联在二三十年代是怎样利用外国资金和技术发展经济》的专题材料，供大家讨论。对外交往的扩大和增加，不仅使中国的对外关系特别是对外经济关系有了明显的好转，而且使党对国际形势的发展变化有了比较直接和全面的了解，对加速现代化建设和制定相应的方针政策有了愈加迫切的认识，同时也使党对中国社会主义建设道路的探索有了更广阔的视野。

1978 年 7 月到 9 月，国务院召开了为期两个月的务虚会，专门研究如何加快我国现代化建设的速度问题。几位出访回来的领导同志介绍了当前的国际形势和国外发展经济的经验。随后，在国务院召开的全国计划会议上又提出经济工作必须实行三个转变，其中之一就是从那种不同资本主义国家进行经济技术交流的闭关自守状态，转为积极地引进国外先进技术、利用外国资金，大胆进入国际市场。要在坚持独立自主、自力更生方针的基础上，采取各种国际上通行而又对我有利的方式，把世界上主要先进技术拿过来，缩短我们赶上世界先进水平的时间。要发挥我们自己的有利条件和特长，通过世界市场，同国外互通有无、取长补短，并且通过对外贸易检验和提高自己的技术水平和经济水平。为了借鉴国外经济特区的做法，应联合国工业发展组织邀请，1980 年 9 月底至 11 月初，江泽民率领国务院有关部门和广东、福建两省以及深圳、厦门两特区负责人组成的九人小组，前往斯里兰卡、马来西亚、新加坡、菲律宾、墨西哥、爱尔兰六国的九个出口加工区、自由贸易区进行考察，并在途经日内瓦时同联合国有关专家进行座谈。这是中国派出的第一个考察国外经济特区的代表团。考察结束归国后，代表团向中央作了汇报。

中国共产党和政府不仅在创办经济特区、建设保税区等涉外经济领域注重学习国外的成功经验及主要做法，在经济体制改革的推进过程中，特别是在企业管理、股份制改革等方面，也注重学习国外的先进经验。这些先进经验和做法与中国实际相结合，成为具有生命力的改革方式。

这一时期，经济工作方法上一个大的改进就在于通过向国外派出大量的代表团方式，主动地加强与国际社会的交流与合作。这一时期同国际社会的交流具有以下明显的特点。一是进行交流的次数创历史纪录。从表 7-1 可以清楚地看到，1976 年 7 月 1 日至 1978 年年底中国进行的出访活动达 1290 次之多。二是交流的领域主要涉及科技与经济，交流的部门主要是中央经贸部门和科技教育部门，如表 7-2 所示。三是交流的对象主要是发达国家以及正在进行改革的社会主义国家。对发达国家出访次数的年平均增长率为 57%，居第一位；对正在进行改革的社会主义国家的年出访次数增长率为41%，居第二位。这些国家主要是联邦德国、英国、美国、日本、法国、罗马尼亚、南斯拉夫等，如表7-3所示。四是中共主要领导人的出访交流非常频繁。具体体现在副部长级及以上代表团进行国际交流的次数显著增加，这个时期，可以说是邓小平对外交流、出访的一个高潮期。从1978年1月到1979年2月，他共出访了5次，先后访问了缅甸、尼泊尔、朝鲜、日本、泰国、马来西亚、新加坡和美国8个国家。① 从1978年2月到1979年6月，中国领导人访问了五大洲的50多个国家，同时也接待了英国、南斯拉夫等30多个国家领导人的来访。到1978年年底，中国已同世界上116个国家建立了外交关系。1978年，共接待外国来宾、华侨及港澳台同胞180.9万次，超过了此前20多年的总和。中国公民出境232.3万次，其中因私出境5.2万人次。有涉外饭店137家，客房1.5万间。②

正是通过多层次、多领域、多渠道的国际交流与合作，不仅加强了中国与国际社会的联系，开阔了中国社会主义建设的视野，而且促进了中国对工业文明的了解，为中国根据现代化建设的需要对传统的经济体制、管理方法进行改革，为探寻经济工作的新路子提供了可借鉴的经验，如表7-1到表7-4所示。

**表7-1　1976—1978年对外交往的总出访次数统计③**

| 年份 | 总出访次数 |
|---|---|
| 1976年7月1日—1977年6月30日 | 331次 |
| 1977年7月1日—1978年6月30日 | 576次 |
| 1978年7月1日—1978年12月31日 | 383次 |

① 中共中央党史研究室第三研究部. 邓小平与改革开放的起步[M]. 北京：中共党史出版社，2005：41.

② 国家统计局. 新中国50年[M]. 北京：中国统计出版社，1999：271.

③ 中共中央党史研究室第三研究部. 邓小平与改革开放的起步[M]. 北京：中共党史出版社，2005：36-41.

**表 7-2　1976—1978 年年底出访代表团分类次数统计①**

（不包括军事代表团和地方代表团）

| 年份 | 中央领导 | 部委办 | 经贸专题 | 科技教育 | 文化体育 |
|---|---|---|---|---|---|
| 1976 年 7 月 1 日—1977 年 6 月 30 日 | 13 次 | 93 次 | 49 次 | 25 次 | 128 次 |
| 1977 年 7 月 1 日—1978 年 6 月 30 日 | 30 次 | 135 次 | 80 次 | 103 次 | 201 次 |
| 1978 年 7 月 1 日—1978 年 12 月 31 日 | 25 次 | 73 次 | 48 次 | 39 次 | 86 次 |

**表 7-3　1976—1978 年年底出访代表团目的地统计②**

| 年份 | 1 | 2 | 3 | 4 | 5 |
|---|---|---|---|---|---|
| 1976 年 7 月 1 日—1977 年 6 月 30 日 | 日本 22 次 | 罗马尼亚 17 次 | 瑞士 15 次 | 朝鲜 12 次 | 南斯拉夫、法国 10 次 |
| 1977 年 7 月 1 日—1978 年 6 月 30 日 | 日本 62 次 | 罗马尼亚 34 次 | 法国 26 次 | 联邦德国、南斯拉夫 22 次 | 英国 19 次 |
| 1978 年 7 月 1 日—1978 年 12 月 31 日 | 日本 43 次 | 罗马尼亚 21 次 | 南斯拉夫 20 次 | 法国 17 次 | 美国 11 次 |

**表 7-4　1976—1978 年副部长级及以上代表团出访次数统计③**

| 年份 | 总出访次数 |
|---|---|
| 1976 年 7 月 1 日—1977 年 6 月 30 日 | 52 次 |
| 1977 年 7 月 1 日—1978 年 6 月 30 日 | 134 次 |
| 1978 年 7 月 1 日—1978 年 12 月 31 日 | 148 次 |

① 中共中央党史研究室第三研究部. 邓小平与改革开放的起步［M］. 北京：中共党史出版社，2005：36-41.

② 中共中央党史研究室第三研究部. 邓小平与改革开放的起步［M］. 北京：中共党史出版社，2005：36-41.

③ 中共中央党史研究室第三研究部. 邓小平与改革开放的起步［M］. 北京：中共党史出版社，2005：36-41.

第二，实行先局部试验后全面推广的经济工作推进方法。

正是由于经济体制改革的探索性质，改革一开始也不可能先有预定的模式，必然采取“摸着石头过河”的模式和自下而上的路径；同时，经济体制改革是一项复杂的系统工程，每前进一步都会涉及既定利益关系格局的调整，可能遇到困难和阻力。因此，从改革开始，党和政府就强调，推进改革既要积极，又要稳定。对于重大的改革措施，要采取先试验后推广、由点到面、不断扩大的办法。

党的十一届三中全会以后，农村家庭联产承包责任制的实施，人民公社体制的解体是先进行小范围的试点之后，通过总结经验，上升为政策以后逐渐向全国推广的。在工业体制改革过程中，也是先选择少数企业进行扩大企业自主权、利改税、承包制试点，再逐步向全部企业推广。在城市综合体制改革中，先选择若干个城市进行综合体制改革试点，在此基础上，逐渐总结和完善验，向大部分城市推广。对外开放的许多办法，首先是在经济特区和沿海开放城市实验，获得成功以后再向内地推广。

实践证明，这种先局部试验后全面推广的改革推进方法，减少了改革风险，增加了纠错机会，把改革目标的坚定性和战术上的渐进性统一起来，把全局政策上的慎重性和局部试验上的开拓性统一起来，把不怕犯小错误的自信和避免犯大错误的稳妥统一起来，是党和政府在这一时期成功推进经济体制改革，同时没有给社会经济发展带来大的震动的主要原因。

第三，由过去用政治运动方式做经济工作开始向用经济手段做经济工作转变。在 1978 年 12 月召开的中央工作会议上，刘佩荣指出，近 30 年来，我们党、我们的领导干部，对于全国性的群众运动的方式是比较熟悉的。全国性的群众运动的工作方法，曾经发挥过有益的作用，但是，就当前经济工作任务、目标和要求来说，继续采取大规模的群众运动的方法是不可取的。实践证明，搞大规模的群众运动，党的领导稍一放松，往往不能很好地集中群众的智慧和才能。我们要认真总结过去的经验教训，向一切内行人学习，按经济规律、经济组织、经济方法办事，讲究经济效果。中共十一届三中全会抛弃了“以阶级斗争为纲”这个不适用于社会主义社会的“左”的错误方针，为经济工作方式的转变提供了政治保证。三中全会后，面对许多难以解决的经济问题，邓小平同当时主持财经工作的李先念商量，建议成立国务院财政经济委员会，请陈云来当主任。① 1979 年 3 月 14 日，国务院财政经济委员会正式成立，其是职能为研究制定财经工作的方针政策和决定财经工作的大事的决策机关，下设四个调查研究小组，体制组由张劲夫、房维中负责(后由薛暮桥负责)；结构组由马洪、孙友余负责；引进组由江道涵负责；理论方法组由于光远负责。这是中国经济工作引入咨询机制的开始，为推动经济工作的顺利进行提供了组织保障。

第四，经济工作要尊重人民群众的首创精神。

在中国，进行传统计划经济体制的改革，是前无古人的事业，也没有现成的外国经验可供借鉴，需要中国共产党和中国人自己探索。这样的探索必然就要探索者最广泛地动员群众的参与，自觉地尊重实践，尊重人民群众的首创。这一时期，中国共产党在经济工作中，做到了这“两个尊重”，而且将这“两个尊重”有机结合起来。例如，在农村经济体制改革方面，中国共产党充分尊重人民群众的首创，尊重实践。党的十一届三中全会制定的《中共中央关于加快农业发展若干问题的决定(草案)》和《农村人民公社工作条例(试行草案)》两个文件，特别强调尊重人民公社、生产大队和生产队的所有权和自主权，这表明中国共产党在经济工作中开始尊重实践和人民群众的首创。1978 年 2 月，万里对新华社记者谈道：“尊重生产队的自主权，实际上是个尊重实际、尊重群众、发扬民主和反对官僚主义‘瞎指挥’的大问题。”“不尊重生产队的自主权，这是我们过去农村工作中许多错误的根源。历史

① 孙业礼，熊亮华. 共和国经济风云中的陈云[M]. 北京：中央文献出版社，1996：290.

上的教训太深刻了！”①实行包产到户或包干到户责任制，是中国农业体制的一项重大改革，但是在双包责任制的推行过程中，人们在认识上存在着一种误区，认为包产到户和包干到户既没有坚持公有制，也没有坚持按劳分配，实质上是分田单干。针对这些思想疑虑，中共中央坚持实践是检验真理的唯一标准，尊重实践，尊重人民群众的首创，不断总结经验，逐步推广，耐心地引导各级干部破除“左”的思想束缚。正因为如此，以家庭联产承包责任制为主要内容的农村经济体制改革才得以普遍推广和逐步完善。此外，在创办经济特区的过程中，在以城市为中心的经济体制改革探索中，无论是理论层面的创新，还是改革方案的制定、具体经济改革政策的出台，党和政府都强调尊重实践和群众的创造，让实践检验真理，对经实践证明是有利于经济发展的东西加以总结和推广。

第五，“摸着石头过河”。

经济特区大胆探索新的经济体制和运行机制，为全国的经济体制改革积累了经验，提供了借鉴，成为改革的试验区。在建立经济特区之初，对其实行优惠政策，具有鲜明的中国特色和强烈的时代特征。建立经济特区时，国家允许在经济特区实行与内地有区别的经济管理体制，使经济特区摆脱旧体制的束缚，实行以市场取向为特征的体制创新和“特事特办”的改革先行的原则。主要内容包括：经济特区建设以吸引外资为主，探索建立多种经济成分并存的所有制结构；经济特区的经济活动实行计划经济与市场经济相结合的原则，充分发挥市场调节的作用。另外，经济特区注重改革的超前性，如外资政策、土地出让权政策、服务领域的商业零售、外资银行、保险等对外开放政策都是先在特区试验，取得经验后逐步推广。对办特区，一开始就有不同的意见，担

① 突破“左”的农村政策的尝试[EB/OL].[2013-01-25]. http://www.zgdsw.net.cn/n/2013/0125/c244520-20322975.html.

心是搞资本主义。有人认为，我们在新中国成立后没收了官僚资本，赶走了外国资本主义，实行了“三大改造”，好不容易才建立了社会主义的全民所有制和集体所有制，现在为什么又专门划出一块地来办特区，把外国的私人资本引进来？这符合马列主义基本原则吗？办特区会不会变成新的“租界”“殖民地”？有的人将经济特区与过去帝国主义在中国的租界相提并论。为了统一认识，党中央、国务院主要负责曾多次主持召开会议，从理论上探讨和论证设置经济特区的必要性和可行性。1981年5月27日至6月14日，中共中央、国务院在北京召开广东、福建两省经济特区工作会议，会议认为，试办特区是有充分理论根据的，是列宁关于利用外国的资金、技术和管理经验为社会主义建设服务的理论和实践，和历史上的“租界”“殖民地”有本质的区别。这样就初步统一了对经济特区的认识。

## 第三节　推进经济工作的经验

### 一、坚持以经济工作为中心，正确确定发展的道路、阶段和战略

长期以来，在“左”的思想指导下，始终没有真正把党和国家的工作重点转移到以经济建设为中心的轨道中来。邓小平深刻总结了20多年以来实行“以阶级斗争为纲”的沉痛教训，指出根本的问题在于没有抓住经济建设这个中心。因此，他指出：“必须集中力量发展社会生产力，这是最根本的拨乱反正。”①党的十一届三中全会把全党工作重点转移到经济建设以后，邓小平就再次强调，要坚定不移地坚持以经济建设为中心，坚定不移地坚持改革开放的政策。1980年，邓小平指

① 韩刚. 最根本的拨乱反正：否定“以阶级斗争为纲”[EB/OL]. [2014-10-09]. http://epaper.gmw.cn/wzb/html/2014-10/09/nw.D110000wzb_20141009_3-06.htm.

出，“我们党在现阶段的政治路线，概括地说，就是一心一意地搞‘四个现代化’。这件事情，任何时候都不要受干扰，必须坚定不移地、一心一意地干下去”①。党的十一届三中全会以来，党和政府始终坚持以发展生产力为中心，仍然坚持将经济发展放在首要位置。改革开放以来，中国经济高速发展，一方面因为党和国家的工作重心转移到以经济建设为中心的轨道上来了，另一方面同党和国家正确解决了发展的道路、阶段和战略等问题是分不开的。20 世纪 80 年代以来，在总结历史经验和分析国情的基础上，党和国家对中国所处的社会发展阶段做出了正确的判断，指出：我国正处在社会主义初级阶段，这个阶段至少要 100 年。这是最基本的实际。党的十一届三中全会以后，正因为党和国家的路线、方针、政策坚持从这个最大的实际出发，因而能够在实践中发挥推进经济社会发展的巨大作用。

在正确确定发展道路和发展阶段的同时，还必须制定正确的发展战略。早在 20 世纪 80 年代初，中国共产党就在全面分析中国国情和各种主客观因素的基础上，明确提出了“三步走”战略目标和部署。“三步走”战略是在总结以往经济发展战略急于求成的教训，并深刻分析全球经济发展大趋势及我国基本国情基础上提出的，体现了中国共产党人高瞻远瞩的宏伟气概和实事求是、循序渐进的科学态度相结合。实践证明，这个战略目标是宏伟的，已经成为动员全党、全国人民为之奋斗的行动纲领。

## 二、经济工作要坚持解放思想、实事求是的思想路线

党的十一届三中全会上中国共产党重新确立了马克思主义的思想路线。坚持党的马克思主义的思想路线，就是坚持一切从实际出发，理论

① 戴森才. 新中国 70 年中国共产党对社会主义现代化的探索[EB/OL]. [2019-10-18]. http://theory.people.com.cn/n1/2019/1018/c40531-31406693.html.

联系实际，解放思想，实事求是，在实践中检验和发展真理。这条思想路线，贯穿于中国改革开放和经济社会发展的全过程。党在经济理论和实践中的进展，经济体制改革的深化和经济建设的发展，都是坚持这条思想路线，解放思想、实事求是的结果。

中国的改革开放与现代化建设是一项全新的事业，是一项复杂而艰巨的工程，在前进的过程中会出现各种问题、矛盾和困难。特别是当改革深入发展，突破了传统社会主义模式和可以借鉴的经验之时，党内党外产生了各种疑虑和困惑，诸如创办经济特区是否等同新中国成立前租界的恢复？强调以经济建设为中心是否会偏离社会主义方向？什么是社会主义？怎样建设社会主义？市场经济是否和资本主义画等号？如何正确解决这些问题，就需要党不断解放思想，不断做出新的理论概括，丰富和发展建设有中国特色的社会主义道路的内容。中国共产党通过不断总结历史经验，不断解放思想，对这些问题一一作出了创造性的回答，在此基础上，提出了中国社会主义经济体制改革理论、对外开放理论等经济理论，形成了社会主义初级阶段理论、建设有中国特色社会主义理论等社会发展理论，这些理论，既继承了马克思主义，又发展了马克思主义。

## 小　　结

这一时期，在经济工作方法上沿用了过去的经济工作方法，即把经济工作与阶级斗争和政治路线联系起来，并以政治来推进经济工作。这种工作方法束缚了对经济规律的认识和探索，造成了国民经济的严重困难。同时中国共产党在这一时期也进行了新的经济工作方式的探索：尊重群众的首创精神，并注重总结和推广被实践证明行之有效的好的经验；注重与其他国家进行多方面的交流与学习，以此来推动经济工作；实行先局部试验后全面推广的经济工作推进方法；由过去用政治运动方式做经济工作开始向用经济手段做经济工作转变，并成立了国务院财政经济委员会，其职能为研究制定财经工作的方针政策和决定财经工作的大事的决策机关。这是中国经济工作引入咨询机制的开始，为推动经济工作的顺利进行提供了组织保障。

# 第八章　计划经济管理体制改革的必然性

早在 20 世纪 50 年代中国社会主义经济体制建立之初，计划经济管理体制暴露出的弊端就引起了毛泽东和其他党的高层领导人对改革传统经济体制的关注与思考。20 世纪 50 年代，中国共产党对经济体制改革探索的成果主要是党的八大及其前后提出的富有宝贵价值的改革思想。特别是毛泽东的《论十大关系》尤其具有代表性，但是由于党对于如何进行社会主义建设毕竟经验不足，加上长期以来在对社会主义的理解上形成了若干不适合实际情况的固定观念，中国共产党在八大及其前后提出的有关经济体制改革的思想与主张，在实践中没有正确地实施。直到党的十一届三中全会党才在新的历史条件下重新开始全面探索对中国传统经济体制的改革。

## 第一节　优先发展重工业的发展模式

中国长期走的是优先发展重工业的工业化路子，与之相配套的是高度中央集权的计划经济制度。自 20 世纪 50 年代以来，中国依靠国家的强制动员和全国人民“勒紧裤带”，初步建立起了一个工业体系，走过了工业化原始积累的最初阶段。1952 年到 1978 年，工业总产值增长 15 倍，其中重工业增长 28 倍，建立了大小工业企业 35 万个，其中大中型国有企业 4400 个。这个成就不应被忽视。但问题在于：这种发展模式的特征是高速度低效率、高投入低产出、高积累低消费。从统计数据看，增长率不低，但人民长期得不到实惠。如果说在过去这种勒紧裤带搞建设的办法还可以勉强推行，那么“文化大革命”结束以后，政治上的松动释放出巨大的民生压力，依靠政治动员强制推行一种发展模式的基本条件已经不存在，这条路很难继续走下去。

## 一、优先发展重工业模式的历史渊源

实现国家工业化是贯穿整个中国近现代史的主旋律。新中国成立后，随着国民经济恢复工作的完成，1952 年 12 月中国共产党在《关于编制 1953 年计划及长期计划纲要若干问题的指示》中指出：“工业化的速度首先决定于重工业的发展。因此，我们必须以发展重工业为大规模经济建设的重点。”①当时选择优先发展重工业的发展模式是有其深刻的历史背景的。

(1)在“冷战”格局中处于与美、欧相对立的状态使新中国把优先发展重工业放在一个突出的位置。对新中国来说，一方面是经济的相对落后，另一方面又是极端严峻的国际环境。因此，在国家的安全利益和政治利益决定一切的原则之下，重工业优先发展的模式首先体现的也只能是国家安全的需要和政治的需要。

(2)受到生产资料生产优先增长理论的影响。列宁根据马克思的再生产原理，把技术进步引起资本有机构成提高的因素引入社会再生产的实现过程，从而得出结论：“增长最快的是制造生产资料的生产资料生产，其次是制造消费资料的生产资料生产，最慢的是消费资料生产。”②斯大林在《苏联社会主义经济问题》一书中，将生产资料的较快增长表述为“在扩大再生产下生产资料生产的增长占优先地位的原理”③。后

① 中国人民解放军国防大学党史党建政工教研室. 中共党史教学参考资料(第十九册)[A]. 中国人民解放军国防大学党史党建政工教研室，1986：603.

② 列宁全集(第一卷)[M]. 北京：人民出版社，1998：83.

③ [苏]斯大林. 苏联社会主义经济问题[M]. 北京：人民出版社，1961：64.

来苏联的《政治经济学》教科书进一步将其表述为“生产资料生产的优先增长是扩大再生产的经济规律”①。既然生产资料优先增长是一个客观规律，那么按客观规律办事，把生产资料工业即重工业放在优先地位发展就成为很自然的事。

(3)苏联经验的示范效应。苏联以优先发展重工业为特征的“赶超模式”取得了巨大成就。从1928年第一个五年计划开始到1940年，短短12年之内，苏联整个工业增长35.5倍，年平均增长率高达16.9%，其中重工业增长9倍，年平均增长率为21.2%，工业产值在工农业总产值中占70%以上②，建立起了一套门类相当齐全的工业体系，基本上实现了工业化。因此，学习、借鉴、模仿苏联工业化经验，就成了与苏联有着相似的社会经济制度和“冷战”中处于共同境遇的国家进行模式参考的必然选择。

## 二、优先发展重工业的政策导向

这一时期与以前相比，工业政策发生了一些变化。从工业战略的角度来看，最重要的变化是越来越重视出国学习国外的技术和注重精神与物质刺激相结合的工作方法。但从总体上看，这一时期的具体政策都是围绕着如何实施1975年制订、后来又修订的“十年规划”上。“十年规划”指出：到1985年，钢产量要翻一番，达到6000万吨，这在当时被视为工业发展的“关键环节”。③ 规划中的120个大型工程中，钢铁联合企业占了10个，有色金属联合企业占了9个，铁矿占了8个，油田和天然气田占了10个，发电站占了30个，新建货运铁路占了6个，重要港口占了5个。从“十年规划”中我们可以很明显地看出这是一个优先

① 《经济研究》编辑部. 建国以来社会主义经济理论问题争鸣(1949—1984)(下)[M]. 北京：中国财政经济出版社，1985：608.

② 金辉. 苏联经济概论[M]. 北京：中国财政经济出版社，1985：128.

③ [美]R. 麦克法夸尔，费正清. 剑桥中华人民共和国史(1966—1982)[M]. 北京：中国社会科学出版社，1992：519.

发展重工业的发展模式。

1979 年 2 月 19 日，李先念在日本经济专家座谈意见的文件上作出批语说：这是几个日本经济专家对我国发展经济提出的看法和意见，值得我们慎重研究。他们提出，要先发展那些用人多、投资少、销路广、收效快的工业，先发展轻工业。努力增加出口。特别是要注意提高投资效率，降低生产消耗，挖掘内部潜力，积累建设资金。加强市场调查和预测，适应国际市场需要。抓轻工业，以轻养重，重工业的发展不会慢，反而会更快。外国人也看到，中国人口多，市场大，而工业底子薄弱，资金积累有限，不这样搞，工业的速度快不了，扩大内外交流，引进先进技术，更应走这条路，不然，出口怎么很快上去，拿什么去支付引进的货款呢？我们的钢铁工业是要发展的，但是，正如他们所说，要想用钢材来换取外汇，可能是不现实的，至少近期内不可能做得更大。世界上钢材能力过剩，国际市场有限，我们也竞争不过人家。我们应当努力发展品种规格，提高质量，弥补钢材的缺口，争取减少进口。如果每年少进口四五百万吨钢材，就是很大的胜利。① 这很明显是中国重工业优先发展的有力佐证。

### 三、优先发展重工业的投资方向

从投资方向看，1978 年的投资方向继续高度集中于重工业，当年重工业实际完成基本建设投资 243. 8 亿元，占全年基本建设投资总额的 48. 7%，占工业基本建设投资的 89. 3%；非生产性建设投资 83. 3 亿元，仅占全年基本建设投资总额的 17. 4%，其中住宅建设投资 37. 5 亿元，占 7. 8%。非生产性建设投资在全部基本建设投资总额中的比重虽然比“文化大革命”期间略有提高，但提高的幅度不到 1%。在重工业各部门中，包括国防工业在内的机械工业年度投资为 40. 81

---

① 肖冬连. 1979 年国民经济调整方针的提出与争论［J］. 党史博览，2004（10）：10.

亿元，占1978年基本建设投资总额比重的8.1%，同年，机械工业中的大中型建设项目有444个。① 钢铁工业，1978年投资36.97亿，占同年基本建设投资总额的9.3%；1978年年末冶金工业的基本建设中，在建投资规模达246.9亿元；有色金属工业投资为9.51亿元；化学工业当年完成基本建设投资31.34亿元。同时，1978年签约引进的22个大型建设项目中，有8个是化学工业项目，这些项目使当年年底化学工业基本建设投资规模达到117.7亿元。能源工业投资在当年基本建设投资总额中占22.7%，达113.83亿元。具体情况如表8-1所示。

**表8-1　1978—1979年能源、交通运输基建投资完成额②**

| | 1978年 | 1979年 |
|---|---|---|
| 能源工业投资(亿元) | 114.70 | 110.98 |
| 占全部投资(%) | 22.9 | 21.2 |
| 交通运输投资(亿元) | 68.04 | 64.09 |
| 占全部投资(%) | 13.6 | 12.2 |

建设指导思想上的重生产、轻生活没有改变。投资的分配结构对国民经济的经济结构和生产结构的形成有着十分重大的作用，在国民经济各部门已经由于过去长期以来重视生产性建设、忽视非生产性建设，重视重工业建设、忽视轻工业建设而形成了畸重畸轻、极不合理的经济结构和生产结构的情况下，继续坚持“重重轻轻”的投资结构，只能加剧已经形成的国民经济各部门之间的严重比例失调状况。③

① 《当代中国》丛书编辑部．当代中国的基本建设[M]．北京：中国社会科学出版社，1989：259.

② 《当代中国》丛书编辑部．当代中国的基本建设[M]．北京：中国社会科学出版社，1989：268.

③ 《当代中国》丛书编辑部．当代中国的基本建设[M]．北京：中国社会科学出版社，1989：242.

## 四、优先发展重工业的发展模式带来的经济社会问题

中华人民共和国成立初期曾一度背离资源比较优势，选择优先发展重工业的“赶超”模式，以期达到经济的高质快速增长，迎头赶上发达国家的经济发展水平。尽管现在有许多学者苛责这种选择，可是这种选择在当时的背景下是理性的，它为中国工业化奠定了初步的基础，经济绩效也为中国经济理论界所称道。问题不在于当时选择了以重工业优先发展的模式，而是在国际国内发生变化的情况下，经济发展模式未能发生转轨。20 世纪 50 年代中期，国际环境对中国变得有利，中央领导人意识到农、轻、重三者关系协调发展的重要性，经济体制的弊端已露端倪，斯大林工业化模式在中国领导人心中发生动摇，但未进行发展模式的转轨；三年调整后，在“三线建设”之前，主要领导人曾强调农、轻、重的关系协调发展的重要性，由于强调备战，大上国防工业，转轨失去条件；“文化大革命”结束后，继续推行这一发展模式，使得这一发展模式的各种弊端大暴露、矛盾激化，给国民经济的发展带来不利的影响。

(1)继续推进重工业优先发展的模式进一步加剧了中国产业结构的失衡状况。在农、轻、重产业结构中，1952—1976 年重工业投资都占绝对优势，生产消费资料的轻工业的发展被严重忽视。这种过重的产业结构背离了中国的资源比较优势，相对于劳动密集型的轻工业而言，重工业资金投入多而劳动力投入少，且投资回收期也较长，而中国的资源比较优势是劳动力资源丰富，劣势是工业化资金短缺。长期以来推行重工业优先发展模式本身就使中国产业结构严重失衡。而这一时期继续突出强调发展重工业，农、轻、重之间的比例失调更加扩大。从 1976 年到 1978 年，在工农业总产值中，农业(包括队办企业)所占比重由 30.4%下降到 27.8%，工业由 69.6%上升到 72.2%，在工业总产值中，轻工业由 44.2%下降到 43.1%，重工业由 55.8%上升到 56.9%。轻工业产品不论从数量、质量和花色品种上都远远不能适应人民生活的需

要。在工业交通内部，尽管燃料、动力工业和铁路建设在过去有了较多的投资，但由于能源工业内部采掘失调、采储失调，能源浪费很大，能源、交通与加工工业之间的比例失调更趋严重。在这种情况下，还继续大上重化工业和机械加工工业，必将进一步加剧产业结构的矛盾，严重影响国民经济的发展。

(2)导致劳动就业问题十分严重。中国人口基数大，由于重工业对劳动力吸纳有限，因而大量的劳动力资源被闲置，使得待业人口庞大，劳动就业问题十分严重。1958 年到 1978 年间，中国工业基本建设投资总额为 3905.68 亿元，其中重工业为 3467.34 亿元，轻工业为 435.34 亿元，而同期工业中的职工人数增加 3879 万人，其中重工业职工增加 2323 万人，平均每增加一名职工需投资 1.49 万元；轻工业职工增加 1556.7 万人，平均每增加一名职工仅需投资 0.28 万元。① 另据统计，每百元固定资产所容纳的劳动力，重工业为 94 人，轻纺工业为 257 人，其中属手工业的工艺美术、服装、日用五金、皮革四个行业则平均为 800 人。② 由此可见，中国长期实行重工业优先发展模式的结果，减弱了经济增长吸收劳动力在非农产业就业的能力。同时由于长期以来人口自然增长很快，又值就业高峰期，加上落实政策和解决遗留问题，1978 年全国大约有 2000 万人需要安排就业。待业的规模远远超过了国民经济正常发展对劳动力的需求。

(3)重工业优先发展模式阻碍了中国城市化的发展，使城市化的发展大大滞后于工业化的进程。一般来说，城市化伴随着工业化，随着工业的发展，城市数量会越来越多，城市人口在总人口中的比重会越来越大；工业化带动城市化，伴随城市化过程，工业产值占国民生产总值的

---

① 国家统计局. 中国统计年鉴(1983)[M]. 北京：中国统计出版社，1983：168.

② 马洪，等. 现代中国经济事典[M]. 北京：中国社会科学出版社，1983：219.

比重会越来越大。工业化与城市化是一个相互影响、相互推动的发展过程。但中国由于实行重工业优先发展模式，国家通过扭曲价格，人为地造成重工业产品价高利大，同时，国家财政基本建设投资向重工业高度倾斜，不断扩大的固定资产投资提高了对重工业产品的需求，使重工业产品的价值得以实现，重工业自己为自己创造出市场，自己为自己开拓出发展的空间，形成重工业的自我循环和自我积累。重工业由于远离消费品市场，集中在大城市，既不需要周围地区的产业结构互补，也没有拉动相关产业的发展，阻碍了城市化的正常发展。

(4)重工业优先发展模式造成农业的发展过缓，农民的日夜贫困。对于中国这个农业大国来说，在工业化初期，没有外资可利用，又不能通过初级产品的出口来换取资本品的进口，那么农业剩余就成为初始资本的主要来源。长期以来推行重工业优先发展这一模式，很明显是用牺牲农业来发展工业，其结果是导致了农业的发展过缓、农民的日益贫困。据估计，1953—1978 年，中国农业为工业提供的积累资金达 5100 亿元，约占同期农业净产值的 1/3。由于长期对农业剩余提取过度，农业资金的过量抽走和农民收入的过度流失，严重地影响了农民收入水平的提高和农业生产的发展。1978 年全国农业人口人均收入只有 74 元，其中近 1/3 的生产队人均收入在 50 元以下，连温饱问题都没有得到完全解决。

## 第二节　产业结构存在的问题

1949 年以来，中国推行重工业优先发展模式的主观意图是想从突破资金稀缺对产业结构升级的制约入手，较快地克服经济结构中因重工业薄弱对经济增长与发展产生的影响，使国民经济尽快增长，进而用最短的时间达到赶超先进国家的目标。长期推行这一发展模式使得中国的产业结构向畸形的方向发展，而在“文化大革命”结束后，继续推行这一发展模式，造成了中国产业结构的极大扭曲。从表 8-2 中可以看出，“一五”时期重工业与轻工业的投资比约为 5.7，1976—1978 年该比值上升到约 8.4。

**表 8-2 1952—1978 年投资结构的变化①**

| 时间 | 固定资产总投资（亿元） | 基本建设总投资（亿元） | 农业占基本建设投资比 | 轻工业占基本建设投资比 | 重工业占基本建设投资比 | 其他产业占基本建设投资比 |
|---|---|---|---|---|---|---|
| “一五”时期 | 611.58 | 587.71 | 7.1 | 6.4 | 36.2 | 50.3 |
| “二五”时期 | 1307.00 | 1206.09 | 11.3 | 6.4 | 54.0 | 28.3 |
| 1963—1965 年 | 499.45 | 421.89 | 17.6 | 3.9 | 45.9 | 32.6 |
| “三五”时期 | 1209.09 | 976.03 | 10.7 | 4.4 | 51.1 | 33.8 |
| “四五”时期 | 2276.37 | 1763.95 | 9.8 | 5.8 | 49.6 | 34.8 |
| 1976—1978 年 | 1740.96 | 1259.80 | 10.8 | 5.9 | 49.6 | 33.7 |

## 一、产业结构的扭曲

（1）第一产业中制造业的比例特别高，第三产业的比例又特别低。从表 8-3 中可以看出，在 1977 年以前，农业占国民收入份额持续下降，工业所占份额持续上升，但其他产业（建筑业、运输业和商业）占国民收入的份额从 1952 年的 22.75%上升到 1957 年的 24.5%以后，一直处于下降和徘徊状态，到 1978 年，仍然比 1957 年低 6.7 个百分点。特别

① 国家统计局. 中国统计年鉴（1992）[M]. 北京：中国统计出版社，1992：149；中国固定资产投资统计资料（1950—1985）[M]. 北京：中国统计出版社，1987：97.

是商业服务业很落后，1977 年从事商业服务业的人数占就业人数的 3%左右。1978 年比 1957 年全国人口增长 48%，职工总数增长 2 倍多，社会商品零售总额增长 2 倍多，而商业、饮食业、服务业人员只增长 6.6%。辽宁省商业服务网点，1978 年比 1957 年减少 90%以上，造成有些城市十里长街无商店，职工普遍反映买粮、买菜、洗澡很困难。① 而工业占国民收入的比例虽然从 1952 年的 19.52%上升到 1978 年的 49.4%，但在工业部门就业的劳动力占劳动力总数的比例却只从 1952 年的 6.0%上升到 1978 年的 12.5%。到 1978 年年底，还有 73.3%的劳动力在农业部门就业。同时，在第二产业比重进一步上升时，第三产业比重不但没有上升，反而呈下降趋势，其在国民经济中的比重，1978 年的数据比 1957 年的数据下降了 6.3%个百分点。

这一时期对社队企业而言，情况是一样的。社队企业中机械行业同其他行业相比，显得发展过快、过多。据 1978 年的统计资料，当年全国社办机械工业总产值达到 75.1 亿元，占社办工业总产值的比重高达 33.5%(当时的队办工业还没有分行业的统计资料，据典型调查，机械工业所占比重也大体同社办工业相当)，比这一年机械工业占全国工业总产值的比重(27.3%)还高 6.2 个百分点。而且当时的社办机械工业大部分又是从事一般通用机电设备及配件生产，同国营企业重复，自身也重复。有些通用机电设备及配件的年总产量已达到相当规模，如 1978 年生产金属切削机床近 3.4 万台，电动机近 33 万台/155 万千瓦，汽车配件 8.1 亿元/6.2 亿件，工矿配件 6.8 万吨/3.2 亿件，等等。② 此外，社队商业、服务业和交通运输业等第三产业的发展也很缓慢。到 1978 年，这些行业才发展到 18.5 万个企业，从业人员 104 万人，当年总收入只有 18.8 亿元，仅占这一年社队企业总收入的 4.36%。由此可见，“十年规

① 苏少之. 中国经济通史第十卷(上)[M]. 长沙：湖南人民出版社，2002：1183.

② 《当代中国》丛书编辑部. 当代中国的乡镇企业[M]. 北京：当代中国出版社，1991：65.

划”的推行，使得中国的产业结构进一步扭曲，如表 8-3 到表 8-5 所示。

**表 8-3　1952—1978 年各部门占国民收入份额的变化①**

| | 1952 | 1957 | 1962 | 1965 | 1970 | 1975 | 1978 |
|---|---|---|---|---|---|---|---|
| 农业 | 57.72 | 46.81 | 48.05 | 46.21 | 40.39 | 37.79 | 32.76 |
| 工业 | 19.52 | 28.3 | 32.79 | 36.41 | 40.97 | 46.02 | 49.4 |
| 其他产业 | 22.75 | 24.5 | 19.15 | 17.37 | 18.64 | 16.18 | 17.84 |

**表 8-4　1952—1978 年劳动力在各部门数量的变化(万人)②**

| | 社会 | 农业 | 工业 | 其他产业 |
|---|---|---|---|---|
| 1952 | 20729 | 17317 | 1246 | 2166 |
| 1957 | 23771 | 19310 | 1401 | 3060 |
| 1965 | 28670 | 23398 | 1828 | 3444 |
| 1978 | 40152 | 29429 | 5008 | 5715 |

**表 8-5　1952—1978 年劳动力就业结构变动(%)③**

| | 农业 | 轻工业 | 重工业 | 其他产业 |
|---|---|---|---|---|
| 1952 | 83.5 | 4.2 | 1.8 | 10.5 |
| 1957 | 81.2 | 3.6 | 2.3 | 12.9 |
| 1965 | 81.6 | 3.0 | 3.4 | 12.0 |
| 1978 | 73.3 | 4.6 | 7.9 | 14.2 |

① 国家统计局. 中国统计年鉴(1992)[M]. 北京：中国统计出版社，1992：35.

② 国家统计局. 中国统计年鉴(1992)[M]. 北京：中国统计出版社，1992：97.

③ 马洪，孙尚清. 中国经济结构问题研究[M]. 北京：人民出版社，1981：104.

(2)重工业内部结构失衡。在制造业中，粗加工的比例比较高，精加工的比例比较低。这一时期，由于片面追求产品的数量及经济的发展速度，致使粗加工能力的增长远远超过了精加工能力的增长。例如钢铁工业，属于粗加工的炼钢生产能力增长得非常快，而属于精加工的轧钢生产能力等却增长得很慢，造成了一方面大量钢锭积压，另一方面又大量进口钢材的局面。1978 年，中国机械工业产值占工业总产值的比重为 27. 3%，大大高于发展中国家平均 11. 4%的水平，接近发达资本主义国家平均 34. 5%的水平。机床产量的增长速度，大大超过了钢材产量的增长速度。当年，中国生产机床 18 万多台，相当于美国、苏联年产钢 8000 万吨时的机床产量。①

(3)农业、轻工业、重工业结构失衡。1978 年农轻重总产值结构为：农业 27. 8%；轻工业 31. 1%；重工业 41. 1%，而新规划的基建投资额分布，农业只占 10. 6%，轻工业占 5. 8%，而重工业占 48. 7%。②中国的轻工业长期处于被挤压的地位，重工业和轻工业的发展速度过分悬殊。1949 年至 1978 年重工业增长 90. 6 倍，轻工业只增长 19. 8 倍。轻工业在工业总产值中的比重已由 1949 年的 73. 6%下降到 1978 年的 42. 7%。重工业和轻工业的投资比重由“一五”时期的 8 : 1 上升到这一时期的 8. 3 : 1. 轻工业用电量在总用电量中的比重，1952 年占 28%，1978 年仅占 12. 9%。③ 1978 年轻工业、重工业结构进一步失衡的结果是导致了有些轻工业产品不能满足人民起码需要。不少市场奇缺的轻工业品，如纸张、家具、洗涤用品、啤酒、自行车等的供应长期得不到改善。轻工业产品直接为市场服务的部分进一步减少。据 16 省第二轻工

① 苏少之. 中国经济通史(第十卷)(上)[M]. 长沙：湖南人民出版社，2002：1180.

② 吕政. 从贫困走向小康——中国经济五十年[M]. 北京：经济管理出版社，1999：265.

③ 苏少之. 中国经济通史(第十卷)(上)[M]. 长沙：湖南人民出版社，2002：1179.

业局的统计，在第二轻工业局工业系统的产品结构中，为市场服务的部分 1965 年为 50.6%，1978 年下降到 43.4%，为大工业服务部分则由 27.7%增加到 34.2%。可见，“十年规划”片面突出了钢铁、石化等重工业部门，没有突出农业的基础地位和轻工业的重要性，并未妥善解决好三大瓶颈问题。

## 二、扭曲的产业结构对经济发展的影响

(1)扭曲的产业结构抑制了经济的发展。这种扭曲的产业结构必然导致价格的扭曲。1977—1979 年，商品零售价格总水平年平均上升了 5.6%。价格扭曲具体表现在，农副产品的购销价格偏低，部分商品的价格倒挂，出现了买卖越多越赔钱的现象。重工业内部产品的比价不合理，采掘工业产品和原材料价格偏低，加工工业产品价格偏高，1978 年国家统配煤矿的原煤，平均每吨成本 16.7 元，而国家定价只有 16.2 元。① 其运行结果是企业缺乏竞争，生产效率低下，这种产业结构背离资源比较优势，必然影响经济的发展。

(2)扭曲的产业结构导致国民经济结构的内向性进一步提高。在这个优先发展重工业的发展模式中，一方面，资源集中投放在不符合比较优势的资本密集型产品的生产上，需要通过国际市场获得的资本品占资本品总需求的份额必然大大降低；另一方面，具有比较优势的劳动密集型产业由于资源供给严重不足而失去了发展的条件，能够进入国际市场的劳动密集型产品的数量必然大大减少。进出口规模的缩小必然导致国民经济的内向性的提高。我们可以从下面的资料中得到佐证。从表 8-6 中可以看出，对外贸易总额占工农业总产值的份额从 1952—1954 年的 8.16%下降到 1976—1978 年的 5.89%，下降了 2.27 个百分点。

① 马洪，等. 现代中国经济大事典[M]. 北京：中国财政经济出版社，1993：1012.

表 8-6　1952—1978 年对外贸易变动①

| 年份 | 工农业总产值（亿元） | 进出口贸易总额（亿元） | 进出口贸易占工农业产值（%） |
|---|---|---|---|
| 1952—1954 | 2820 | 230. 2 | 8. 16 |
| 1976—1978 | 15148 | 891. 6 | 5. 89 |

## 三、产业结构的调整

这一时期，由于钢铁等重工业发展过快，基本建设安排过大，加上其他一些因素，使本来就失调的农轻重比例、积累与消费比例更加不协调。农轻重产值之比，由 1977 年的 25. 2：32. 9：31. 9，变为 1978 年的 24. 8：32. 4：42. 8，农业、轻工业比重进一步降低，重工业比重进一步上升。② 这种状况严重影响了国民经济的发展，于是，从 1979 年开始对产业结构进行了调整。

从 1978 年到 1981 年，在压缩重工业投资的同时，大力加强了轻工业的建设。1979 年轻工业基本建设完成投资 30. 6 亿元，1980 年增加到 50. 6 亿元，1981 年退到 43. 38 亿元，但仍然比调整前的 1978 年的 29. 3 亿元多 14. 08 亿元。轻工业投资在基本建设投资总额中的比例由 1978 年的 5. 8%上升到 1981 年的 9. 8%。三年中轻工业共停缓建了 25 个建设条件差的大中型项目，新上了 5 个大型引进项目和 5 个国内设计、配套的大中型项目以及一大批小型建筑项目。为了加强轻工业的建设，除了增加基本建设投资外，还使用了大量更新改造投资。同时，1979 年 1 月国务院还批转了国家经委、中国人民银行等单位的报告，决定在国家安排的基本建设投资和更新改造投资外，每年由中国人民银行、中国银

① 国家统计局. 中国统计年鉴(1993)[M]. 北京：中国统计出版社，1993：57.

② 马洪，等. 现代中国经济大事典[M]. 北京：中国财政经济出版社，1993：66.

行发放20亿元轻纺工业中短期专项贷款和3亿美元的买方外汇贷款，主要用于支持轻纺工业重点行业的技术改造，以提高市场紧缺日常用品的生产能力。此外，城乡集体所有制单位还投资建设了一大批小型轻纺工业项目。

同时，压缩生产性建设投资，加强非生产性建设。为了把长期以来存在的生产性建设和非生产性建设间极不合理的投资结构调整过来，从1979年开始严格控制了生产性建设的投资规模。1979年实际完成的生产性建设投资365.4亿元，比1978年减少了31.1亿元，1980年和1981年又分别下降到359.28亿元和252.43亿元。生产性建设投资在当年基本建设投资总额中的比重，从“二五”时期以来一直保持的80%～85%的过高比例，迅速地、大幅度地降了下来，1979年到1981年逐年分别降到69.8%、64.3%和57%。

在农业方面，农、牧、渔业基本建设投资从1978年的4.15亿元，增加到1979年的6.14亿元，1980年18.48亿元，1981年12.87亿元。它们在农业基本建设投资总额中的比重由1978年的7.8%上升到1979年的10.6%，1980年的35.6%和1981年的44.2%。①

## 第三节　经济增长方式面临的困境

这一时期中国经济发展的状况说明，几十年来高速度、高积累、片面优先发展重工业的经济发展战略难以为继，经济增长面临严峻的形势和挑战，需要从中国的实际出发，改变粗放型的经济增长方式，寻找现代化发展的新战略。

### 一、粗放型的经济增长方式

这一时期经济增长方式主要还是粗放型增长，即主要依靠资本、劳

① 《当代中国》丛书编辑部. 当代中国的基本建设[M]. 北京：中国社会科学出版社，1989：266.

动等生产要素的大量投入带动的增长。这在很大程度上是由于中国选择了高度集中的计划经济体制。从 1953—1956 年高度集中的计划经济体制形成，一直到 1978 年，这种体制基本上没有多大的变化，在这种体制下，生产要素实行计划纵向配置，对分工协作生产实行行政性的垂直协调，资源供给不受价格调节，企业生产中没有经济地利用资源的动机，对资源的要求是无止境的，基本建设投资主要由财政提供，投资资金的供给是无偿的，属非经济性机制，投资资金配置过程不受经济参数调节，争项目、争投资现象十分严重。由于统收统支的企业财务制度，企业没有多少剩余，折旧、利润要上缴，企业没有经济激励，职工工资水平差距很小，缺乏劳动的积极性，在这种体制下，没有资金、资源使用的约束机制，追求速度、数量扩张，不讲效率是必然的结果，而且协调成本极其高昂。这就决定其经济增长方式是粗放型的。对此，我们可以从斯卡利(G. Scally)的研究中得到佐证。斯卡利在研究、比较了 115 个国家在 1960—1980 年经济的增长情况之后，得出了这样一个结论：制度框架对经济效率和经济增长率有重大影响，有效率制度框架的经济增长率要比低效率制度框架的增长率高 2 倍，效率高 1. 5 倍。①

## 二、粗放型经济增长方式的主要表现——经济发展速度比较高，但效率比较低

1977—1978 年，中国经济增长的速度是比较高的，这一时期按可比价格计算的社会总产值、工农业总产值和国民收入的年均增长率，分别达到 8. 1%、8. 0%和 5. 6%，如表 8-7 所示，高于“二五”时期、“四五”时期和 1953—1978 年的平均增长速度。在国内生产总值方面，1955—1980 年，美国、英国、法国和联邦德国等发达国家国内生产总值的年平均增长速度分别为 3. 26%、2. 22%、4. 86%和 4. 22%②，中国

① G. Scally. System Building and Economic Growth[J]. Journal of Political Economy, 1988.

② 孙礼照. 论通向改革目标模式的途径[J]. 管理世界, 1988(4): 32.

很明显高于这些国家。发展较快的韩国和中国台湾的生产总值增长率在1971—1980年间分别为8.7%、9.7%①，与韩国和中国台湾相比，中国大陆的发展速度也低不了多少。

**表8-7　1952—1978年中国经济增长指标②**

| 时间 | 社会总产值（%） | 工农业总产值（%） | 国内生产总值（%） | 国民收入（%） | 积累率（%） |
|---|---|---|---|---|---|
| "一五"时期 | 11.3 | 10.9 | 9.1 | 8.9 | 24.2 |
| "二五"时期 | -0.4 | 0.6 | -2.2 | -3.1 | 30.8 |
| 1963—1965年 | 15.5 | 15.7 | 14.9 | 14.7 | 22.7 |
| "三五"时期 | 9.3 | 9.6 | 6.9 | 8.3 | 26.3 |
| "四五"时期 | 7.3 | 7.8 | 5.5 | 5.5 | 33.0 |
| 1977—1978年 | 8.1 | 8.0 | 5.8 | 5.6 | 33.5 |
| 1953—1978 | 7.9 | 8.2 | 5.0 | 6.0 | 29.5 |

尽管这一时期经济增长速度比较快，但其效率是比较低的，如表8-8所示。1978年，中国人均国民生产总值只有220美元，一直没有突破人均265美元这一低收入发展中国家的界限。③ 1978年按全国主要工业产品的38项消耗指标考核，达到历史最好水平的有17项，占45%，1978年中国能源的有效利用率只有28%，日本为57%，美国为51%，西欧国家为40%，按单位计算国内生产总值的能源、钢材消耗和所需运输量计算，中国分别超过其他国家的63.8%～229.5%、11.9%～

① 亚洲开发银行. 1990年亚洲发展展望[R]. 1990：63.

② 国家统计局. 国民收入统计资料汇编(1949—1985)[M]. 北京：中国统计出版社，1987：45-46.

③ 联合国工业发展组织1980年将人均国民生产总值低于265美元(1975年美元)的发展中国家列为低收入发展中国家。参见联合国工业发展组织. 世界各国工业化概况和趋向[M]. 北京：中国对外翻译出版公司，1980.

122.9%和85.6%~559.6%。按主要工业产品的单位计算，除印度的钢材消耗量略高于中国外，其他情形大致相同；同发达国家相比，差距就更大了。在资本总量构成中，中国流动资金占全部资产总量的份额最高，高出其他国家4.8%~25.7%。这意味着中国投入品与产品的库存量比其他国家多，库存时间比其他国家长，流通过程迟缓，如表8-8所示。

**表8-8　1952—1978年中国经济效果①**

| 时间 | 百元积累增加的国民收入 | 投资系数 | 劳动生产率（元/人） | 百元资金实现的利税 | 亿元产值耗能（万吨标准煤） |
|---|---|---|---|---|---|
| "一五"（平均） | 35 | 1.56 | 304 | 27.1 | 6.42 |
| "二五"（平均） | 1 | 74.17 | 400 | 26.5 | 12.97 |
| 1963—1965年 | 57 | 0.87 | 399 | 16.2 | 10.13 |
| "三五"（平均） | 26 | 1.70 | 462 | 18.3 | 8.99 |
| "四五"（平均） | 16 | 2.90 | 579 | 17.8 | 9.99 |
| 1976—1978年 | 19 | 2.38 | 657 | 15.4 | 10.21 |

从产品质量来看，这一时期有些产品花了很高的成本生产出来，计算了产值和利润，但由于质量差，不具备应有的使用价值，有的甚至完全没有使用价值，成了废品。1978年全国主要工业产品的30项质量指标，有18项没有达到历史最好水平，占43.3%，一些中小企业产品质量差的情况尤为严重。据化工部门统计，1978年，在1099个县以下磷肥企业中，有51%的企业生产的是不合格产品。1979年上半年，第一机械工业部重点企业铸铁废品率为8.24%，铸钢件废品率为16%。而

① 张曙光. 经济结构和经济效果[M]. 北京：中国社会科学出版社，1982：40.

日本机械工业的铸铁件废品率小于1%，产品质量差是效率低的重要特征。

费维凯对经济增长方式进行了分类：广泛性增长、斯密型增长和库兹涅茨型增长三种增长方式。① 从性质方面看，第一种增长只有经济总量的提高而无劳动生产率的提高；第二种增长有经济总量和劳动生产率的提高，但技术变化不大；第三种增长不仅有经济总量和劳动生产率的明显而持续的提高，而且还有重大的和不断的技术变革。从增长动力来看，第一种增长方式是外延性扩大，主要通过同类型生产单位数量的增加；第二种和第三种增长方式都有内涵性扩大，第二种方式主要由劳动分工和专业化推动，而第三种方式则由技术变革和组织变革推动。由此看来，这一时期经济主要增长方式属于第二种，是一种粗放型的，产出增长主要靠扩大资本、劳动的投入，而不是主要靠技术的改进，在这种增长方式下，资源消耗大，生产效率低。同时也是一种外延式的扩大再生产，新建成为增强经济实力的主要手段。在中华人民共和国成立不久，开始大规模建设的初期，由于当时工农业基础都十分薄弱，因而这种经济增长方式是必要的，也是合理的。但是，在以后的近30年中，这种经济增长方式占主体地位，特别是在新建工业中又往往不重视技术进步。基本建设长期以扩大规模为主，造成了大部分现有企业技术落后、设备陈旧、产品老化，甚至使部分企业丧失了维持简单再生产的能力，严重阻碍了社会生产力的发展。

## 小　结

通过以上分析，说明了对计划经济管理体制的改革成为历史的必然选择。早在1980年，国务院经济体制改革办公室拟定的一份文件就提

① 李伯重. 历史上的经济革命与经济史的研究方法[J]. 经济史，2001(6)：171-185.

出，改革的原则和方向应当是：在坚持生产资料公有制占优势的条件下，按照发展商品经济和促进社会化大生产的要求，自觉运用经济规律，把单一的计划调节，改为在计划指导下充分发挥市场调节的作用。1984 年，党的十二届三中全会通过了具有深远历史意义的《中共中央关于经济体制改革的决定》。该决定指出：要突破把计划经济同商品经济对立起来的传统观点，明确认识社会主义计划经济必须自觉依靠和运用价值规律，是在公有制基础上的有计划的商品经济。商品经济的充分发展，是社会经济发展不可逾越的阶段，是实现我国现代化的必要条件。1987 年，党的十三大报告肯定了社会主义有计划商品经济的体制，应该是计划与市场内在统一的体制。但是，关于计划和市场的关系仍然没有理顺。因此，随着改革开放实践的深入发展，中国呼唤着一次新的思想解放，呼唤着对社会主义市场经济的再认识，呼唤着更加深入的经济体制改革。

# 第九章 结 语

## 一、科学决策对经济的发展尤为重要

科学决策是指决策者在科学的决策思想指导下，按照科学的决策规律，借助各种科学的分析手段和方法，在调查研究、充分掌握有关信息的基础上，按照一定的程序选择最优方案。科学决策是对经验决策、盲目决策以及其他一些不规范、容易造成较大失误的决策方式的否定和改进，避免非理性的决策后果。在各级政府和党组织推进科学决策，就是使决策符合经济社会发展的客观规律和科学规律。

多年来，经济工作中存在一种高指标、急要求、瞎指挥的倾向，由于确定建设项目不作可行性研究，因而缺乏一种科学的、稳定可靠的长远规划。从本质上看，“十年规划”不是在科学决策基础上的合理规划，它在一定程度上脱离了中国国情。在1978年2月讨论五届全国人大《政府工作报告》时李先念曾经提出，这个规划尚在讨论中，提出这个指标、那个项目可以，但还没有研究清楚，不要拿到人大会议上去通过。可是后来没有经过论证和反复研究的“十年规划”仍提交人大讨论通过，还要加码，说：化纤产量写150万吨，实际要搞200万吨，劲头最大的是煤炭，要提前一年完成“五五”计划，钢铁也要提前一年完成。在人大会议后召开的有关经济会议和计划会议上，有些干部也不同意搞高指标，高指标分不下去，只好强行往下压，要大家背回去。①

---

① 武力. 中华人民共和国经济史[M]. 北京：中国经济出版社，1999：776.

在这个规划中，十个新油田——“十个新大庆”的指标被当作目标提出来。“十个新大庆”意味着，石油产量将从年产 1 亿吨增至年产 4 亿吨左右。这些只不过是美好的蓝图而已。近海的勘探工作尚未开始，岸上的勘探工作也不充分。一个大庆尚未完成，更何况十个大庆了。1978 年年初的实际情况是，中国石油产量正值高峰期，就是在 1982 年，中国需要全力以赴才能维持产量不下降；但是，规划却是以提高好几倍为基础的。中国已经没有大量的过剩能源可供出口，此后很长一段时期内，它将面临能源短缺的局面。钢铁部门的计划也是如此。据西方的一项估算，中国人必须花费 400 亿美元外汇，方能实现 6000 万吨钢材指标①，或者说，每年要花 50 亿美元，而 1978 年全部出口所得只有 97. 5 亿美元。②

同时，川气出川工程也是一个经典的例子。川汉输气管道停建后，首先影响湖北、湖南 2 个原计划利用四川通过管道供应的天然气为原料进行生产的大化肥厂。它们被迫在建设中途改变设计方案，原料由用气改为用轻油，设计能力也相应地改为年产合成氨 24 万吨、尿素 38 万吨（原设计能力分别为 30 万吨和 48 万吨），降低了生产能力，提高了生产成本，拖长了建设工期。其次，沙市钢管厂和南京汽轮机厂也被迫相应改变产品方案，改产小型钢管和燃气轮机等，大马拉小车，造成了较大的损失和浪费。为生产管道进口的钢卷板也只有改作他用。最后是有关部门为川汉输气管道配备进行的新产品研制半途而废，耗费了投资，造成了人力、物力、财力上的较大浪费。川气出川工程的决策依据是急于求成的主观愿望，它违背科学，不从实际出发，因此失误和造成严重的损失浪费是必然的。

中国传统决策体制的特点之一是决策权力高度集中，且决策经验

① ［日］长谷川庆太郎. 中国现代化的幻想——从新的角度看日中关系［M］. 王宗林，王辅基，张慧春，译. 北京：生活·读书·新知三联书店，1981：47.

② ［美］R. 麦克法夸尔，费正清. 剑桥中华人民共和国史（1966—1982）［M］. 北京：中国社会科学出版社，1992：520.

化。1986 年 7 月时任国务院副总理的万里发表《决策民主化和科学化是政治体制改革的一个重要课题》的讲话，指出影响决策民主化和科学化的桎梏，既有传统价值观方面的障碍，同时也从一个重要的侧面反映出我国政治体制上的一个重要弊病，就是领导权力过分集中，决策制度不健全。因此，政治体制改革的一个极为重要的方面，就是要真正实行决策的民主化和科学化。邓小平同志审阅了万里同志的讲话，当即作了全文发表的重要指示。该讲话在社会各界引起了广泛而强烈的反响，可以说是我国推动科学决策的开端。

自从 1986 年以来，在中国共产党的十三大、十四大、十五大、十六大、十七大等历次全国代表大会报告中都提到要推动科学决策。2003 年 2 月中共十六届二中全会通过的《关于深化行政管理体制和机构改革的意见》、2006 年 10 月中共十六届五中全会通过的《中共中央关于构建社会主义和谐社会若干重大问题的决定》和 2008 年 2 月中共十七届二中全会通过的《关于深化行政管理体制改革的意见》都强调了规范行政决策行为，完善科学民主决策机制。在中共中央和国务院近 20 年的纲领性文件中科学决策如此密集地被强调，可见科学决策对于我国民主政治和国家发展的重要性。纵观近 40 年推动科学决策的过程，在中央的推动下全国各个地方和各级政府部门都在探索实行科学决策，可以看到科学决策对我国社会经济发展和经济政治管理体制改革起到了重要的推动作用，并且涌现了三峡工程论证实施、1998 年抗洪、抗击“非典”、《国家中长期科学和技术发展规划纲要》的制定等科学决策的典型成功案例。但是由于传统价值观以及权力意识的影响，在推动科学决策的过程中也面临着很多的困难，比如大量政绩工程、“豆腐渣工程”的出现大多也曾通过所谓的“科学决策”的程序。据估计，“七五”到“九五”期间，政府投资决策失误率在 30%左右，资金损失约在 4000 亿~5000 亿元。就总体趋势而言，目前社会现代化进程中分工越来越细、综合性越来越强、情况越来越复杂的局面愈加迫切，需要建立科学规范的决策机制，这也是 40 多年来中央政府大力推动科学决策的原因所在。

在经济全球化、世界多极化、社会信息化深入发展的大背景下，中国面临深化自身改革和推动世界发展的双重使命，迫切需要一批能够广泛参与全球竞争的新型智库，为巩固党的执政地位、服务国家战略决策科学化、推动经济社会发展、增强国际话语权等提供有力支撑。中国特色新型智库是国家软实力的重要体现，是国家治理体系和治理能力现代化的重要内容，是党和政府科学民主决策的重要支撑。党的十八大以来，习近平总书记就加强智库建设多次作出重要论述，突出强调了建设中国特色新型智库的重要性和紧迫性，充分肯定了我国智库建设取得的成绩，同时也深刻指出当前智库建设面临的挑战和问题，进一步明确了新形势下建设中国特色新型智库的目标、任务和要求，充分体现了我们党对推进科学决策、加强智库建设的新认识，具有很强的战略性、时代性和针对性。2015 年 1 月 20 日，中共中央办公厅、国务院办公厅印发了《关于加强中国特色新型智库建设的意见》，就加强中国特色的新型智库建设的重大意义、指导思想、基本原则和总体目标进行了深入阐释，对加强中国特色新型智库建设的主要任务和具体措施做出了全面部署。该意见的出台是深入贯彻落实党的十八大和十八届三中、四中全会精神的重大举措，为新时期建设中国特色新型智库指明了方向、提供了强大动力。

当前面临经济发展的新常态，新常态下的中国经济，正在向形态更高级、分工更复杂、结构更合理的阶段逐步演化。这就更需经济决策的科学性，必须把握平衡完善经济治理，知行合一推动全面改革。2013 年 11 月 12 日，党的十八届三中全会通过了《中共中央关于全面深化改革若干重大问题的决定》，明确了全面深化改革的总目标，即“完善和发展中国特色社会主义制度，推进国家治理体系和治理能力现代化”。2014 年 10 月 23 日，党的十八届四中全会通过了《中共中央关于全面推进依法治国若干重大问题的决定》，强调“法律是治国之重器”，必须更好发挥法治的引领和规范作用，促进国家治理体系和治理能力现代化。两个“决定”，是有着紧密内在逻辑的姐妹篇，是一个总体战略部署在时间轴上的顺序展开。对这一具有历史意义的改革擘画、当代中国最重要的顶层设计，国内外高度评价，认为是观察中国今后30年变革的重大历史线索。“治”，在于把握重大平衡；“理”，在于规范发展秩序。其指向都是确保人民安居乐业、社会安定有序、国家长治久安。感知一个国家的治理，经济是最直观的维度。生产力决定生产关系，经济基础决定上层建筑，以经济体制改革为重点，推动经济治理现代化，无疑将对全面深化改革、实现国家治理现代化发挥牵引作用。

## 二、经济发展战略必须符合中国国情

中华人民共和国成立以后，在社会主义经济建设中，从一开始就注意了从战略全局和发展远景来考虑经济问题。在国民经济恢复时期结束后，马上就进入了第一个五年计划时期，开始了全面的大规模的社会主义建设，并取得了很大的成就。但是，当时由于研究经济发展战略的理论和方法还缺乏全面性、系统性，特别是在后来由于指导思想上的“左”倾错误，由于缺乏社会主义建设的经验，在经济发展战略目标的选择以及在实现目标的方法和道路上都有过重大的失误。

中华人民共和国成立后，在第一个五年计划时期，除进行生产资料私有制的社会主义改造以外，在实现工业化方面进行了以重工业为中心的生产建设，实际上就是把优先发展重工业作为经济发展的主要战略。

“大跃进”时期，以毛泽东为代表的中共第一代领导集体确定了以“超英赶美”为目标的经济发展战略，这是一种急于求成的追求高速度的战略思想，例如，认为英国1957年的钢产量2200万吨，虽然是中国当年535万吨的4倍以上，但由于中国钢产量的增长率很快，因此在15年后的1972年可以达到4000万吨，超过英国在这一年的估计数3000万吨。实际上这是一种脱离实际的估计。由于错误战略思想的指导，由于急于求成的欲望越来越强烈，终于采取了冒进的方法，提出了“以钢为纲”“三面红旗”，要在10年甚至更短的时间内把英国抛在后面，“超英赶美”战略的提出，固然鼓舞了中国广大劳动群众进行社会主义建设的热情和积极性，但由于这一战略严重违背了客观经济规律，对生产建设速度的要求大大超过了国力和客观的可能，使中国经济遭到了很大的破坏，三年“大跃进”的经济损失大约有1200亿元；1960年粮棉产量降到1951年的水平，整整倒退了10年；管理混乱，国民经济比例严重失调；市场匮乏，人民生活极度困难，特别是农村出现了饿死人的现象，1960年的人口死亡率高达25.43‰，1961年的全国人口比1959年净减1348万。而且同一时期国际上正值第二次世界大战后第一次产业结构调整的时期，日本等亚洲国家和地区正是抓住了这个机会，在“二战”后恢复的基础上开始了经济腾飞，20年后即跻身于世界发达国家之列。

1966年，在“备战、备荒、为人民”的决策指导下开始了第三个五年计划。这个计划实际上包含了增强国家的经济实力、国防实力和同时解决吃、穿、用为基本内容的多目标战略。但是不久，受到“文化大革命”的冲击，解决吃、穿、用被当作修正主义加以批判，只剩下以“备战”为中心、以三线建设为内容的目标战略，这实际上仍然是片面追求经济发展的高速度。造成国民经济的又一次比例失调，人民生活深受影响。

这一时期，由于“左”的思想没有肃清，没有认真总结经济建设的经验教训；同时，“文化大革命”结束后，打开封闭的大门放眼世界，发达国家是一片繁荣的景象，而国内经济濒临崩溃的边缘。一方面是中西方发展现状对比后留下的强烈反差，另一方面是出于对提高生存质量的渴望。在此背景下，提出了要实现“四个现代化”的发展战略，并于1978年又一次提出不切实际的规划，仍然没有摆脱“以钢为钢”的桎梏，实际上还是以片面追求产值增长的高速度为经济发展战略。结果是，经济发展规模远远超出了国家财力的承受能力，在这之后几年不得不进行国民经济的调整。

长期以来片面强调重工业的发展，使农业和轻工业严重滞后，国民经济比例失调；片面追求速度，忽视经济效益，造成资源浪费；不断扩张建设规模，忽视技术进步，形成工业部门在低水平上不断扩大和重复建设；另外，由于在注重建设和生产的同时，忽视了人民生活的改善和提高，造成长时间内社会在物质和精神生活方面水平较低，等等。中华人民共和国成立以来，中国经济经历了大的折腾，经济发展水平低下，其原因是多方面的、复杂的。其中主要的原因之一，就是在经济建设上长期以来适应政治上“穷过渡”的需要，违反客观经济规律，缺乏一个符合国情、切合实际、坚持不懈、逐步推进的经济发展战略。

1979年以来，由农村到城市进行经济体制的改革，由与社会生产力发展要求不相适应的僵化的经济体制向充满生机和活力的经济体制转变，也是经济发展战略的一个重大的转变。中国人民在中国共产党十一届三中全会正确路线的指引下，正在为实现社会主义现代化而努力奋斗。中国科学技术界的专家们正在开展“2000年的中国”的战略研究。总结过去、立足现在、面向未来，通过对国内外、主客观条件的综合分析，对2000年中国的经济、文化、科学技术、人民生活以及精神文明描绘出一个比较清晰、具体的图像，并探索达到目标的最佳途径和必须采取的政策措施，为国家制定发展战略和各部门、各地区、各行业编制发展规划提供有科学根据的资料。

1987年10月中国共产党第十三次全国代表大会提出，中国经济建设的战略部署大体分三步走。第一步，实现国民生产总值比1980年翻一番，解决人民的温饱问题。这个任务已经基本实现。第二步，到20世纪末，使国民生产总值再增长一倍，人民生活达到小康水平。第三步，到21世纪中叶，人均国民生产总值达到中等发达国家水平，人民生活比较富裕，基本实现现代化。

产业结构日趋合理，各部门比例协调发展。从中国的国情出发，把农业作为经济发展的一个战略重点，并制定了一系列加速农业发展的方针政策，促进了农、林、牧、副、渔各业的全面发展。在20世纪内，中国农业还不可能完成由传统农业向现代农业转变的过程，但农业发展的速度会比1980年以前的30年快，预测20世纪最后20年有可能以每年递增6%的速度发展，使农业落后的面貌改观，更好地促进整个国民经济的发展。过去30年工业内部轻、重工业增长速度的比例为0.67∶1，今后要尽量利用现代科学技术新成就，同时又面临着手工劳动机械化和传统产业技术改造的任务，生产资料优先增长的趋势还会起作用，因此，重工业增长速度还会快于轻工业，但差距不能过大，预计可以提高到0.80∶1以上，到20世纪末，轻、重工业的比例将变为45∶55。中国产业的发展，在20世纪内要采取传统产业和新兴产业并举、以传统产业的新技术改造为主的方针。现在传统产业在产业结构中居于主体地位，新兴产业在工农业总产值中占的比重不足2%，但新兴产业代表着中国产业发展及其结构变化的方向，其发展速度将是很快的。到20世纪末在工农业总产值中占的比重，有可能达到15%。随着技术的进步和产业的发展，生产从劳动密集经过资金密集过渡到技术知识密集成为一种发展趋势。但中国劳动力资源丰富而资金和技术又不足，到20世纪末大体可以形成5∶3∶2的结构。

回顾中国40多年来在经济发展战略选择上所走过的道路，可以得出以下一些经验教训。

第一，坚持从中国的实际出发，采取符合本国国情的经济发展战略。建设有中国特色的社会主义，要取得经济建设的成功，都必须从本国的实际出发，这样才能扬长避短，发挥优势。坚持从中国的国情出发，建设有中国特色的社会主义，就是要认真考虑中国是一个人口多、底子薄的社会主义大国的国情特点，充分动员内部资源来进行社会主义现代化建设。当然也要注意学习和借鉴外国经验，但是，不能照搬别国经验、别国模式。必须把马克思主义普遍真理同中国的具体实际结合起来，走自己的道路，建设有中国特色的社会主义。这是总结长期历史经验得出的基本结论。

在确定经济发展战略时，应当实事求是，从实际出发。经济发展的速度是一个重要问题。但是，不能离开具体条件，片面地追求以总产值计算的高速度。同时，应该在发展生产的基础上不断改善人民生活。在确定具体的战略目标时，对于国内外形势要有一个正确的估量，一方面应当考虑国家的生存、独立和民族尊严，以及国内外的阶级状况，从而不断加强国防实力；另一方面绝不能以此来冲淡或代替经济发展战略。

坚持量力而行、长期稳定发展的经济方针。长期以来，在经济工作指导思想上的"左"倾错误，集中表现为求成过急，不从实际出发，不量力而行。中华人民共和国成立初期，特别是在第一个五年计划时期，贯彻执行过渡时期总路线。工业迅速发展，生产资料所有制的社会主义改造也基本完成了。这个时期的经济发展战略是稳定的，效果是好的。1958 年提出社会主义建设总路线、"大跃进"、人民公社"三面红旗"以后，改变了原来稳定发展的战略，急于求成，采取了冒进的战略，造成了国民经济的比例失调，结果想快反而慢，吃了很多苦头。实践证明，只有坚持量力而行、长期稳定发展的方针循序渐进，才能加快社会主义现代化建设。这也是在长期经济建设实践中总结出的一条基本经验。

第二，随着经济社会的发展及时推动经济发展战略目标和实现战略目标的道路方法的转变。

在正确的思想路线的指导下，经济发展战略目标的选择和实现目标的道路方法也相应地发生了根本性的转变。在上述总的要求下，一定时期内，如 5 年、10 年或 20 年经济建设能达到什么程度，侧重于哪一方面，都应当根据当时所处历史阶段的基本特点，考虑国内外政治经济形势及各种具体情况，确定阶段性的具体目标。

①战略目标由比较单一向比较全面转变。过去在考虑发展战略的时候，比较多的是从经济指标本身考虑问题，制订的发展计划，也主要是国民经济发展计划。这种单一化的目标选择，容易脱离社会生活的实际，忽视社会生活多方面因素之间的相互作用。经济的发展同科学技术甚至整个社会生活是密切联系在一起的。应当把发展看作是把经济、技术、社会、政治、文化、道德、精神等融为一体的综合现象，不能仅以经济作为标准来衡量社会的发展程度，而应该给其他有关方面以相应的地位。把经济与社会联系起来从总体上进行发展战略的研究，经济是社

会发展中的核心问题，当然需要侧重研究经济发展战略，但是同时也要从整个社会发展战略出发去通盘研究。中国从第六个五年计划开始，已经把国民经济发展计划改为国民经济和社会发展计划。同时一再强调，社会主义物质文明同社会主义精神文明建设要一起抓，使全国人民做到有理想、有道德、有文化、守纪律。这样就使战略目标从单一转向比较全面。

②由单纯追求经济增长速度向提高经济效益、使人民得到实惠的方向转变。社会主义国家的经济发展战略，总是应当在不断发展生产的基础上逐步改善人民生活。这是由社会主义国家的性质和社会主义基本经济规律所决定的。社会主义经济建设，要以不断满足人民的需要为根本目的。没有经济的增长，人民的需要当然不可能得到满足。但是，如果离开了人民的实际需要，不讲实效，单纯追求产值增长速度，就不能使人民真正得到实惠，不但人民需要不能满足，而且还会造成巨大的浪费。中国共产党第十二次全国代表大会提出的在20世纪末工农业总产值翻两番的目标，就是强调以提高经济效益为前提，而且它的物质内容是要使人民的物质文化生活达到小康水平。这就体现了效益和速度的统一、发展生产和改善生活的统一。这个转变有利于走出一条速度比较实在、经济效益比较好、人民可以得到更多实惠的发展社会主义经济的新路子。

③由孤立地突出重点，向抓重点、促平衡，使国民经济向协调发展的轨道上转变。技术和经济的发展总是不平衡的。一定时期突出某些关键的、薄弱的环节，把它作为重点来抓是必要的，但抓重点要带动全局，促进整个经济平衡发展。过去，在很长一个时期里，片面强调优先发展重工业，片面强调“以钢为纲”，结果挤压了农业和轻工业，也挤压了其他重工业产品，造成了国民经济的重大比例严重失调。中国共产党第十二次全国代表大会对整个国民经济做了全面的分析，提出了把农业、能源、交通、教育和科学作为经济发展的战略重点，同时要在综合平衡的基础上建立合理的经济结构，使社会经济各个部门、各个方面能

够协调发展。

④扩大再生产由外延发展方式向内涵发展方式转变。长期以来，中国发展生产主要依靠新建企业，忽视现有企业的技术改造，结果，基本建设摊子越铺越大，工期越拖越长，新建项目不能及时形成生产能力；已建成的企业也由于忽视技术改造，多数已变得设备陈旧、工艺落后、生产消耗高、产品质量低、经济效益很差。现在中国已经建立了独立的、比较完整的工业体系，固定资产投资战略方向转移的条件已经成熟。中共中央决定，第七个五年计划期间，建设重点将以技术改造和改建扩建现有企业为主。

⑤由盲目发展人口向控制人口、提高素质、加强智力开发转变。人口问题在中国社会经济发展中处于十分重要的地位。人是生产力中最重要的因素，然而对于中国这样的发展中的社会主义大国来说，人口过多又是一种压力，而且人口素质水平低与现代化建设的矛盾也越来越突出。要尽快使人口逐步由压力转化为动力，就必须有计划地控制人口，在控制人口增长数量的同时提高人口的质量。中国共产党第十二次全国代表大会把教育和科学作为战略重点，十二届三中全会在关于经济体制改革的决议中强调尊重知识、尊重人才，都反映了国家发展战略的转变。

⑥由闭关自守向在独立自主、自力更生的基础上积极开展对外经济合作和技术交流转变。中国是10亿多人口的大国，现代化事业应当而且只能放在自己力量的基点上。但是，过去把自力更生片面地理解为自给自足、闭关自守，结果限制了自己的发展。在当代，由于社会经济的发展、世界市场的开拓，过去那种地方的和民族的自给自足的闭关自守状态已经被各民族的各方面的互相往来所代替，一切国家的生产和消费都在不同程度上成为世界性的了。中国共产党的十一届三中全会以后，中国把对外开放作为长期的基本国策，作为加快社会主义现代化建设的战略措施，已经和正在通过对外交往吸取各国之长，补自己之短，促进社会主义现代化建设的目标更快地实现。

确定经济发展战略目标，应当兼顾长远的和近期的、国家的和人民的利益，做好统筹安排。绝不能急功近利，缺乏高瞻远瞩。但是，过去多次出现的问题，往往是只注重长远利益而忽视目前利益，只注重国家的整体利益而忽视局部的个人利益。实践证明，只有把两者很好地结合起来确定发展战略，才能更好地动员人们去为之奋斗。

## 三、必须加强经济工作能力的建设

经济工作能力如何是关系到执政能力的一个重要内容。中华人民共和国成立前夕，毛泽东同志把执政比作“进京赶考”，提出“两个务必”，强调“必须向一切内行的人们学经济工作”。1979 年 10 月，邓小平在省、市、自治区委员会第一书记座谈会上指出：“经济工作是当前最大的政治，经济问题是压倒一切的政治问题。不只是当前，恐怕今后长期的工作重点都要放在经济工作上面。”①中共十六大对执政能力提出了具体的要求，其中很重要的一条就是对如何提高经济工作能力提出了基本要求：必须坚持按照客观规律和科学规律办事，及时研究解决改革和建设中的新情况新问题，善于抓住机遇加快发展，不断提高驾驭市场经济的能力。十六大报告还强调：“离开发展，坚持党的先进性、发挥社会主义制度的优越性和实现民富国强都无从谈起。”由此可见，发展能力是执政能力建设的核心问题，而经济工作能力如何则是发展能力的重要体现。这就要求执政党必须坚定不移地抓好发展这个执政兴国的第一要务，进一步加强经济工作能力建设。

针对这一时期的经验教训，如何加强经济工作能力建设呢？其主要途径就是通过不断地学习来逐步提高全党领导经济工作的水平和能力，改进经济工作方式。1956 年 4 月，毛泽东在《论十大关系》中强调：“一切民族、一切国家的长处都要学，政治、经济、科学、技术、文学、艺术的一切真正好的东西都要学。”同时，要“学习资本主义国家的先进的

① 邓小平文选(第二卷)[M]. 北京：人民出版社，1994：194.

科学技术和企业管理方法中合乎科学的方面”。① 过去中国共产党领导经济工作取得重大成就的基本经验之一，就是不断通过加强全党的学习，增强全党开展经济工作的能力，提高经济工作的艺术和水平。

鉴于这一时期经济上失误的一个重要原因就是许多领导干部缺乏经济方面的基本知识和科学知识，由此，必须让他们学习财经专门知识和科学知识。中华人民共和国成立初期我们曾有比较好的传统。中华人民共和国成立初期，毛泽东鉴于许多领导同志和基层干部对社会主义经济问题不大了解，不懂得经济发展规律的情况，于 1958 年 11 月第一次郑州会议期间，号召大家学习斯大林的《苏联社会主义经济问题》、苏联科学院经济研究所的《政治经济学》(教科书)等著作。随后，在武昌会议及党的八届六中全会上又重申了这一意见。1959 年夏，中央召开庐山会议前期，毛泽东拟订的会议讨论的 19 个问题中，头一个问题就是“读书”，要求中央、省、市、地委一级委员，包括县委书记，要认真读苏联《政治经济学》(教科书)。同年冬，毛泽东与刘少奇、周恩来等同志组织了《政治经济学》学习小组。该小组从 1959 年 12 月到 1960 年 2 月 9 日，先后在杭州、上海和广州等地，采取边读边议的方法，逐章逐节地学习，从理论上探讨了社会主义社会的商品生产、价值规律、按劳分配等问题。1958 年年初毛泽东主持起草的《工作方法 60 条》中，提出要“把党的工作重点放到技术革命上去”。并要求“大家学技术、学科学”。毛泽东在学习时发表了很多心得体会。有的原著反复阅读，并作了批注。毛泽东在学习经济理论上身体力行，为全党树立了良好的榜样。在毛泽东的号召和带动下，党内有一大批由军队和其他部门转到经济建设战线的干部，经过刻苦钻研和实践，成为搞经济工作的行家里手，有力地促进了经济建设事业的发展。

可惜，这一好的传统被逐步丢掉了，由于缺乏经济学、科学等方面

---

① 中共中央党史研究室. 中国共产党历史大事记[M]. 北京：人民出版社，1991：264.

的知识，于是，在经济工作中经常出现命令主义、教条主义，用群众运动而不是经济方式抓经济工作，很自然地出现了忽视经济规律、价值法则的现象，从而严重地阻碍了国民经济的发展。

在当前全面深化改革和完善社会主义市场经济的新时代，如何加强对经济工作的能力建设，主要涉及两个方面：一是提升领导干部的经济工作能力与水平；二是提升整个党的经济工作能力与水平。

（一）提升领导干部的经济工作能力与水平

领导干部是“关键少数”，对经济发展有着至关重要的作用。领导干部自身的能力如何，直接影响经济发展进程。在新常态下抓经济工作，对各级领导干部的能力和素质都是重大考验。如何做好经济工作，把国家的政策与战略方针落到实处，是对各级领导干部的一场“考试”。面对经济建设中出现的种种问题，领导干部必须增强“本领恐慌感”，不断提升在复杂局面下驾驭经济发展的能力，更好地适应形势需要、适应工作需要、适应发展需要。

领导干部如何提升“抓经济”的能力？首先，要继承学习型政党的优良传统。中共七届二中全会提出了学习型政党的课题，要求根据形势发展的需要，学会各种社会建设的本领。目前，首先要学经济、懂经济。经济是门大学问，我们的领导干部不一定都是经济学专业毕业，也不一定都要成为经济学家，但作为经济工作的直接实践者和执行者，必须学经济、懂经济，绝不能当“外行”、当经济工作的“门外汉”；否则，既不能准确分析经济形势，也不能把握国家经济政策走向，更不能把握机遇，做出正确的决策。个别领导干部抓经济点子不多、办法不多，甚至沿用计划经济那一套，现在显然已经行不通了。不懂就要学，要有紧迫感、“恐慌感”，要抓住一切机会学习，通过各种途径学习，向企业家学、向金融家学、向书本学、向市场学，分专题与板块来学，力争用最短的时间学到最多的东西，尽快成为经济工作的行家里手。

其次，要提升领导干部抓经济工作的能力与水平。要提升领导干部抓经济工作的能力与水平，必须做到以下几点。一是要转变观念、转变思维。观念决定行动，思路决定出路。思维一转天地宽，观念也是生产力。如今经济进入新常态，形势愈来愈复杂，困难越来越多，原有的思维方式和工作方式已经很难适应新形势的需要了，过去那种拼资源、拼环境、拼投入来拉动经济发展的路子走不通了，过去那种“一窝蜂”上马、“粗放式”经营的发展方式已经“过气”了，这就迫切需要我们的领导干部切实转变观念，调整思路，用新思维、新理念、新办法推动经济发展。要学会用小钱换大钱、把死钱变活钱；要善于无中生有、借势借力；要善于从改革中找动力、从市场中找路子、从创新手段中激活资源要素。只有这样，才能不断缩小我们与发达国家的差距，实现科学发展、跨越发展。

二是要学政策、用政策，提升领导干部理解政策与把握政策的能力与水平。政策是经济发展的“风向标”和“指路牌”，政策支持是最大的支持，政策资源是最稀缺的资源。我们的经济工作都是在政策范围内运行的，作为领导干部，必须熟悉政策、“吃透”政策，做到在政策中“游刃有余”。要熟悉政策，更要会用政策。不会用政策，政策就是束缚手脚的“绳索”；会用政策，政策就能成为指挥经济工作的“利器”。学好了政策、用好了政策，就会事半功倍，就可能后来居上、后发先至；反之就会永远落后于人，甚至劳民伤财。我们有的干部“两耳不闻窗外事”，对政策不学习、不了解、不敏感，老是落在人家后面。这样的局面一定要改变，只有当我们的领导干部都主动学习政策、掌握政策、运用政策，在政策许可的范围内大胆思考、创新举措，我们的经济工作才能开创新局面。

三是领导干部要敢担当、能担当。担当既是一种情怀，也是一种能力，更是领导干部必须具备的素质。作为一个领导干部，负责一方发展，如果没有担当，凡事绕道走，遇到困难就想躲，那么怎么能带领大家往前闯？怎么能实现经济大发展？尤其在当前经济新常态下，困难多、矛盾多、挑战多，更需要领导干部敢担当、能担当，需要领导干部带领群众克服困难、化解矛盾、迎接挑战、“攻城略地”，完成各项艰巨的任务，实现经济的发展。担当的意思就是接受并负起责任。作为领导干部，从其职务、职位来说，是接受了责任，但作为一方经济建设的主管官来讲，是否负起了责任呢？这就要看行动，就要看其是否善抓大事、敢碰难事、不放小事，是否主动作为、主动担当。矛盾和困难也是一块“试金石”，对于能够主动担当，敢于直面矛盾和问题并有效解决的干部，就应当重用；对于“为官不为”，在矛盾和问题面前推脱躲绕的干部，就应当挪一挪“位子”、换一换“帽子”。

四是要做到抓铁有痕。马克思有句名言：“一步实际行动比一打纲领更重要。”①反对空谈阔论，强调真抓实干，始终是中国共产党的优良传统。习近平总书记反复强调，空谈误国，实干兴邦。要以路石留印、抓铁有痕的劲头，切实干出成效来，做到言必信、行必果，要在全社会大力弘扬真抓实干、埋头苦干的良好风尚，发扬钉子精神。习近平总书记反复指出，钉钉子往往不是一锤子就能钉好的，而是要一锤一锤接着敲，一直到把钉子钉得实钉牢，钉牢一颗再钉下一颗，不断钉下去，必然大有成效。如果做经济工作今天东一榔头明天西一棒子，结果很可能是一颗钉子都钉不上、钉不牢。做经济工作和干其他事业一样，要以钉钉子的精神真抓实干，不折腾、不反复，切实把工作落到实处，做出经得起实践、人民、历史检验的实绩。习近平总书记指出：“我们要牢记一个道理，政贵有恒。为官一方，为政一时，当然要大胆开展工作、锐意进取，同时也要保持工作的稳定性和连续性。”②领导干部要有“功成不必在我”的思想境界，牢固树立正确政绩观，不要仅仅盯着 GDP。既要做让人民群众看得见、摸得着、得实惠的实事，也要做为后人作铺垫、打基础、立长远的好事，既要做显绩，也要做潜绩。不搞劳民伤财的“形象工程”“政绩工程”，真正做到对历史和人民负责。做经济工作

① 马克思恩格斯文集(第三卷)[M]. 北京：人民出版社，2009：426.

② 习近平新时代中国特色社会主义思想三十讲[M]. 北京：学习出版社，2018：157.

要做到真抓实干。一分部署，九分落实。

五是要重视调查研究。重视调查研究，是我们党做好经济工作的传家宝。习近平总书记认为调查研究是谋事之基、成事之道。没有调查，就没有发言权，更没有决策权。经常开展调查研究，非常有益于促进领导干部正确认识客观世界，改造客观世界和主观世界，转变工作作风，增进同人民群众的感情，有益于深切了解群众的需求、愿望和创造精神、实践经验坚持调查研究，要找准问题、有的放矢。开展调查研究的目的是把事情的真相和全貌调查清楚，将问题的本质和规律把握准确，将解决问题的思路和对策研究透彻。如何做好调查研究工作？第一，要紧紧围绕党的路线方针政策和中央重大决策部署的贯彻执行。深入研究影响和制约经济社会持续健康发展的突出问题，深入研究人民群众反映强烈的热点难点问题，深入研究党的建设面临的重大理论和实际问题，深入研究事关改革发展稳定大局的重点问题，深入研究当今世界政治经济等领域的重大问题。第二，要深入实际、深入基层、深入群众。人民群众的社会实践，是获得正确认识的源泉，也是检验和深化认识的根本所在。调查研究成果的质量如何，形成的意见正确与否，最终都要由人民群众的实践来检验。第三，要坚持和完善先调研后决策重要决策调研论证制度。把调查研究贯穿决策的全过程，使之真正成为决策的必经程序，提高决策的科学化水平。适应新形势新情况特别是当今社会信息网络化的特点，进一步拓展调研渠道、丰富调研手段、创新调研方式，但不管信息技术多么发达，有多少了解情况的其他渠道，都不能替代自身深入实际、深入基层、深入群众进行实地的调查研究。正所谓“纸上得来终觉浅，绝知此事要躬行”。

### (二)提升整个党的经济工作能力与水平

当前，经济发展进入新常态，改革进入深水区，国际国内形势复杂多变，推动经济发展提质增效升级面临诸多挑战。解决好这些问题，关键在党。提高党领导经济工作的能力水平，要加强制度化建设，要不断提高法治化水平，要增强专业化能力。中央经济工作会议提出，经济发展进入新常态，党领导经济工作的观念、体制、方式方法也要与时俱进。这对加强党对新阶段经济工作的领导、提高领导的能力水平都提出了新的要求。

在多年的治国理政中，我们党积累了丰富经验，攻难关、涉险滩，牢牢把握着国家行进的方向，实现了长达几十年的经济高速增长。新常态下，要实现经济“调速不减势、量增质更优”，我们党要一如既往地履行好领导经济工作的职能，进一步强化科学决策能力和全球战略思维，主动适应新常态、引领新常态，不断提高能力水平，促进新旧增长动力转换接替、防范各类隐性风险。

提高党领导经济工作的能力水平，要加强制度化建设。适应并且引领好新常态，要求我们党必须在施政、决策、考核、追责等各个方面建立健全与之相协调的体制机制，建立和巩固一整套管用、便利的制度体系。做事有章可循，程序有条不紊，考核标准规范，这有利于增强党自身的凝聚力和战斗力，提高党对经济工作领导、管理和监督的质量效率。

提高党领导经济工作的能力水平，要不断提高法治化水平。社会主义市场经济本质上是法治经济，在法律法规的框架内，用法律手段解决经济发展中出现的各种矛盾和问题，既符合经济运行规律，又能保障经济持续健康发展的现实需要。为此，应积极推动社会主义市场经济法律制度建设，针对一些重点领域法律法规的“空白”发力，对部分明显滞后、难以执行的现行法规及时调整，有效应对土地改革、金融改革、环境保护、科技创新等重点领域出现的新情况。相关部门也需自觉守法、依法行政，牢牢把握“法定职责必须为、法无授权不可为”的原则，不在法外设定权力，消除寻租设租的空间，杜绝不作为、乱作为的现象。

提高党领导经济工作的能力水平，要增强专业化能力。新常态中会出现许多新情况新问题、新风险新挑战，能不能实现财政政策的有效引导和货币政策的精准调控？能不能激发各领域的创新热情，形成新的增长引擎？能不能成功化解各种不确定性因素对经济的冲击？都需要政策制定部门和经济管理部门以更专业、更科学的手段来应对。这就要加强学习、吃透精神，将思想和行动统一到中央要求上来，更好把握和运用经济规律、自然规律、社会规律，不断提升宏观定调、中观调控、微观调整的能力，将领导经济工作的立足点转到提质增效、加快形成新的发展方式上来。要转变心态，摒弃对经济数据的追逐，保持平常心和定力，努力换取未来更有质量、有效率的发展，推动我国经济社会向更高水平大步迈进。

## 四、对西方技术的借鉴必须与科技创新相结合

在当时传统的经济管理体制下，一方面，作为引进技术设备主体的政府部门在引进工作中注重成套设备的引进，轻视技术、关键单机、重要部件的引进，如 1978 年签订的 22 个共计 78 亿美元的引进项目基本上是成套进口，制造技术和技术专利引进较少。另一方面，作为引进技术设备的受益者——企业，在引进中参与引进项目的考察、谈判以及引进成功后负责设备的安装、调试，企业基本上不承担引进技术设备失败的风险，但如果引进成功便可享受其带来的利益，因而企业缺乏对引进技术进行吸收和技术创新的动力，而负责推广技术的政府部门所属研究机构，仅仅在引进技术设备的前期、中期有限地参与，一旦引进成功，他们便无权干涉企业对技术设备的使用。于是，便出现了这一时期的引进怪圈——企业没有推广技术、进行创新的动力，而有推广、创新动力的研究机构却没有对新技术的支配、使用权。这样屡屡跳不出不断地花钱买技术、设备而难以摆脱对洋设备的依赖的尴尬局面。

我们从巴西成功的经验中也可以得到同样的认识。“二战”后巴西在把引进技术与利用外资的过程中把握住了对国外技术的借鉴与科技创新相结合，从而加速自身技术能力的积累，如吸收直接投资中的取得“平行技术”问题；又如在发展钢铁工业中，通过第一个成套设备引进便建立起自身的基建技术能力，在不再发生第二个成套设备引进的情况

下，到1980年便实现了1500万吨钢的产量。尤其到20世纪60年代末、70年代初更出现了一个新的重要转折点，从制定科技发展规划、建立科研工作的基本框架，到加强对科研工作的资金投入和人才的培养，使技术进步工作走上了正常发展的轨道。在国内科研工作的密切结合之下，加强了对引进技术的消化、吸收与改进，并加速了本身技术能力的积累，提高了创新能力。由于很好地把技术的引进与创新结合起来，巴西成功地完善了产业结构，建立了完整的工业体系，并在不断保持高度化发展上，步伐快于拉美和其他各大洲的许多发展中国家。

在新的历史时期，我们如何提升我们的综合国力，使我们在竞争日夜激烈的国际舞台上有自己的一席之地？再加上我国经济的第二次转型是以科技创新为核心的，这就必须做到对国外先进技术的借鉴与自己的技术创新结合起来。

首先，必须深刻地认识到科技创新的重要作用。

1988年，邓小平同志提出了“科学技术是第一生产力”这一战略性的论断。1995年，江泽民同志说：“创新是一个民族进步的灵魂，是国家兴旺发达的不竭动力。”①这两个论断深刻揭示了创新的本质和重要性。毫不夸张地讲，技术创新是人类财富之源，是经济增长的根本动力。德国经济学家德里希·李斯特在100年前曾有一句名言：“一个国家可能很穷，但它若是有创造财富的生产力，它的日子就会越过越富；财富的生产比之财富本身不明白要重要多少倍。”②“二战”后日本经济的迅速崛起充分证实了他的这一断言。富于进取精神的日本人，凭借技术创新将“财富的生产力”发挥得淋漓尽致，让世界看到了新的日本。不仅仅日本如此，回顾世界各国尤其是发达国家的发展史乃至发展中国家的发展历程，各国的实践均证明了技术创新是人类创造财富和积累

① 江泽民. 创新是一个民族进步的灵魂[EB/OL]. [2006-05-10]. http://www.china.com.cn/culture/zhuanti/zhishicq/txt/2006-5/10/content_6205250.htm.

② 王微. 技术创新的作用[EB/OL]. [2019-08-15]. http://www.docin.com/p-1104090068.html.

财富的根本所在。胡锦涛同志在党的十七大报告中指出：技术创新是国家发展战略的核心，是提高综合国力的关键。要坚持走中国特色自主创新道路，把增强自主创新潜力贯彻到现代化建设各个方面。提高自主创新潜力，建设创新型国家，是顺应时代特征、事关中国经济建设和社会发展全局的战略选取，是深入贯彻落实科学发展观、构建社会主义和谐社会、全面建设小康社会的客观需要。由此可见，提高技术创新潜力和水平在当今中国已刻不容缓。

研究证明，西方发达国家已走过生产要素和投资推动的粗放型经济增长阶段，进入了创新推动的集约型经济增长阶段。在这一阶段，通过技术创新，在资源稀缺的前提下重新组合生产要素并提高效率水平和人均产量水平，成为推动经济增长的主要方式。而我国的经济增长目前仍然主要处于资金和人力追加投入的粗放型经济增长模式，资源浪费已构成我国经济增长的严重障碍。目前我国每万元国内生产总值的能源耗费为美国的 5.45 倍，日本的 14.33 倍，德国的 10.86 倍，甚至是印度的 2.86 倍。显而易见，如果不依靠技术创新重组生产要素、提高资源利用效率，我国的经济发展前景就会令人担忧，资源短缺就会雪上加霜。所以，只有技术创新才能解决资源浪费，实现集约型经济增长。知识经济时代的竞争将更加激烈和残酷，我国只有大力推进技术创新才能在竞争中掌握主动，实施节约资源型战略，才能早日实现中华民族的伟大复兴。

全球经济变革对技术创新提出了新要求。21 世纪，全球经济化的变化总体上可概括为：经济全球化使世界各个地区之间的原材料、资金、信息、人才的流动更为频繁；信息化的发展使以因特网为主体的信息网络、以光学材料为主要媒介的信息存储技术的进一步发展，大大促进了信息的扩散与使用，甚至出现了“信息过剩”与“信息污染”的现象；出现了知识化和过剩化现象，知识化是指经济发展从依靠原材料等初级资源转变到更为依托知识的作用，过剩化是指由于科技的进步与管理的改良，使全球的生产潜力迅速发展，构成生产潜力的相对过剩。

因此，我们可以认识到坚持科技创新的重要性：①以科技创新为核心，是解决“三大瓶颈”制约的有效策略。随着经济的发展，人口的增多，我国的土地、环境和资源的矛盾愈演愈烈，成为制约经济发展的重要原因。若按照之前的发展模式走下去，资源、生态将不堪重负，应对这些问题，就要进行产业结构的调整，提高先进制造业和现代服务业的比重，大力发展智力型服务业，以促进经济的飞跃。但这一切的实现都离不开科技创新，只有发展以科技创新为核心的经济，才能实现经济、社会的可持续发展。②有效创业型经济的高成本问题。之前，大多企业结合低成本和对外开放优势，促进了我国经济的发展，但进入 21 世纪以后，低成本的优势已经不能适应新的发展需要，各种费用上升，像地价、水、矿产资源、能源等，贷款利率的提高、原材料价格的波动大等，这些因素都制约着我国经济的发展，因此，由低成本优势转向科技创新势在必行。当前，我国绝大多数地区都存在自主创新率较低的问题，做的往往是高端产品，干的却是比较基础的工作，像一些高科技产品，都是国外的技术，因此，只有加强科技创新，才能从根本上解决高成本的问题，进而促进经济的转型。③以科技创新为核心，顺应世界发展潮流。纵观欧美发达国家，它们转型升级为创业型经济，加大科技投入，促进经济的可持续发展，美国是率先发展创业型经济的国家，于是获得了较快的发展，现阶段，世界经济正处于管理型经济向创业型经济转变阶段，我国的创业经济类型也必须有相应的发展，北京中关村、深圳都升级为创业型经济，无论是国内，还是国外，都在用心发展创新性经济，因此，我国大力发展以科技为核心的经济是，顺应世界发展的潮流，也是国内外发展的必然趋势。目前的中美贸易冲突、“中兴事件”给了我们深刻的教训与启示。

其次，对如何推进科技创新的路径应该有清醒的认识。

在知识经济时代，技术创新的条件有着显著的变化，主要表现在以下几个方面：①技术创新从依靠于数据、信息，转而更借助于知识和智慧，同时需要各类知识的动态转换与流动。也就是说，未来技术创新将减少对“急功近利”式的、浅层的数据和信息的依靠，它更需要创造性和深思熟虑。②技术创新需要较强的智力资本，而非简单依靠物质的累积。开发和应用智力资本，是一个组织技术创新的重要条件。③技术创新依靠于人类学习潜力的不断提升和动态调整。由于当代技术创新包括各类知识，这些知识的掌握需要新的学习机制和新的学习方式才能实现，其中包括阅读中学习、实践中学习、应用中学习和研究开发中学习。掌握这些新的学习机制和学习技能，并进行由浅至深的动态转换，将成为技术创新成败的关键。

由以上经济全球化和知识经济的特点决定了目前科技创新的实现路径。第一，强化科技创新，加大技术改造。在制造业发展中，尽管很多产业的生产规模也居世界前列，但竞争优势依然不明显，因此，要进行技术和产品的创新，建立独特的产业技术体系，提高我国制造业在国际分工格局的地位，增强制造业的核心价值。目前，我国农业人口众多，土地资源有限，因此，要立足国情，抓住科技革命、信息和生物技术革命带来的契机，推进农业技术革命，以科学技术支持农业的发展；发展现代化服务业，促进产业结构的调整；合理规划产业布局，将西部地区的资源优势和东部地区的技术优势进行有效的结合，产业布局进行地区性的阶段调整，促进国民经济整体动态的平衡；坚持以人为本，加大科技创新，促进高新技术产业化发展，使人才和科技都能较好地适应产业结构和布局的需求，实现经济的快速发展。我国传统产业在国民经济发展中具有重要的作用，发展的过程伴随着高消耗、高排放等特点，因此，要加大技术改造，充分利用信息和高新技术，进行科技创新，再生产服务环节提高自动化和智能化水平，提高产品质量，加大科技投入，突破技术障碍，促进企业经济的快速发展。

第二，用心培养科技创新人才。狠抓教育，应树立科技是第一生产力的意识，建立科学的用人竞争机制，着眼于产业结构的调整，培养创新领军人才队伍；立足于国家化发展的态势，用心引进海外优秀人才；着眼于集约化经济的发展，招揽回国优秀人才；用心建立优秀团队，建立优势互补的创业团队；将教育的重点放在高技术的应用及研究上，确保每个学生都具有科技创新意识，提高自身的综合素质。

第三，充分发挥市场机制的作用。为了满足科技创新的需要，就要充分发挥市场机制的作用，进行有效的市场调节。建立有效的价格机制，凭借价格信号去调节科技创新产品的市场供给、资本等资源的配置；政府要创设有利于科技创新产品发展的环境，引导和鼓励科技创新的企业，给予必要的支持，政府要构建科技创新支撑体系，从产品市场和要素市场两个方面去改革，用心推进能源、资源价格市场化的步伐，以促进经济向科技创新方面转变。

第四，用心整合科技创新资源，加快科技成果转化。建立有效的管理制度，推进科技创新平台的建设，将整合科技资源和加快科技成果转化作为经济转型过程中的工作重点，建立大型的科研部门，建立重点的研究项目，并给予资金支持，加大对科研资金、科研资源的合理利用，并将科研成果及时进行转化；凭借科技优势，减少对环境的污染，实现经济、环境协调发展的目标。

第五，融入经济全球化。我国的经济发展以科技创新为核心，就要坚定不移地对外开放，融入全球化和一体化，充分利用国内外的两个大市场，充分利用各种资源和资本，用心参与国际分工，将我国经济发展模式和全球化经济的发展进行有效的对接；从单向开放转成双向开放，进行资源整合，到达优势互补的目的，提高我国经济发展在国家上的竞争力；发展经济时，由沿江发展向跨江联动发展，不断强化空间合作和分工协作；构成竞争新格局，对经济产业结构进行合理的规划，错位竞争，优势互补，政府也要加强调控，避免各地区间的过度竞争，重复建设，要进行有效的协调。

## 五、中国进行经济体制改革的历史必然性

“文化大革命”结束后，人们放眼世界，看到与西方的距离越拉越大，举国上下都有进行大规模社会主义建设的迫切要求，以便迅速赶上

世界先进国家前进的脚步；工作重心的逐步转移在客观上要求中国共产党注重经济建设；同时，这也是一个思想十分活跃的时期，理论的争鸣特别是经济理论上的拨乱反正与发展推动着我们党思考未来的建设之路，正是在这种背景下，党和政府推出并实施了"十年规划"和"四个现代化"战略。在传统计划管理体制背景下继续推行重工业优先发展的模式和赶超式的、脱离中国国情的发展战略，使得传统经济体制模式下的各种矛盾激化并以极端的方式显现出来。

在农村，由于传统生产模式和人民公社的管理方式的弊端，导致农业生产成本很高而效率低下，再加上农业所具有的生产空间分散性高和生产周期长的特点，使它的劳动监督极为困难；而没有严格的劳动监督，就不能对劳动者的努力作出准确的度量，劳动者也就得不到与其付出的劳动相对应的报酬。于是，便出现了"出工一窝蜂，干活大呼隆"的现象，其结果是农民丧失了劳动积极性，农业收入降低，农民日益贫困。到 20 世纪 70 年代末，全国仍有大约 2 亿农民食不果腹。① 这导致了广大农民的强烈不满，正是这一时期矛盾的激化，才有了安徽小岗村的改革探索。对此，邓小平也提出了类似的认识："为什么改革是从农村开始呢？因为农村人口占我国人口的百分之八十，农村不稳定，农民没有摆脱贫困……"②同时，也由于传统农业经济体制存在的不可克服的激励缺陷，其导致的经济绩效也无法保障其继续执行国家汲取农业剩余的职能，于是，便有了对农业经济体制的改革。

在城市，自"一五"计划以来确立了重工业优先发展的模式和赶超式的、脱离中国国情的发展战略，而在一个经济发展水平低、资本极为稀缺的经济中优先发展资本密集型的重工业，必须人为地压低资本、外汇能源、原材料、劳动力和生活必需品的价格，以降低重工业资本形成

① 林毅夫. 中国的奇迹：发展战略与经济改革[M]. 上海：上海三联书店、上海人民出版社，1999：23.

② 孙健. 中国经济通史(1949—2000 年)[M]. 北京：中国人民大学出版社，2000：1881.

的门槛。扭曲生产要素和产品价格制度安排造成整个经济的短缺现象，为了把短缺的资源配置到战略目标所要求的重工业部门，就要有一个不同于市场机制的资源配置制度。为了保证微观经营单位的剩余的使用方向也合乎战略目标的要求，通过“三大改造”建立起与“赶超”战略相适应的缺乏自主权的微观经营机制。然而，没有自主权的微观经营机制造成劳动激励不足，排斥市场机制的资源配置制度减少了竞争的压力，扭曲的宏观政策环境则造成了扭曲的经济结构，这种长期存在的矛盾在这一时期得以全面暴露和激化。因此，这种经济效率低下、难以持续增长的传统经济体制并没有实现赶超的使命，相反却导致了20世纪80年代以前中国经济增长缓慢、人民生活水平长期得不到提高的结果，因此，不得不进行经济体制的改革。

这一时期中国进行经济体制改革的历史必然性可以从以下两个方面来理解。一方面，派出的大量赴西方发达国家和地区考察的代表团推动了改革开放的实践；同时，“十年规划”和“四个现代化战略”的实施使中国传统经济体制的弊端全然暴露，进一步加剧了产业结构的扭曲，带来了严重的经济、社会问题，从而推动了改革开放的进行。另一方面，这一时期中国共产党的经济工作方法也有显著改善：即从过去封闭搞建设、“抓革命促生产”的方法开始向关注他国经验和注重研究经济运行的内在规律、特点转变，这为改革开放的顺利进行提供了基本保障。

### （一）经济理论上的拨乱反正为改革开放的实践提供了理论准备

这一时期的思想解放过程中，除了真理标准问题讨论促成了人们认识的根本转变外，经济理论上的拨乱反正为在推动十一届三中全会前后中国改革开放的顺利进行方面发挥了重要作用。理论界通过对“文化大革命”时期人们在商品经济、按劳分配、生产力标准、价值法则和经济规律等经济理论方面存在的错误认识进行批判，明辨了理论是非，为改革开放的实践作了必要的理论准备。在理论界和邓小平、李先念等领导人的推动和领导下，这一时期的经济理论有了以下四个方面的变化。一是纠正否定商品生产和商品交换的错误观点，重新肯定社会主义必须大力发展商品生产和商品交换，重视价值规律的作用。二是批判对所谓“资产阶级法权”和按劳分配原则的错误批判，重新强调按劳分配和物质利益原则。三是批判对“唯生产力论”的错误批判，强调生产力发展在社会主义发展中的重要地位，事实上提出了体制评价的生产力标准。对“唯生产力论”的批判，归纳起来包括两个方面的内容：其一，否定经济建设是党和国家工作的重点，以政治冲击经济；其二，否认在生产力和生产关系这一对矛盾中生产力是主要方面，把生产关系的变动作为决定性因素。四是提出按经济规律办事，提高经济管理水平。这一时期，邓小平讲得最多的是按劳分配问题。在他看来，物质利益原则仍然是调动积极性以加快发展的最直接有效的手段。1977 年和 1978 年期间，部分职工工资的调整、计件工资和奖金制度的恢复，都体现了这种思路。

这一时期经济理论上的一个重要成果就是明确了体制评价的生产力标准。以生产力这个标准来评价，传统体制的弊端暴露无遗。生产力长期停滞和徘徊，是中国决定进行改革的主要推动力。从 1957 年到 1978 年国有企业经济效益呈现整体下降趋势，国家财政困难日益严重，财政收入甚至几年出现负增长。靠财政支持国有企业发展的工业化道路遇到了国家财政能力的制约，再也走不下去了。过去 20 多年，中国走的是一条高速度、低效率，高投入、低产出，高积累、低消费的道路。如果说在过去这种勒紧裤带搞建设的办法还可勉强推行，那么“文化大革命”结束以后就难以为继了。改善生活成为人民迫切要求，促使决策者另辟新路，实行战略调整和体制改革。因此这时的拨乱反正已经具备了改革意识，中国改革的真正起点，恰恰发生在思想政治领域。一是人的政治解放，全面平反历史错案，解决各领域的历史遗留问题。二是人的思想解放，对历史的全面反思和总结。如果没有政治、思想领域的变革为先导，经济改革是不可能推动的。

### (二)代表团频繁外出考察开阔了视野，推动了改革开放的实践

为了推动“十年规划”的实施，中国代表团频繁外出考察，其中影响比较大的有1978年春以李一氓为团长，于光远、乔石为副团长的代表团对南斯拉夫进行的访问考察；3月28日至4月22日，上海市革命委员会副主任林乎加率领中国经济代表团对日本进行了考察、访问；4月，国家计委和外贸部组成港澳经济贸易考察团对香港、澳门地区进行了实地调查研究；5月至6月，由国务院副总理谷牧带领的代表团前往法国等西欧国家进行考察、访问。代表团走出去，通过对被访问国家和地区的接触，亲眼看到了国际社会的这种巨大变化，加深了对西方发达资本主义国家和地区的了解，也看到了我国的差距，深感加快发展的必要性和紧迫性。通过考察，他们已经意识到，发达国家要进行产业升级、转移旧产业，这为我国加快发展提供了机遇，同时也认识到知识和科技正成为最重要的生产因素。中国的发展，不仅要依靠中华人民共和国成立以来所取得的成绩和积累的建设经验，也要解放思想借助和学习别国的先进技术和经验。因此，代表团的外出考察，直接推动了改革开放的实践，其具体表现可以从以下几个方面来分析：

1. 外出考察带回的新信息，为推动改革开放起到了重要参考作用

这些考察团所看到和带回来的信息，对中国领导层的思想冲击很大。第一个强烈印象是：没有想到当代世界现代化会发展到如此程度，中国与发达国家之间的发展差距会如此之大。像日本、联邦德国这样的国家，国民经济已经高度现代化了，工业生产广泛采用电子计算机，高度自动化；农业机械化程度很高；整个西欧高速公路形成一个网络，劳动生产率高出中国相同性质企业十几倍甚至几十倍，更是超出中国人的想象。

外出考察得到的另一个强烈印象是，西方发达国家有许多好的东西。这些国家经济之所以迅速发展，有一些共同的经验，包括：强调竞争，强调优胜劣汰，十分重视企业管理；大胆引进新技术，把世界上的

先进东西拿到自己手上；从政府到公司都投入大量资金进行科学研究，开发新技术、新产品，推动科学技术迅猛发展；重视发展教育事业，培养科技人才；同时充分利用国外资金，等等。访欧代表团的报告中说："毛主席曾经讲过，欧洲各国的经济为什么发展快，一个重要原因是他们的国家较小，中央与地方适当分权，办事机动灵活。我们这次出访看到的情况确实是这样。……我们的一个省市，比欧洲一些国家还大，可是省、市管理经济的权限却很小，很少主动性。这个问题不解决，不在中央统一计划下充分发挥地方的积极性和主动性，经济工作就搞不活，也就谈不上高速度发展国民经济。"①如前文所述，关于瑞士、丹麦、法国等国农场主不把自己的农场随便传给儿子经营的例子，也给人很深的印象。为了保证农场的经营，这些国家的政府规定：农场主的儿子要经营父亲的农场，必须取得农业技术学校毕业证，取得国家颁发的"绿色教育证书"，还要在其他的农场实习两年，考核合格后才能继承。这些现象使考察团认识到资本主义国家也有些好的制度值得借鉴，从而为领导人决策提供了另一个视角。

让出访者没有想到的，还有发达国家普通人的生活水平。西欧五国工人的工资都相当高，城市人均住房达20~30平方米，农民的生活水平同工人相差无几，公害也得到了很好的治理，社会保持稳定。1978年11月，王震访问英国。期间，中国驻英大使柯华陪同他访问伦敦一个失业工人的家。这个失业工人住在一栋100多平方米的两层楼房里，家里有餐室、客厅，有沙发、电视机，装饰柜子里有珍藏的银具，房后还有一个约50平方米的小花园。由于失业，他可以不纳税，享受免费医疗，子女可以接受免费义务教育。当访问结束时，中国驻英使馆人员询问王震对英国的观感，王震高兴地说："我看英国搞得不错，物质极大丰富，三大差别基本消灭，社会公正，社会福利也受重视，如果再加

① 房维中. 在风浪中前进——中国发展与改革编年纪事(第一分册)[A]. 内部资料，2004：112.

上共产党执政，英国就是我们理想中的共产主义社会了。”①

邓力群、王震等人的观感是真实的、未加修饰的，大体反映了第一次身临其境体验资本主义的考察者们的共同感受。这些情况在党内和民众中都产生了强烈的反响。这次外出考察潮有一个特点：不是以意识形态的眼光去挑刺，而是着眼于学习和借鉴。在“文化大革命”刚刚结束时，这似乎有些不可思议，但其实在情理之中。外出考察的所见所闻，改变了人们的许多观点。随谷牧访问西欧的杨波回忆说：“对我个人来说，可以说是开了眼界，增加了许多新知识，了解了很多新情况，也改变了过去的某些观点。”②

访问南斯拉夫代表团归国后向中央递交了《中国共产党党的工作者访问团对南斯拉夫考察的报告》。这份报告全面、客观地介绍了南斯拉夫政治、经济现状和改革措施，其中第六部分专写对“社会计划与市场经济”的考察，对南斯拉夫放弃“中央集权的苏联式计划经济”，实行市场经济和社会计划相结合的改革措施作了具体的介绍。中央政治局专门讨论并肯定了这份报告：“南斯拉夫近几年来强调计划对经济发展的指导作用，通过自上而下层层协调，制定社会计划。同时，南斯拉夫仍实行市场经济，力求掌握价值规律。南斯拉夫主张以计划限制市场经济的自发势力，以市场经济弥补计划的局限性”③。这意味着，在社会主义模式的多样性问题上，中共中央的观点有了变化。这个认识的变化对于摆脱苏联模式的束缚起到了积极作用。

代表团回国后形成的总结报告在1978年7月国务院召开的务虚会、9月召开的全国计划会议和10月召开的中央工作会议上引起了与会代

① 房维中. 在风浪中前进——中国发展与改革编年纪事(第一分册)[A]. 内部资料，2004：38.

② 房维中. 在风浪中前进——中国发展与改革编年纪事(第一分册)[A]. 内部资料，2004：39.

③ 中共中央党史研究室第三研究部. 邓小平与改革开放的起步[M]. 北京：中共党史出版社，2005：222.

表的广泛关注和热烈的讨论。比如，在1978年年底召开的中央工作会议上印发了四份简报，还印发了有关部委代表团外出考察的一些简报。这些参考文件，主要以各代表团出访考察的见闻为基础，比较系统地介绍和研究了这些国家和地区发展的原因，初步分析并指出了这些国家和地区的哪些经验是可以吸取的。尽管这些考察和研究是初步的，但毕竟为改革开放方针和政策的形成提供了参考和借鉴。

2. 引进了大量先进技术和设备

正如前文已述，赴欧洲代表团从5月2日到6月6日，历时5周、行程2万多公里，先后访问了法国、瑞士、比利时、丹麦、联邦德国5国15个城市，会见了有关政界人士和企业家，参观了工厂、农场、城市设施、港口码头、市场、学校、科研单位和居民区，收集了大量的资料信息。代表团参观了电力、冶金、机械、公路、机场、港口等所有先进的工艺和设施。他们参观了机械化程度高、船舶在码头停留时间短的法国福斯新港、比利时安特卫普港、丹麦哥本哈根港和埃斯堡港、联邦德国不莱梅港；参观了联邦德国、比利时、丹麦的火力发电站、瑞士、法国的水电站和法国、联邦德国、比利时的核电站。代表团还参观了西欧的工厂、企业，对他们广泛使用电子计算机于自动控制、生产调度、产品质量检查、辅助设计等留下了深刻的印象。代表团回国后就立刻向中央做了汇报，听了汇报，叶剑英、聂荣臻、李先念都表示该是下决心采取措施实行的时候了。邓小平与余秋里、谷牧、康世恩谈话时提出：同国外做生意，搞大一点，搞它500亿元，利用资本主义危机，形势不可错过，胆子大一点，步子也大一点。不要老是议论，看准了就干，明天就开始，搞几百个项目，从煤矿、有色、石油、电站、电子、军工、交通运输一直到饲料加工厂，明年就开工。受其影响，仅1978年就从日本、美国和联邦德国引进22个大中型项目，总金额达78亿美元，其中包括：在化肥工业方面，引进了4套30万吨合成氨生产装置；在电子工业方面，成套引进设备新建了华南计算机公司的索拉计算机(HN-3000系列)生产线和湖南建南机器厂的磁记录生产设备等，逐步建立起新兴的电子计算机工业部门，陕西彩色显像管总厂、无锡江南无线电器材厂线性集成电路生产线、华东电子管厂消气剂生产线以及彩色电视机及为其配套的生产线都是在这一时期通过从德国等国引进而建立的；在能源工业方面，引进了 43 套综合采煤机，同期，为了配合能源工业的发展，还引进了生产 8 立方米电铲、大马力推土机、重型汽车、60 万千瓦发电设备、原子能发电设备、超高压输变电设备等。

从项目的执行结果可以看出，1978 年 22 个成套设备引进项目，到 1985 年引进成功的占很大部分。这些引进投产的项目，具有 20 世纪 70 年代末、80 年代初的世界先进水平，在技术水平、单系列生产能力以及产品的品种等方面，弥补了我国一些重要的生产空白，形成了一批特大型的现代化生产骨干企业，如上海宝钢、仪征化纤厂、扬子石化、齐鲁石化等，对加速社会主义现代化建设起了重要作用。例如，宝钢引进的一大批世界钢铁工业中的先进技术，在设备大型化和现代化方面，都达到了当时的世界一流水平。因此，可以说，通过对外项目的引进，我国的工业结构得到了进一步的优化。

3. 打破利用外资的禁区，进一步扩大了对外开放

这一时期，中国对外经济政策方面突破了许多禁区，特别是从引进国外先进技术和设备发展到引进外资是当时引进工作中最突出的变化，它为新时期中国大规模对外开放奠定了重要的基础。这种禁区在 1978 年下半年被打破。在 1978 年 8 月召开的国务院务虚会主要讨论了访问赴南斯拉夫和西欧五国代表团的报告，受其影响，在这次会议上李先念等提出了利用外资问题。在随后召开的全国计划工作会议上确定了经济战线上的三个转变，其中一个转变就要求“从那种不同资本主义国家进行经济技术交流的闭关自守或半闭关自守状态，转到积极地引进国外先进技术，利用国外资金，大胆地进入国际市场”①。这就为利用国外资

① 《当代中国的经济管理》编辑部. 中华人民共和国经济管理大事记[M]. 北京：中国经济出版社，1986：319.

金扫清了障碍。11 月 11 日，李先念在会见外国客人时则明确表示：可以贷款买设备，或外商出资金、设备来建工厂，我们用产品偿还，还可以考虑合股经营工厂。在此基础上，该月召开的中共中央工作会议就正式明确地提出：要善于利用国际国内有利形势，吸收外国资金技术。

4. 通过大力发展补偿贸易，为扩大对外开放探索新的途径

随着引进规模的扩大和引进速度的加快，外汇不足成了一个严重的问题。当时中国的外汇储备很有限，1978 年仅有 15.57 亿美元。为解决矛盾，中国政府采取了谷牧等访问西欧五国总结报告中的做法，即通过发展出口创汇、发展非贸易创汇以及采取延期付款、分期付款、补偿贸易等灵活方式，引进技术设备，减少现汇的支出。自 1978 年中国政府开始重视发展引进原材料、技术、设备加工出口的加工装备方式和引进外国技术，然后用这些技术生产的产品支付进口的补偿贸易方式。为了大力发展加工装备和补偿贸易的做法，国务院于 1978 年 7 月 15 日颁布《开展对外加工装备业务试行办法》，有力地推动了这种贸易方式的发展。根据上海、广东、广西、北京、山东、浙江不完全统计，1978 年 7 月到 1978 年年底五个月内，共同外商签订加工装备和补偿贸易合同 698 项，其中加工装备 661 项，补偿贸易 37 项。①

（三）“十年规划”的实施进一步激化计划经济体制的固有矛盾，从而为改革开放的进行提供了历史依据

传统计划经济体制的主要弊端是：政企职责不分，条块分割，国家对企业统得过多过专过死，权力过于集中，忽视商品生产、价值规律和市场机制的作用，分配中平均主义严重。这就造成了企业缺乏应有的自主权，企业吃国家“大锅饭”、职工吃企业“大锅饭”的局面，严重压抑

① 美国国会联合经济委员会. 毛主席以后的中国经济(第一卷)(上)[M]. 北京：中国财政经济出版社，1980：81.

了企业和广大职工群众的积极性、主动性、创造性，使本来应该生机盎然的社会主义经济在很大程度上失去了活力。

这一时期中国引进的技术主要是西方发达资本主义国家20世纪六七十年代的成熟技术，引进的项目是第三次产业革命的新兴产业或传统工业部门的先进技术，因而进一步提高了工业技术水平，逐步形成了部门比较齐全的工业体系。因此，一方面，“十年规划”的实施有利于中国建立门类齐全的国民经济体系，较大幅度地提高了工业技术水平，为推动国民经济的发展起到了积极性的作用。但另一方面，这一时期继续推行重工业优先发展的模式，使得这一发展模式的各种弊端大暴露、矛盾激化，从而推动了改革开放的进行。具体体现在以下几个方面：第一，继续推进重工业优先发展的模式进一步加剧了中国产业结构失衡状况；第二，重工业优先发展模式使得劳动就业问题十分严重；第三，重工业优先发展模式阻碍了城市化的发展；第四，重工业优先发展模式造成农业的发展过缓，农民的日夜贫困。

这一时期继续推行优先发展重工业的发展模式带来严重的经济、社会问题，使苏联模式的矛盾进一步激化，从而推动中国不得不对旧的发展模式的弊端进行变革，开始新的发展模式的探索。

### （四）中国共产党经济工作方法的改进推动了改革开放的进行

这一时期，中国在经济工作方法上有了显著的改进，从过去在相对封闭环境搞建设、“抓革命促生产”的方法向注重关注他国经验和注重研究经济运行的内在规律、特点转变、实行先局部试验后全面推广的经济工作推进方法等，突出表现在以下四个方面。第一，注重与其他国家进行多方面的交流与学习，以此来推动经济工作。这一时期，中国政府在经济工作方法上一个大的改进就在于通过向国外派出大量的代表团方式，主动地加强与国际社会的交流与合作。通过多层次、多领域、多渠道的国际交流与合作，不仅加强了中国与国际社会的联系，开阔了中国社会主义建设的视野，而且促进了中国对工业文明的了解，为中国如何根据现代化建设的需要对传统的经济体制、管理方法进行改革，为探寻改革开放的新路子提供了可借鉴的经验。第二，由过去用政治运动方式做经济工作开始向用经济手段做经济工作转变。第三，实行先局部试验后全面推广的经济工作推进方法。第四，经济工作注重尊重人民群众的首创精神。

综上所述，中国在这个时期进行改革开放有其内在的历史必然性。

# 参 考 文 献

[1] 三中全会以来重要文献选编(上)[M]. 北京：人民出版社，1982.
[2] 杨继绳. 邓小平时代(上卷)[M]. 北京：中央编译出版社，1998.
[3] 中央电视台. 大型电视文献纪录片(邓小平)[M]. 北京：中央文献出版社，1997.
[4] 邓小平文选(第二卷)[M]. 北京：人民出版社，1994.
[5] 中共中央文献研究室. 邓小平年谱(1975—1997)(下)[M]. 北京：中央文献出版社，2004.
[6] [苏] 斯大林. 苏联社会主义经济问题[M]. 北京：人民出版社，1961.
[7] 中共中央文献研究室. 邓小平思想年谱(1975—1997)[M]. 北京：中央文献出版社，1998.
[8] 江泽民. 学习学习再学习，实践实践再实践[N]. 人民日报，1999-01-12.
[9] 李先念. 李先念论财政金融贸易(下)[M]. 北京：中国财政经济出版社，1992.
[10] 建国以来毛泽东文稿(第十三册)[M]. 北京：中央文献出版社，1995.
[11] 陈云年谱(1905—1995)(下卷)[M]. 北京：中央文献出版社，2000.
[12] 中共中央文献研究室. 回忆邓小平(上)[M]. 北京：中央文献出

版社，1998.

[13] 胡绳. 中国共产党的七十年[M]. 北京：中共党史出版社，1991.

[14] 赵德馨. 中华人民共和国经济史(1949—1966)[M]. 郑州：河南人民出版社，1989.

[15] 赵凌云. 中国共产党经济工作史(1921—2011 年)[M]. 北京：中国财政经济出版社，2012.

[16] 李正华. 中国改革开放的酝酿与起步[M]. 北京：当代中国出版社，2001.

[17] 赵德馨. 中华人民共和国经济史(1967—1984)[M]. 郑州：河南人民出版社，1989.

[18] 苏少之. 中国经济通史(第十卷)(上)[M]. 长沙：湖南人民出版社，2002.

[19] 武力. 中华人民共和国经济史[M]. 北京：中国经济出版社，1999.

[20] 马洪，等. 现代中国经济大事典[M]. 北京：中国财政经济出版社，1993.

[21] 金春明. 建国后三十三年[M]. 上海：上海人民出版社，1987.

[22] 中共中央党史研究室第三研究部. 邓小平与改革开放的起步[M]. 北京：中共党史出版社，2005.

[23] 马齐彬，等. 中国共产党执政四十年[M]. 北京：中共党史资料出版社，1989.

[24] 李同文. 从封闭到开放[M]. 北京：金城出版社，1998.

[25] 谢之雄. 广西壮族自治区经济大事记(1949—1985)[M]. 南宁：广西人民出版社，1986.

[26] 李安增. 中国当代史(1976—1982)[M]. 北京：新华出版社，2004.

[27] 中共中央党史研究室. 中国共产党历史大事记[M]. 北京：人民出版社，1991.

[28] 苏星. 新中国经济史[M]. 北京：中共中央党校出版社，1999.
[29] 汪海波. 中华人民共和国工业经济史(1949—1998)[M]. 太原：山西经济出版社，1998.
[30] 林毅夫. 中国的奇迹：发展战略与经济改革[M]. 上海：上海三联书店、上海人民出版社，1999.
[31] 蒋伏心，左用章. 中国现代化曲折三十年[M]. 南京：南京出版社，1998.
[32] 李京文、郑友敬. 技术进步与产业结构概论[M]. 北京：经济科学出版社，1988.
[33] 张曙光. 经济结构和经济效果[M]. 北京：中国社会科学出版社，1982.
[34]《当代中国》丛书编辑部. 当代中国的农业机械化[M]. 北京：中国社会科学出版社，1991.
[35] 农业经济论丛[M]. 北京：农业出版社，1984.
[36]《经济研究》编辑部. 建国以来社会主义经济理论问题争鸣(1949—1984)(下)[M]. 北京：中国财政经济出版社，1985.
[37]《当代中国》丛书编辑部. 当代中国的乡镇企业[M]. 北京：当代中国出版社，1991.
[38]《当代中国》丛书编辑部. 当代中国的钢铁工业[M]. 北京：中国社会科学出版社，1996.
[39]《当代中国》丛书编辑部. 当代中国经济[M]. 北京：中国社会科学出版社，1987.
[40]《当代中国》丛书编辑部. 当代中国的铁路事业(上)[M]. 北京：中国社会科学出版社，1990.
[41]《当代中国》丛书编辑部. 当代中国的基本建设[M]. 北京：中国社会科学出版社，1989.
[42] 国家统计局. 中国统计年鉴(1983)[M]. 北京：中国统计出版社，1983.

[43] 国家统计局. 中国统计年鉴(1993)[M]. 北京：中国统计出版社，1993.

[44] 国家统计局. 中国统计年鉴(1992)[M]. 北京：中国统计出版社，1992.

[45] 国家统计局. 中国固定资产投资统计资料(1950—1985)[M]. 北京：中国统计出版社，1987.

[46] 国家统计局. 国民收入统计资料汇编(1949—1985)[M]. 北京：中国统计出版社，1987.

[47] 国家统计局. 新中国50年[M]. 北京：中国统计出版社，1999.

[48] 金铁宽. 中华人民共和国教育大事记(1949年—1982年)[M]. 北京：教育科学出版社，1984.

[49] 柳随年. 中国社会主义经济简史(1949—1983)[M]. 哈尔滨：黑龙江人民出版社，1985.

[50] 李宗植. 中华人民共和国经济史(1949—1999)[M]. 兰州：兰州大学出版社，1999.

[51] 于光远. 中国社会主义初级阶段的经济[M]. 广州：广东经济出版社，1998.

[52] 虞和平. 中国现代化历程[M]. 南京：江苏人民出版社，1992.

[53] 孙业礼，熊亮华. 共和国经济风云中的陈云[M]. 北京：中央文献出版社，1996.

[54] 曹普. 谷牧与1978—1988年的中国对外开放[J]. 百年潮，2001(11).

[55] 董辅礽. 中华人民共和国经济史[M]. 北京：经济科学出版社，1999.

[56] 于光远. 中国社会主义现代化建设[M]. 北京：人民出版社，1982.

[57]《当代中国的经济管理》编辑部. 中华人民共和国经济管理大事记[M]. 北京：中国经济出版社，1986.

[58] 王均伟，李建军. 争锋——从大跃进、洋跃进到软着陆[M]. 北京：金城出版社，1998.
[59] 孙健. 中国经济通史(1949—2000 年)[M]. 北京：中国人民大学出版社，2000.
[60] 苏星，等. 新中国经济史资料选编[M]. 北京：中共中央党校出版社，2000.
[61] 陈敬. 经济理论 20 年——著名经济学家访谈录[M]. 长沙：湖南人民出版社，1999.
[62] 李成瑞. 1977—1980 年中国经济的发展[M]. 北京：人民出版社，1982.
[63] 赵士刚，等. 回顾与思考——共和国经济建设之路(下)[M]. 北京：经济管理出版社，1999.
[64] 中共十一届三中全会历史档案(下)[M]. 北京：中央文献出版社，1992.
[65] 张卓元. 中国十年经济改革理论探索[M]. 北京：中国计划出版社，1991.
[66] 二十年来中国的经济改革和经济发展[J]. 百年潮，1999(11).
[67] 李艳. 再生中国——中共十一届三中全会的前前后后(上)[M]. 北京：中共党史出版社，1998.
[68] 吕政. 从贫困走向小康——中国经济五十年[M]. 北京：经济管理出版社，1999.
[69] 国家计委. 中华人民共和国国民经济和社会发展计划大事辑要(1949—1985)[M]. 北京：红旗出版社，1986.
[70] 金辉. 苏联经济概论[M]. 北京：中国财政经济出版社，1985.
[71] 赵凌云. 1978—1998 年间中国国有企业改革发生与推进过程的历史分析[J]. 当代中国史研究，1999(5、6).
[72] 张曙光. 经济结构和经济效果[J]. 中国社会科学，1981(6).
[73] 赵凌云. 1957—1988 年中国经济增长格局的历史剖析[J]. 中国经

济史研究，1992(3).
[74] 林毅夫，等. 比较优势与发展战略——对“东亚奇迹”的再解释[J]. 中国社会科学，1999(5).
[75] 石磊. 赶超型经济发展与我国产业结构的非常规转换[J]. 中国社会科学，1994(4).
[76] 李伯重. 历史上的经济革命与经济史的研究方法[J]. 经济史，2001(6).
[77] 林毅夫，等. 比较优势、竞争优势与发展中国家的经济发展[J]. 管理世界，2003(7).
[78] 宗汉. 农业现代化的资金问题[J]. 学术月刊，1979(6).
[79] 周树立. 略论改革开放前中国经济发展的几种模式[J]. 郑州航空工业管理学院学报(社会科学版)，2002(9).
[80] 张发岭，等. 1949—1994 年我国经济发展战略的形成及其转轨[J]. 中国经济史研究，1996(3).
[81] [日]长谷川庆太郎. 中国现代化的幻想——从新的角度看日中关系[M]. 王宗林，王辅基，张慧春，译. 北京：生活·读书·新知三联书店，1981.
[82] 美国国会联合经济委员会. 毛主席以后的中国经济(第一卷)(上)[M]. 北京：中国财政经济出版社，1980.
[83] 美国国家对外评估中心. 中国：70 年代和 80 年代的钢铁工业[M]. 华盛顿，1985.
[84] [美]R. 麦克法夸尔，费正清. 剑桥中华人民共和国史(1966—1982)[M]. 北京：中国社会科学出版社，1992.
[85] G. Scally. System Building and Economic Growth[J]. Journal of Political Economy，1988.
[86] World Bank. World Development Report[M]. New York：Oxford University Press，1987.
[87] Johnson，C. Miti and the Japanese Miracle[M]. Stanford：Stanford

University Press, 1982.

[88] Yu, Guangyuan. China's Socialist Modernisation[M]. Beijing: Foreign Languages Press, 1984.

[89] Solow, R. M. Growth Theory: An Exposition[M]. Oxford: Oxford University Press, 1988.

# 后　记

马克思主义者注重实践，因此注重历史。恩格斯曾经指出，历史就是我们的一切，我们比任何一个哲学学派，甚至比黑格尔都更重视历史。中国共产党是一个十分注重历史经验的政党。毛泽东同志指出，指导一个伟大的革命运动的政党，如果没有革命的理论，没有历史知识，没有对于实际运动的深刻了解，要去取得胜利是不可能的。邓小平同志也强调，要懂得些中国历史，这是中国发展的一个精神动力。江泽民同志强调，一名领导干部不善于从历史中汲取营养，不可能成为高明的领导者；一个政党不善于从总结历史中认识和把握社会发展规律，不可能成为顺应历史潮流的自觉的政党；一个民族不善于从历史中继承和发展本民族与世界其他民族创造的优秀文明成果，就不可能屹立于世界民族之林。胡锦涛同志指出，在新形势下，我们要更加重视学习历史知识，更加注重用中国历史特别是中国革命史来教育党员干部和人民。可以说，注重历史，注重历史的训诫，是中国共产党的优良传统，是中国共产党不断取得胜利、不断发展壮大的一条重要经验。2013 年 6 月 25 日，习近平同志在中共中央政治局就中国特色社会主义理论和实践进行第七次集体学习讲话时指出：历史是最好的教科书。学习党史、国史，是坚持和发展中国特色社会主义、把党和国家各项事业继续推进向前的必修课。这门功课不仅必修，而且必须修好。要继续加强对党史、国史的学习，在对历史的深入思考中做好现实工作、更好走向未来，不断交出坚持和发展中国特色社会主义的合格答卷。在全面推进社会主义现代化建设的今天，更应该注重对过去社会主义建设历程中的经验教训进行总结与吸取，而本书所着眼的1977—1984年这一时期尽管在中华人民共和国的发展历程中时间不长，但是，却有许多的经验教训值得总结。

本书从经济学和经济史学的视角对这一时期经济政策、经济理论、经济改革与对外开放过程做了一个梳理，并分析了经济政策在运行过程中对国民经济发展的作用与影响，从而揭示了中国改革开放的历史必然性。书中有一些新的史料、新的认识，更有许多的不足，它主要是对我过去博士时期学习认识的一个总结和交代。

本书的写作和出版得到了中南财经政法大学马克思主义学院的经费支持，也得到了马克思主义学院赵凯、龚先庆、韩美群、李世黎、胡贤鑫等院领导和教授的大力支持，更要感谢我的博士生导师、华中师范大学校长赵凌云教授的精心指导，武汉大学出版社的韩秋婷编辑为此书的出版付出了大量辛勤的劳动，在此表示诚挚的感谢！

**刘强**

2020年6月于首义